伝導瞑想

――21世紀のヨガ――

誰にでもできる
新しい時代のための
瞑想の手引き

改訂四版

ベンジャミン・クレーム 著
石川道子 編・訳

大祈願

神の御心の光の源より
光をあまねく人の心に流れ入れさせ給え
光を地上に降《くだ》らせ給え。

神の御心の愛の源より
愛をあまねく人の心に流れ入れさせ給え
如来（キリスト）よ、地上に戻られ給え。

神の意志、明らかなる中心より、
大目的が人の貧《とぼ》しき意志を導かんことを……
如来は大目的を識《し》りこれに仕え給う。

我らが人類と呼ぶ中心より
愛と光の大計画を成させ給え
悪の棲処《すみか》の扉を封じ給え。

光と愛と力とをもて
地上に大計画を復興させ給え。

表紙の絵はベンジャミン・クレームの「地球をオーバーシャドウするOM」という題の絵画作品からとられたものです。

目次

第四章　伝導瞑想中の体験について　107

第六章　エネルギー伝導の特性　147

第七章　高次元と低次元の心霊活動 183

第八章　魂、瞑想、奉仕　197

第九章　整列を保つ　211

第十章　弟子の進化における伝導瞑想の役割
——その底に横たわる目的

編（訳）者序文

伝導瞑想は、非常にダイナミックな瞑想である。そして最も簡単に誰にでもできる。経験もいらないし、先生につく必要もない。人類の明るい未来のために奉仕したいという意図のみを必要とする。

瞑想には多種多様あり、瞑想を行う人々の動機も様々である。しかし、ほとんどの人の動機は個人的な私事につながるものではないだろうか――心身の健康のためとか、心の安らぎや平静心を得るためとか、自己反省・自己内観あるいは、精神統一によるマインドコントロールとか――禅宗の座禅の教えに、座禅によって何かを得ようとする欲があってはならない。ただ座るために座るのであるというが、座禅三昧に明け暮れるお坊さんの生活でもなければ、これはなかなか難しいことである。

伝導瞑想の動機は奉仕である。世界に奉仕したいという利他的な思いと意志のある人ならば、誰にでもできる。週に数時間を費やすだけで、計り知れない大きな奉仕ができる。

伝教大師の言葉に「一隅を照らすものは国の宝なり」とある。これはエネルギー的見地からみれば、文字通りそうなのである。古来から、多くの偉大なる聖者たちが、各時代時代に現れ、様々な教えを説いてこられた。時代や文化に合わせて、それぞれ異なった表現や方便を使われたが、皆、大小の差こそあれ、同じ神仏の光を、霊のエネルギーを輝かせたのである。偉大なる霊エネルギーの波動を受けることのできる純粋な器（パーソナリティー）を持った人々である。肉体人間としての個人が魂と直結して、人間の欲や執《とら》われの曇りに妨げられることなく、神仏の光を伝導し得るのである。その聖者の住む地域一帯に霊エネルギーは電波のごとく伝わり、その光には目に見えない高度の次元で人々の魂に、意識に深い影響を及ぼす。インドの民衆の中には、瞑想に明け暮れる聖人やヨギの存在を非常に尊ぶ風習がある。自分たちの地域に住んでいてくれることを有り難がるのである。その目に見えない恩恵を知っている。

もちろん、瞑想と一口に言っても、単なる精神統一から仏陀の瞑想の深みまで、その段階は瞑想を行う人の器の違いによって様々である。しかし多かれ少なかれ、瞑想は、肉体人間《パーソナリティー》を魂につなぎ、魂のエネルギーを、あるいは魂を通して流れるさらに高度な霊エネルギーを、肉体物質の次元にまでもってくることによって、われわれを魂と一体化していく進化のための科学的手段である。それは奉仕につながるのである。

伝導瞑想は、欲望や執《とら》われの多いわれわれでも神仏の光を通す回路《チャンネル》として、お役に立たせていただく手段である。現在の世界状況の緊迫性と時代の特殊性から来る必要ゆえに、集団構成による伝導瞑想という奉仕の手段が人類に提供されたのである。

個人の修行を通して、己を純化し愛を深め、光を通し一隅を照らすものになる努力はもちろん大切であり、続けられねばならないが、これは遅々とした歩みである。しかし奉仕の心さえあれば、志を同じくする人々と力を合わせ、一団となって伝導瞑想を行い、光の回路《チャンネル》としての働きをなすことができる。日本全国に何百何千となくそのような光の磁場ができたとき、その霊的力が日本に世界に及ぼす影響は、まさに想像を超えるものであろう。

すでにアメリカやヨーロッパ各地に、伝導瞑想が普及し、日毎にその数を増している。地味な目立たない仕事であるが、世界平和とすべての人類の幸せのために、少しでも役に立ちたいと願う人々が、世界の隅々でこのささやかな、しかも強力な奉仕の仕事を行っている。

この訳の原本である英語版そのものは、アメリカのサンフランシスコ地区の伝導瞑想のグループが中心になって、ベンジャミン・クレーム氏が一九八二年秋にアメリカ各地で行った講演の録音テープの書き取りから編集、校正、タイプ、デザインまでのすべてを各人の能力に応じた共同作業でつくり上げたものである。伝導瞑想を中核とするグループが他の活動をするときに発揮されるエネルギーは、私がこれまで体験してきたいかなる集団《グループ》活動とも異なった、非常にダイナミックなものである。英語版ができ上がると共に、直ちにオランダの瞑想グループが翻訳の共同作業でオランダ語訳ができ、その後フランス語訳、ドイツ語訳、スペイン語訳、もできている。

組織という壁を一切築かず、無数に散らばる光の単位として存在する伝導瞑想を通して、霊エネルギーはますます強力に伝導され、光のネットワークが世界を覆《おお》う。

日本においても、一人でも多くの人がこの得難い奉仕の仕事の機会を知ることができることを祈りつつ、日本語版を提供する。

一九八四年　カリフォルニアにて　石川道子

改訂版の出版にあたって

今回、十八年ぶりに改訂四版を出版するにあたり、一九九七年以降にシェア・インターナショナル誌に掲載された伝導瞑想および瞑想一般に関するさらなる情報も収録された。特に、先の版に掲載された「序説——伝導瞑想とは何か」は、クレーム氏が当初、伝導瞑想について説明した内容を編集したものであるが、今回、さらにもう一つ、序説として「なぜ瞑想するのか」が加えられた。これは二〇〇八年にクレーム氏がロンドンでの伝導瞑想のワークショップでおこなった解説から抜粋したものである。それ以前の説明とは少し異なる角度から、伝導瞑想の仕事について、瞑想を通して魂とのつながりを確立し、魂の目的を知り、われわれの転生の理由にまで拡大して話をされた。これら両方の序説を組み合わせて読んでいただければ、伝導瞑想の仕事の重要さ、その意義と目的についてさらに理解が深まるのではないかと思う。

クレーム氏は一九八五年から二〇一〇年まで、二十六年間、毎年来日されて、講演をし、伝導瞑想のワークショップを行ってくださり、オーバーシャドウを通して、マイトレーヤからの「霊的はぐくみ」を受ける機会を、伝導瞑想を行うわれわれに与えてくださったのである。非常に得難い、有難い体験を惜しみなく提供してくださったクレーム氏には感謝してもしきれない。クレーム氏はどんなに疲れていようとも、肉体が辛かろうとも、マイトレーヤがエネルギーを伝導してくださっている限り、それが何時間続こうと、決して途中で止めるようなことは一切なさらない。会場の制限がない限り、しばしば非常に長時間続く伝導瞑想でも、そしてその間、参加者したグループのメンバーが途中で出たり入ったり、帰ったり、居眠りしたりする中で、クレーム氏だけは、エネルギー伝導の仕事の重要性を真に理解しておられ、同時にわれわれにオーバーシャドウによる祝福の機会を提供する奉仕をやり続けてくださったのである。日本の場合は、どこの会場も使用時間に制限があるため、彼は残念がっておられ、いつも会場の時間制限ギリギリまで行おうとされたのである。日本のグループは瞑想が上手で、魂との整列を保っている平均時間が他のどの国のグループよりも長く、とても良い奉仕が出来ると喜ばれていた。

今年で九十二才のクレーム氏には、もはや海外へのツアーは無理で、日本へも来ていただけなくなったが、伝導瞑想はいまや日本にしっかりと根付いており、全国で非常にたくさんの人々が、真剣にこの地味な奉仕の仕事を続けている。今後、マイトレーヤの公の出現とともに、ますます多くの人々がこの奉仕の道を選ぶだろうということが期待される。

本書は、瞑想一般について、そして伝導瞑想の仕事について、およそこれ以上の質問はもうないだろうと思えるくらい、あらゆる角度からの質疑応答を網羅しており、しかもクレーム氏の回答には必ず背景に彼の師であるハイアラキーの覚者のインプットがあるので、おそらく最も正確な情報ではないかと思われる。

二〇一五年九月一日

石川道子

〔編註＝目次および本文中で＊印のついたものは今回新たに入れられたものである〕

著者序文

私がこの仕事をするようになった経過を話してほしい、とよく頼まれる。師と弟子との関係について黙っているべき不文律のようなものがあり、すべてを話すわけにはいかないが、ともあれ大聖マイトレーヤ（弥勒菩薩《みろくぼさつ》）をリーダーとして霊天上界《ハイアラキー》の覚者たちがこの現象界に再臨されるという事実を、より真実性のある、理解されやすいものにするための助けになるならばとの思いで、次に著者自身のことを簡単に述べてみる。

四、五歳の子供の頃、私の最も好きだった遊びは、窓辺に座って風を見ることであった。空気の動きを見てそれが北から吹いてくる風なのか南か西か東からなのかを当てるのである。しかし学校へ行くようになって、空気は目に見えないものであり、風も同様であるということを学んで以来、その能力、つまり物質の光子次元《エーテル》を見る能力を忘れてしまった。

濃密な物体《デンス・フィジカル》、つまり固体、液体、ガス状体の上位にさらに精妙な物質であるエーテル体（光子物体）が存在する。エーテル体にはその精妙さの度合いに応じて四つのレベルがある。通常われわれの目に見える濃密な物質体はエーテル体が凝結した形態である。

それから二十年以上もたって、ウィルヘルム・ライヒのオルゴン凝集器を組み立てて使用したとき、再びこの光子群の大海に気が付き、われわれ自身もその一部を構成しているエーテル界の存在をはっきりと確認した……。

私はエネルギーの流れを明確に知るようになり、極端に敏感になった。あまりにも敏感になったため、太平洋やその他の地域で原子爆弾の実験がなされた時には、それを感じるようになった。何千マイルの距離を隔てて、爆弾によって起こされる光子群の流れに起こる変化を感じるのである。必ず一、二日後には、アメリカ、ソ連または、イギリスが何々の大きさの「装置」の実験を行ったという情報が伝えられた……。

私が読んだ書籍の中には次のものがある。H・P・ブラヴァツキーやリードビーターの神智学系統の書、グルジェフ、ウスペンスキーとニコール、ポール・ブラントン、パタンジャリ、アリス・ベイリー、アグニ・ヨガの教え、スワミ・ヴィヴェカナンダ、スワミ・シヴァナンダ、ヨガナンダ、そしてシュリ・ラマナ・マハリシ。特にマハリシの説く「自分は誰か」を追求する瞑想を通して（後になって、あれが私の師である覚者のご慈悲によるものだったのを知ったのだが）ついに自分が現象界のすべて——大地、空、建物、人間、木、鳥、雲等——と同一であることを体験し、それらが私自身であることを認識した。別個の存在としての自己はその体験の中で消えたが、意識ははっきりと残っていた。意識はすべてを包含《ほうがん》するものに拡大し、私はこれこそが真の実在であることを悟った。また、この現象の世界は一種の儀式であり、儀式化された影絵劇であり、唯一の真の存在である実在界の夢や希望を演じているのだと悟った。実在、それはまた私自身でもある。

一九五八年の末、仲間の一人から、私に「メッセージ」が送られていることを告げられた。私は驚いた。そのような感覚がなかったのである。彼はさらに、私はメッセージをはね返してしまっているが、どのようにすれば正しくそれを受け止めることができるかを説明してくれた。彼の説明に従って試みたことはおそらく正しかったに違いない。なぜなら一九五八年の一月初めのある夜、間違いなくはっきりと一つの指示が心の内に聞こえてきたのである。三週間後のある日ある時刻に、ロンドンのある場所へ行くように、という指示であった。ある人々が、その夜、私に会うために待っているだろうとのことであった。

それがメッセージの流れの始まりであった。その後、ますます頻繁になり、時には、私はメッセージを受けそこなうこともあった（そんな時には、後で必ず教えられた）。受けそこなうことを心配するあまり、自分にメッセージを与えてしまうこともあった。何度か自分で自分をランデブーの地点に送り、何も起こらず、誰も来なかったこともあったが、それも段々に落ち着いた。メッセージを受けそこなうこともなくなり、自分でつくり上げてしまうこともなくなった。

やがてテープレコーダーを購入するよう指示を受け、様々な種類の長い口授を記録した。テレパシーによって私に語りかけてくれる私の師《マスター》（覚者）の名は明かされなかったし、私も質問をしてもよいとは言われていたが、名をたずねる勇気がなかった。何年も後になって、初めてその方の名を知った。そして、もしずっと前にも、質問をしていたら教えられていたはずだと言われた。

一九五九年の初め、ある晩、師からの口授を録音している最中に、テープレコーダーを止めなさいと言われた。そしてキリスト・マイトレーヤ（如来）、この惑星の天上界《ハイアラキー》の長の再臨についての話が伝えられた。さらに、その大計画に私も一役果たすようになるだろうと言われた。その頃私は、世界教師《ワールド・ティーチャー》は金星か、どこかより高位の惑星からやって来るだろうと思っていたので、マイトレーヤからのこの情報は、私の考えを混乱させた。

このことがあってから間もなくの口授の時に、私の師《マスター》は、新しく知らされた情報にふれながらこうつけ加えた。「あなたが、それに従って行動することを要求される時がやってくる」と。そして、またある時には、「あのお方がやって来られることを是認しなさい！」と言われた。

私が、これらの奨励を素直に心に受け止めて、それで救世主《キリスト》のための準備の仕事をするようになったのだとは正直言いがたい。指示に従って私はこのテープレコーダーを十七年間しまい込み、そしてこの仕事をやり始めるのには、残念ながら覚者である私の師の強い後押しを必要とした。

一九七二年の終り頃、なんとなくふさいでいたとき、私がマスターと呼ばせていただいているあの「賢明で如才のない」師が、全く突然飛び込んでこられたのである。〔訳注＝肉体ではなく強烈な意識のオーバーシャドウによってである〕。そして私の手を取るようにして、最も厳しい、訓練と準備の期間が始まったのである。感情的《アストラル》および心的《メンタル》次元における徹底した自己追求、すべての幻想、自己欺瞞《じこぎまん》の一掃《いっそう》である。

何カ月もの間、一日二十時間もわれわれは一緒に仕事をし、お互いの間のテレパシーの連結を深め、強めていった。そして師の注目とエネルギーを最小限に止めて、容易に二方通行のコミュニケーションができるようになった。この期間、師は私を通して仕事のできるように、いわば「道具」を練り上げた訳である。そして私は師のどんな合図にも反応できるようになった（もちろん、これは私の全面的協力によって可能なのであり、私の自由意志を少しも侵すことなしになされる）。私が見たり聞いたりするすべてのものを、師も見、聞くことができる。師が望む時は、私の見つめる目が師のまなざしとなり、私のさわる手が師の手であるというように。このようにしてエネルギーを浪費することなく、私の師は世界に窓口を、すなわち、意識の前哨兵を持つことになる。治療することも教えることもできる。師御自身は何千キロも離れたところで完全なる肉体を持って存在しておられる。私が師の唯一の窓口であると言っているのではない。このようなことが、どれほど珍しいことなのか知らないが、唯一のものでないことは確かである。師と弟子との関係のある一つの段階である。

師は御自身の名をしばらく人に明かさないようにと指示された。私が共に仕事をする仲間であり、それを通して師が働きかけておられるグループのメンバーにすらも明かすことを禁じられている。師がなぜそのような要求をなさったのか、その理由を私は二つだけ知っている（もっとあるかも知れないが）。私はそれを尊重する。師はハイアラキーの上段階の先達の一人であり、覚者であり、西洋の秘教学徒たちの間では、よく知られた方であるとだけ言っておこう。師のインスピレーションによって、私の描く絵の概念力と力《パワー》は非常に高められた……。

一九七四年三月に、師は十四人の名前を書いたリストを私に伝達し、この人々を私の家に招待し、「瞑想とそれに関した事柄」という講話をしなさいと言われた。十四人ともやって来た。

霊天上界《ハイアラキー》の覚者たち、瞑想および霊との接触における瞑想の役割について、私は話をした。それから師の指示にしたがって次のような提案をした。出席した人々が各自に行っている瞑想を覚者の指導の下に行う機会を与える。それと同時に天上界《ハイアラキー》のエネルギーの伝導体としての役割を果たして欲しい。天上界と現場にいる弟子たちとの間の架け橋をするグループを構成する、という提案であった。

それが実際どのようなものであるかを示すために、師は短い伝導《トランスミッション》を行われた。十四人のうち十二人は同意した。あとの二人は、まだこのような仕事をする準備ができていないと感じたようであった。

グループは一九七四年三月に結成され、天上界《ハイアラキー》の高度なエネルギーを受け止め、変圧し、伝送する仕事を始めた。初めのうちは一週間に二回、一時間半から二時間ほど伝導した。グループの名前の問題が出たが、それについて師の指示は「どのような名前をつけてもいけないし、どのような組織をつくることも、役員を任命することもいけない。決してわれわれ自身、およびこのアイディアの周りに塀をたててはいけない。最大にオープンにしておくこと」と、いうことであった。そしてそれはいまだに守られている。

ピラミッド〔訳注＝四面の三角形と底辺が四角形である〕の性質とエネルギーの特性について、今日多くの研究がなされている。エジプトのギザにある大ピラミッドは、形に固有な力《パワー》の原理に基づいたものであり、アトランティス文明の時代の道具である。アトランティス時代の人間の目的は、情緒《アストラル》・感情の媒体を完成させることであった。ピラミッドの形に固有の性質のゆえに、それを北極と南極に合わせると、光子《エーテル》界や情緒《アストラル》界から、エネルギーを引きよせる。これが、ピラミッドやスフィンクスの周りの砂の下に埋もれて横たわっている、偉大なる都市の人口のために伝導されている。

今日の人類、第五原種族の目的は識心《メンタル》体を完成させることである。正四面体を北と南に合わせると、自動的に識心《メンタル》界から、エネルギーは引きよせられ伝導される。われわれが道具を使う裏には、このような原理がある。クォーツ結晶・磁石・金や銀の円盤や針金等の器具は、天上界《ハイアラキー》によってわれわれを通して流されるエネルギーのすべてを集中させ、力を強化する。形そのものが変圧（変換）の役を果たし、高位のエネルギーを、より低い識心《メンタル》界に下げることによって、より多くの人々にたやすく吸収されるようにする。このような変換の作業がなければ、（そして器具はそれをもう一歩すすめてくれるわけだが）非常に高度なブッディ（霊的直覚）のレベルから送られてくる天上界《ハイアラキー》のエネルギーは、大衆に「はね返されて」しまい、その効果は限られる。これが、天上界《ハイアラキー》が何らかの瞑想や祈りの形態を使ったトランスミッション（変換伝導）のグループを必要とする理由である。

また、師の指示によって、伝導器にとりつける霊エネルギーのバッテリーのようなものも作ったが、実演してみせるために一度使ったきりである。

同じ頃、師は伝送・変圧のための器具（テトラヒドロン）を組み立てるために青写真をくださった。われわれはそれをこの仕事に使い、また治療にも使っている。それは正四面体をしており「ある種の形は、それ固有のエネルギーの特性を持つ」という原理に基づくものである。グループの顔ぶれは何度も変わった。最初からのメンバーは四人だけ残っている。人数は増えたり減ったりしたが、積極的なメンバーは、大体いつも十二人ぐらいであり、その他あまり積極的でなかったり、レギュラーでない人々はたくさんいた。さらに国内国外に枝分かれしていった人々は非常に多い。

最近は、毎週三回ずつ集い、一回四時間から七、八時間も天上界《ハイアラキー》からのエネルギーを伝導する。最も献身的な決意のある人でなければ、それだけの激しいリズムを維持することはできないので、人数もおのずから少なくなる。その他に、毎週一回、ロンドンのユーストン通りにあるフレンド・ハウスで、公の集会を行っており、聴衆にエネルギーの伝導に参加する機会を提供している。

一九七四年六月に、一連のメンタル・オーバーシャドウ（意識の伝達がメンタル界におけるテレパシーで行われる）があり、マイトレーヤ如来から、メッセージが送られてきた。われわれを鼓舞し、如来の外的顕現《がいてきけんげん》の進行状況を知らせてこられた。マイトレーヤの顕示体《けんじたい》――マヤヴィルーパ――の創造とその完成について知らされる光栄を得た。一九七六年三月から七七年九月にかけて、マイトレーヤ如来からのコミュニケーションは、非常に頻繁になった。

グループが結成された最初の年は、毎月満月の日に公開集会を行い、メンバーの友達で興味のある人々も伝導《トランスミッション》に加わることができた。これらの満月の集会の時、私は短い話をした。

たいてい、キリストの再臨についてであったが、たまにはある特定の満月の日のエネルギーについて、秘教学的占星学の観点から話をした。一九七四年の終り頃、私の師は何度も言われた。「このことを世間の前に持って出なければならないことを知っているだろうな。ここに居る二十人かそこらの人間にだけこの情報を伝えていたのでは、さっぱり役に立たない」と。だんまり芝居が始まった。私は異議を唱え、「公の場」に出ていかないように哀願した。すると師は、いや冗談を言っただけだとなだめてくれた。「お前のために、もっとほかの計画がある」と言われると私は安心した。しかし一九七五年一月、師はついにはっきりと言われた。「さあ、言われたとおりにしなさい。この情報を（すでに大計画がいかにして遂行されるかについての情報を大量に師は口述してくれていた）あらゆる背景や教えを人々に伝えなさい。お前の知っていることを話しなさい。望ましいのは、より集中した意識をもつグループから始め、彼らを通して一般市民へテレパシーの相互作用が行われることである。そうすれば、お前が、一般大衆の前に出るまでに、いくらかでも心の準備ができているだろう」と。

私はいやだった。どうしてもいやだった。それまでやっていた仕事の方が好きだった。ひっそりと神秘的に仕事をしているのが好きだった。お役に立たせていただいていると知っており、しかもあまりきつすぎず、心理的な負担も少ない仕事であった。何度も師から強く押されるまで、グループに関して何もしなかった。三月か四月頃やっと四十ほどの霊的な仕事をしているグループに手紙を出し、「キリストと覚者方の再臨」というテーマの講演をしたい旨《むね》を伝えた。反応は予想したとおり、あまり大きくなかった。私は、ほとんど無名の存在であったから。たしか六、七通返事があったと思う。そのうちの三つのグループが興味をもった――すべて若い人たちの新しいグループであった――センターハウス、ジエントルゴーストとフランクリンスクールであり、それぞれで講演をした。最初はセンターハウスで、一九七五年五月三十日であった。

私は非常にあがっていた。題材についてはよく知っていたが、全然秩序を立てていなかった。師は親切に、一目見れば分かるように、話の項目のリストを口述してくれた。事実、話の間中、私をオーバーシャドウしてくださって、ほとんど師が講演されたようなものであった。終わるちょっと前に、突然、マイトレーヤ如来にオーバーシャドウされ、私の心はとろけるようで、声を安定させるのに非常に困難を感じた。次の言葉が私の心に伝えられた。

「救世主《キリスト》マイトレーヤが現れる時、初めはその存在を明かすことをせず、また彼より前に現れる覚者たちも同様である。しかし、あなた方の中に卓越した、すぐれた能力をそなえ、愛と奉仕の器《うつわ》のはかりしれず、その見解の広さは通常をはるかに越えたものを持つ男がいるということが、徐々に明かされていくであろう。世界中の男女は、この男の住むある近代国の、ある地点に意識を引き付けられていくであろう。その力の中心から、キリストの真の霊が流れ出て、人々は、あの方がわれわれと共に在る、ということに気付いていくであろう。彼の存在に、彼の教えに応じることのできる人々は、その愛を、その能力を、その見解の広さをいくらかでも自分自身に反映するようになることに気付くであろう。そして世界に出て行き、救世主《キリスト》マイトレーヤがこの世に在るという事実を人々に伝えるであろう。人間は、ある種の教えが輝き出ている国に目を向けるべきである。これらのことは間もなく短期間のうちに成就され、マイトレーヤが我らの中に在ることの動かしがたい証《あかし》がなされるであろう。

その時以後、地球の歴史に例を見ないほどの速いスピードで、世界に変化が起こるであろう。次の二十五年の間に、そのような変化が起こるであろう。それは、全世界が決定的に良き方向へ改革される、非常に革新的な根元的な変化である」

この言葉を聞いて一番驚いたのは、私であった。あとで録音テープを聞き返してみるまで、筋が通っていたのかどうかも定かではなかった。

一九七七年七月七日にマイトレーヤ御自身から報告があった。如来の顕示体《マヤヴィルーパ》は完全に出来上がり、それを「着用」され、如来の光体（昇天霊体＝アセンデッド・ボディ）は、ヒマラヤにある山のセンターに休ませてあるということを伝えてこられた。七月八日には、山を降りはじめられたと教えられた。七月十九日、火曜日に、マイトレーヤは世界で有名なある近代国家にお入りになられ「拠点地《ポイント・オブ・フォーカス》」に到着なされたということを私の師から伝えられた。その晩、私はフレンド・ハウスで講演をする予定であったが、この情報は、まだ私だけにとどめておくようにと言われた。金曜日のわれわれの伝導瞑想中、師からマイトレーヤは三日間お休みになられ、御自身を新風土に馴化され、そして七月二十二日に仕事を始められた、という報せが伝えられた。そしてこの情報をグループのメンバーに伝えることを許された。

夜中頃、伝導瞑想が終わって、散会の前にいつものようにお茶を飲むために集まった。妻がテレビのスイッチを入れると、ベティ・デービスのホームドラマの深夜放送の映画をやっていた。グループの何人かは見ていたが、私の思いは当然ながら他のことに行っていたので、その映画と俳優について、ひやかすようなことをいった（普段は、俳優としてのベティ・デービスに、とても敬服しているのであるが）。もう耐えられなくなったので、皆に大切なニュースを伝えたいと告げ、私は語り始めた。――マイトレーヤが、現在、完全な肉体で、この日常の世界の中に在られ、仕事を始められたということを。

それ以後、何度も何度も大勢の聴衆にこのアナウンスメントを行ってきたが、この夜ほど、この素晴らしい地球上の出来事に、ほんのわずかでも参加させていただいたという深い感動を味わったことはなかった。テーブルの周りにいたグループの人々の顔にも、喜びの涙が光り、同じような感動を感じていた。

以上のことが、私がなぜ、ハイアラキーの覚者たちとマイトレーヤの降臨のことを確信をもって話すかを説明する助けになることと思う。私にとってこの方たちの存在は、私自身の直接の体験と接触を通して知った事実である。あの方たちがこの現象界に戻って来られて、われわれを宝瓶宮《アクエリアス》の時代に導いていかれるという極めて重大な事実のリアリティに、人々が目覚めることができるようにとの願いをこめて、この書を纏《まと》めたのである。

一九七九年　ロンドンにて

ベンジャミン・クレーム

〔以上は、ベンジャミン・クレーム著『世界教師《マイトレーヤ》と覚者方《かくしゃがた》の降臨《こうりん》』の序文より抜粋した〕

第一章　序説

*なぜ瞑想するのか

人は一体なぜ瞑想するのだろうかという疑問が、あなたの心の中で生じたことがあるかもしれません。なぜ瞑想なのでしょうか。何がそれほど良く、それほど興味深く、それほど効果的であるため、世界中の何百万もの人々が瞑想を始めたり続けたりするのでしょうか。しかも、その数は大幅に増え続けています。人々はなぜ瞑想を行うのでしょうか。

地球上の私たちの進化を監督しておられる方々の観点からすると、その理由は、瞑想が人間をその人自身の魂と接触させる卓越した手段であるからです。そのために、私たちは瞑想をするのです。他に何を探しているにせよ、特定の瞑想によって何がもたらされるにせよ、瞑想を行う根本的な理由は魂と接触することです。

知ってか知らずにか、私たちは皆、転生している魂です。転生するのは魂であり、私たちが自分自身と考えている、肉体を持つこのパーソナリティーではありません。魂は偉大な霊的存在であり、人間王国と呼ばれる一つの偉大なフォースの個別化した断片です。魂は何度も何度も転生しながら、それぞれ個性的な容貌やビジョンや考えなどを持った物質界の男女という一連の器《うつわ》（乗り舟）を通して、進化の旅路をたどります。その器は肉体、アストラル（情緒）体、メンタル体から構成されており、それらが一緒になって、魂がこの存在レベルで人生を見たり経験したりするための器を提供します。このレベルは、私たちが意識や認識をより高位の界層へと持ち上げるにつれて経験することができるあらゆる生命レベルのうちの、一つの最低の様相でしかありません。

たいていの人は、鏡をのぞき込むとき、自分自身を見ていると思っています。元気そうか、顔色が少し悪いか、さえない顔をしているかどうかを確かめます。人々は魂の器の外観を見ているにすぎません。そして魂は、このレベルにおいて「いのち」がどのようなものであるかを経験するためにこの器を用います。もし私たちが一つの器として、「いのち」を正しく経験するならば、魂もそうすることになります。しかし、もし人々が、通常そうであるように物質界、情緒界、メンタル界のイリュージョン（錯覚）だけを見ていれば、魂も錯覚に基づいて知覚することになります。（物質界のイリュージョンは「マヤ」、情緒界では「グラマー」、メンタル界では「イリュージョン」と呼ばれます）

肉体人間に転生していなければ、魂は完全な神聖なる存在であり、私たちが地球で私たちのレベルで経験することのできるあらゆる神聖さを備えています。しかし、もし私たちがイリュージョン（錯覚）を通して物質界、情緒界、メンタル界の「いのち」の様相――イリュージョンの霧を通して私たちが盲目的に見ることによって不正確になるいのちの様相――を提示しているならば、魂もそのイリュージョンを共有します。〔編註1〕

現在転生している人類の大半、そして転生していない人々も、多かれ少なかれイリュージョンの中で生きています。本質的に、魂はイリュージョンの中にいませんが、もし私たちが魂に対して錯覚に基づく体験を提示するならば、魂はそのイリュージョンを共有します。魂は私たちが見るものだけを見ることができます。もし私たちがグラマーやイリュージョンによって盲目になっているならば、それが、いのちの性質として私たちが魂に対して提示するもの

ベンジャミン・クレーム

になります。

進化の旅路

いのちの狙いと目的、転生している魂の狙いと目的は、リアリティ（実相）の特質にますます純粋に反応する器を発達させることです。そして、その反応がより純粋に、より正確になればなるほど、このレベルにおいてリアリティに対する魂のビジョンはより正確になります。

私たちはこの進化の旅路において何千何万回という転生を経験します。輪廻転生は人生の事実です。しかしこの完成への旅路を歩むのは、私たち――名前を持ったあなたや私――ではなく、私たちの魂です。それ自身完全である魂は、アストラル（情緒）反応とメンタル的なビジョンや考えを備えた一連の肉体人間を通して、物質界において完成への旅路を歩みます。器が進化していればしているほど、魂は転生の旅路においてより完全になります。その旅路は何千何万回もの転生を要しますが、その旅路のある時点で、魂はそれ自身のレベルにおいて、その器、特定の転生にある男や女が、魂のエネルギーと光に何となく反応し始めていることを認識します。その時まで、魂から伸びる細長い糸（光の架け橋）とつながったその器は、それ自身の目的だけを遂行していいます。食べること、次に何を食べたらよいか、どうやってその食べ物を手に入れたらよいか、どうやって生計を立てたらよいかなどと考えたりしています。

しかし器《うつわ》が魂のエネルギーと目的に反応し始めていることを魂が知る時が到来します。これが起きていることを魂が知るとき、魂はその人間を何らかの種類の瞑想へと方向づけます。魂はそれから、肉体の右側にあるハートセンターを照らします。これは、濃密な肉体ではなく、より精妙なエーテル体にある魂のセンターです。キリスト教の聖書には「賢者の心（ハート）は右側に、愚者《ぐしゃ》の心（ハート）は左側に」と書かれています。これは、自分が実際には魂であることを知っている賢者が、肉体の心臓ではなく魂のセンターが私たちの存在の中心であることを知っていることを意味しています。このセンターが魂によって照らされるとき、転生している魂（男女）の進化が始まります。魂のエネルギーと光は輝き始め、魂はその反映である男女を何らかの種類の瞑想へと導きます。瞑想は、魂とその器を結びつける手段です。最初、その人はいろいろな種類の瞑想を試してみては、それらを続けないかもしれませんが、やがて何らかの瞑想に特に注目が引き付けられ、かなりの時間とエネルギーをその瞑想の実践に当てる生涯が訪れます。

このようにして魂とその器のつながりはますます強くなり、やがてその二つの結合が確立されます。ヨガとは結合を意味しており、瞑想のヨガを通してその接触が最初になされ、生涯を重ねるにつれて強固になります。

世界には何百という瞑想が提供されています。瞑想したい人にとってはたくさんの選択肢《せんたくし》があります。瞑想が科学的であればあるほど、それはますます効果のあるものになり、必要とされる役割をますます果たすようになります。

魂は決してあきらめません。もしある生涯でその人が瞑想を行わないならば、魂は次の生涯やそのまた次の生涯でその人を再び突つき、やがてそのメッセージが届いて人は瞑想し始めます。最初は束の間かもしれませんが、その後、瞑想に打ち込む生涯が訪れます。

するとそのとき、何か他のものが起こり始めます。しばらく瞑想を続けていると、その人は魂の影響下で変化し始めます（ただし、その人はそのことに気付かないかもしれません。それについて理論的にどれほど知っているかによります）。その変化に気付くかもしれないし気付かないかもしれませんが、周りの人々は明らかに気付くでしょう。かつての自分ではなくなり、以前に抱いていたものに関心を抱かなくなる傾向があります。他のことに興味を持ち始めます。自分自身への関心が薄れ、関心が外側に向くようになり、世界全体に、自分以外の人々に関心を持つようになります。これは明確な段階です。私たちは皆それを経験します。何か変わったことや恐ろしいことが起きているのではなく、それは発達、魂の発達にすぎません。

魂は境界を知りません。魂は個人ではなく、世界全体を見ます。魂は自身の目的を完全に把握し、その器《うつわ》（肉体人間）を、転生の旅路において一定の期間、使用することができる過渡的な状態と見なします。魂はその器を、他の器よりも劣っているとか優れているとは見なしません。魂は自身が必要とする器をつくります。魂はその器を子宮の中に置き、大人にまで成長させ、その肉体人間を通してこの存在レベルにおける人生を経験します。

魂には時間の感覚がなく、永遠という感覚だけがあります。魂は永遠という観点から考えます。魂はまた、自分自身を分離した存在とは見なしません。私たちは誤って、自分自身を分離したものと見なす傾向があります。私たちには異なった名前、異なった肌の色、異なった宗教があり、世界の異なった地域に生まれます。これらすべてが、私たちに現実のものであると受け止めてしまう分離感をつくり出します。魂の観点からは、そうした分離は全く現実ではありません。分割や分離はありません。魂は全体を認識しており、その全体という感覚をその反映に、つまり男や女としての人間に伝えようとします。

私たちの観点からすると、これには何千年もかかるかもしれませんが、魂の観点からすると、時間のようなものはありません。永遠だけがあります。私たちの限定されたビジョン、イリュージョンの中にいれば、私たちは時間が現実であると考え、そのイリュージョンを自分たちの生活に課します。もちろん、電車に乗るため、船や飛行機に間に合うため、雑誌を作っていて締め切りまでに原稿を印刷所に渡さなければならないという場合には、時間を持たなければなりません。しかしそれは慣習であり、一日の想像上の分割にすぎません。それは現実ではありません。それは物質界の現実にうまく対処しやすいように、私たちがつくり出したものです。しかしそれが「いのち」であると誤って考えてはいけません。それはいのちではなく、物質界の便宜にすぎません。物質界の外では、時間は意味を持ちません。

それでも、人生が異なった形で経験される時期があります――より活動的な形で、あるいはより受容的な形で。これらは人生の中で私たちに時間の印象を与える局面です。それらは大宇宙そのものの呼気と吸気であり、私たちは皆、その一部分です。

魂の目的

他の原子から分離した物質原子やエネルギーというものは、宇宙のどこにも存在しません。私たちの肉体が小さな、相互に密接に関連した細胞で構成されているのと同じように、すべての小さな原子は、宇宙全体の中で、すべての他の原子と関連しています。魂はそのようにして宇宙を見ます。

魂は、私たちが人生と呼ぶものの意味と目的を知っています。魂は個々の転生の目的を知っています。基本的に、魂は進化の大計画を推進するために転生し、個々の転生をそのもっと偉大な目的に関連づけます。肉体人間としての私たちは、そのような肉体の長い系列の中の一つの肉体（転生）にすぎません。それぞれが異なっており、少しだけ進歩しており、魂のエネルギーと目的がより多くその肉体の内部や背後にあります。そして、瞑想はその魂との融合を達成する手段の一つなのです。

魂はとりわけ、ロゴスつまりこの地球という惑星に魂を吹き込んでいる天帝の進化の大計画に奉仕するために転生しています。その天帝つまりロゴスの意識は、この惑星だけでなく太陽系全体に魂を吹き込んでいる天帝のより偉大な意識に関連しています。私たちの個別の魂は、惑星ロゴスの進化の目的、さらに太陽ロゴスのより偉大な計画との関係を推進するために転生に入ります。

その目的が何であるかを私たちはまだ知りませんが、魂はそれを確かに知っており、それ自身の器を通してその目的を実現しようとしており、さらに魂の個別の目的や、惑星ロゴスの目的との関係、したがって太陽ロゴスの目的との関係をもたらそうと努めます。さらに踏み込んで、太陽ロゴスの大計画は、（もしその存在をこう呼ぶことができれば）宇宙ロゴスに関連していると言うこともできます。それは、私たちの惑星と太陽を一部分として含むこの特定の宇宙の偉大なシステムのロゴスです。何百万という太陽があり、私たちの太陽はこの特定の銀河系の端にあります。銀河の中心には、信じ難いほどの進化を遂げた太陽があります。なぜならその太陽は、考えられないほど、知ることができないほどの進化を遂げた存在によって魂を吹き込まれているからです。それは「それについて何も語ることができないお方」と呼ばれています。銀河系に魂を吹き込む存在の計画について何を言うことができるでしょうか。それについて考えることは信じ難いことなのですが、それがリアリティの性質です。そして、私たちはこのプロセス全体の小さな細胞の一つです。私たちが瞑想するのは、一つには、私たちがこのような認識に達するのを助けるためです。

魂は、転生を繰り返しながら、自らの意識をその器の人生の中にもたらそうと努めます――その意識を物質界へともたらせば、やがて意図や目的が魂と全く同じ存在を創造することができます。そのような人々を想像することができますか。彼らは実際に存在します。彼らは完全に進化を遂げており、欠点を全く持たず、常時彼らを通して流れている聖なる愛、聖なる意志、聖なる目的と知性しか持ちません。そのような人間がおり、智恵の大師または覚者方と呼ばれています。

魂が旅路を進むにつれて、徐々にその器を変えていきます。瞑想と奉仕の実践を通して、ますます多くの光つまり魂のエネルギーが、その器つまり男や女に反映されます。奉仕することを望むのは肉体人間ではなく魂です。そして瞑想を通してその二つの結合が十分になると、その個人は奉仕したいという思いが沸いてくることに気付くでしょう。魂による奉仕への呼びかけはますます強くなり、抵抗することができないものになります。世界は、自分の助けを必要としていると思うようになり、その人は、魂によって行うように呼びかけられるどんな方法であるにせよ、奉仕をし始めます。奉仕する方法を持たない人は一人もおりません。「私は奉仕したいけれども、どこにいたらよいのか分からない。自分がふさわしい場所にいるかどうか分からない」と言う人がおります。奉仕されることを求めている全世界があるのです。魂はその方法を提供します。必要なことはそれを認識することであり、自分自身を世界の必要に関連づけることです。

智恵の覚者方

私の観点から見ると、伝導瞑想の主要な要素は100％科学的であることです。この瞑想がうまくいくのは、それを世界に提示した方々、つまり智恵の覚者方が科学の達人であるからです。覚者方は大体の場合、かなり以前にこの旅路を歩み、この惑星地球において可能な限りの完全な、完成した人間になりました。彼らはこれ以上、この惑星での転生を必要としません。この惑星が彼らに教えることはもうありません。しかし、多くの覚者方が選ぶ道、「地球奉仕の道」があります――これは私たちにとって幸運なことです。なぜならそれは、完全の域に達した覚者方の多くがこの地球にとどまり、私たちの進化を見守る道を選択されたということを意味するからです。こうした智恵の覚者方は、何千何万年もの間、ヒマラヤ山脈、アンデス山脈、ロッキー山脈、カスケード山脈、ウラル山脈、ゴビ砂漠、そして世界の様々な他の砂漠など、世界の辺鄙《へんぴ》な高山脈や砂漠地帯に住んでいました。こうした辺鄙《へんぴ》な地域にある隠遁地《いんとんち》から、彼らは何千年もの間、主に彼らの弟子たち、世に転生している男女を通して働きかけながら、人類の進化を監督してきました。

科学、芸術、音楽、宗教、政治の分野にせよ、あるいはどのような形態の人間活動にせよ、何らかの種類の業績という贈り物を顕著《けんちょ》にもたらした人々の名前をあげれば、いずれかの覚者の弟子であった人々の名前を上げることになるでしょう。シェイクスピア、ダンテ、レオナルド・ダ・ヴィンチ、レンブラント、ベートーベン、モーツァルト、バッハ、キュリー夫人、アインシュタインのような人々です。〔編註2〕このような人々は皆、進化の旅路に沿って一定の距離を進み、その旅路において物質界で魂のように行動しようとした人々です。彼らにはそれ以外のことができず、それが彼らのあり方であるからです。彼らはそのように人生を見ます。彼らは助けることを望み、創造的になり、人類と世界のために何か価値のある有益なことをしたがります。このような人々は覚者方の弟子たちであり、物質界に住む男女であり、地球の守護者、つまり私たちがみな通っている進化の旅路の守護者である覚者方の計画を遂行しています。それは科学的な道ですが、厳密な科学、言うなればハードサイエンスではありません。それは、魂からのあらゆる種類の流入に対して、目標を達成するためのより良い、より早い方法を見つけるための進路の変更に対して開かれており、よく反応するものです。

現在起きている極めて重大なことの一つは、こうした覚者方が、最終的には大勢、日常の世界に戻って来つつあることです。人間の進化に関係している覚者は六十三名おり、このうち、現在（二〇一五年）までに十四名の覚者が世界に出ておられます。加えて、個人名をマイトレーヤという、すべての覚者方のリーダーもおられます。マイトレーヤは肉体として世にあり、ここロンドンにいる私たちは、彼の存在によって恩寵を受けています。やがては世界におよそ四十名の覚者方が出て来られるでしょう。

マイトレーヤは、仏教徒によってマイトレーヤ仏陀（弥勒仏）、第五仏陀として待たれており、ヒンズー教徒によってはクリシュナあるいはカルキ・アバターとして、イスラム教徒によってはイマム・マーディとして、ユダヤ人によってはメシアとして、キリスト教徒によってはキリストとして待たれています。これらはすべて、智恵の覚者方のリーダーであり、宝瓶宮《アクエリアス》の時代の世界教師である方の名前です。

いま始まっている宝瓶宮（アクエリアス）の新しい時代には、伝導瞑想が、完全な覚者となるために進化しようとするすべての弟子たちと弟子道を志す志向者たちにとって、科学的な道と見られるでしょう。そしてこの時代には、進化がとてつもなく速まるでしょう。非常に多くの覚者方が私たちの中に住み、彼らの途轍もない霊的エネルギーが世界に注がれることになるからです。

知ろうが知るまいが、それが実際に、私たちが伝導瞑想を行う理由です。伝導瞑想は、覚者方によって創造され、私たちに与えられた完全に科学的な瞑想です。今や初めて、大きな規模で伝導瞑想を実践することができるほど十分な数の、弟子道を志す志向者や弟子たち、イニシエートたちが存在するからです。私たちは進化の大計画に奉仕するために伝導瞑想を行います。技術的には、それは難しい瞑想ではありません。その逆に、それは本当に極めて単純なやり方です。

伝導瞑想は瞑想としては、まだとても若いです。最初のグループはロンドンで一九七四年三月に結成されましたので、存在するようになってからまだ約三十五年しかたっておりません。今や初めて、やりがいのある奉仕であり、同時に科学的な瞑想でもあるこの方法を探し始めるほどの進化地点に到達した人々が十分に多く出てきました。覚者方が授けたこの瞑想の美しさは、それが完全な進化の方法であると同時に、完全な奉仕の手段であるということです。智恵の覚者方が知っており明らかにしているロゴスの進化の大計画に奉仕することなしに、伝導瞑想を行うことはできません。

覚者方は地球に入ってくるすべてのエネルギーの管理者であり、彼らの仕事は惑星ロゴスの進化の大計画の必要に従って、こうしたエネルギーを科学的に再分配することです。マイトレーヤや仏陀、そして他の方々のような偉大な存在が、こうしたエネルギーのうちどれが特定の時期に有益で役に立ち、どれがそうでないか、どの程度の強度がよいかなどを決定します。そのすべてが大計画に従って行われます。それは覚者方だけに知られている壮大な科学です。

【以上は二〇〇八年一月二十六日にロンドンで行われた伝導瞑想のワークショップでのベンジャミン・クレームの講話より抜粋】

〔編註1〕魂とイリュージョンについてのさらなる説明はクレーム著『生きる術《すべ》』の第3部—イリュージョンを参照されたい。

〔編註2〕世界で貢献した弟子たちのリストについては、クレーム著『マイトレーヤの使命』を参照されたい。

伝導瞑想とは何か

伝導《トランスミッション》とは、もちろんエネルギーの伝導のことであり、我々は意識せずに絶えずエネルギーの伝導体としての役割を果たしているのです。もしそうでなければ人間とはいえません。事実、もし人類が何らかの理由によってこの地球から抹殺されたとしたら、すべての下層王国、つまり動物、植物、鉱物界もやがて死に絶えるのです。というのは、人類は、他の王国に比べるとユニークな形ではありますが、エネルギーの伝導体としての役割を果たしており、人類が存在しなくなると動植鉱物界は、太陽からのエネルギーをじかに吸収し得ず、滅びてしまうのです。人間は、我々が「霊」と呼ぶものと「物質」と呼ぶものとの間の中点であり、父なる霊と母なる物質が出会って、人、つまり人間が生まれました。意識しようがしまいが（将来、我々はこれを悟り、意識してそのように行動するようになっていくのですが）、我々は伝導体であり、我々の上位にある霊王国から受けるエネルギーの整理場的な存在です。こうしたエネルギーは我々を通過することによって、強度が一段と低められ変換されて、動物界に送られ、動物界から植物界へと次々に変換され伝導されていきます。

各王国はすぐ上位の王国から受けるエネルギーを吸収し反応し進化していき、各王国はすぐ下位の王国から生成発展します。すなわち、植物界は鉱物界から生成発展したものであり、鉱物界はこの地球の誕生の一番最初に置かれた最も不活発な存在です。植物界から動物界が発生し、動物界から人間界が発展しました。人間界から霊王国、魂の王国、キリスト教の言葉でいえば神の御国が発展したのです。つまり人類は、意識しようがしまいが、全体として絶えず発展を続けているのです。一つの王国として、グループとして存在してきました。

神の御国、霊王国（スピリチュアル・ハイアラキー）とは、人類がそれを受けるにふさわしいほどに向上し発展したとき天から下ってくる至福の状態ではなく、人類の大多数に知られずして、我々の背後にいつも存在してきました。それは覚者やイニシエートたち、つまり我々よりも先に行き、我々より前に進化していった男女の一団によって構成されております。イニシエートとは本源なる神との結合を求めて、完成への科学的な道を歩む者たちを言います。覚者とはこの地上における進化の体験をすべて終えられ、自由自在心、神我一体観を持たれ、因果《カルマ》によ る転生輪廻《てんしょうりんね》の枠を越えられた方たちです。つまり我々から見れば完全に悟りの域に達した方々です。

覚者方は人間王国および動物、植物、鉱物界の進化の計画に仕えるためにのみ、この地球に留まっておられます。地球に入ってくるすべてのエネルギーの管理者なのです。宇宙のあらゆるところから強大な宇宙エネルギーが絶えず地球に突入しているのですが、我々はそれについて何も知らないし、どうすることもできません。人類はそれに対処できる科学をまだ持ち合わせていないのです。

覚者方はこれらのエネルギーを科学的に操作し、バランスを取り、変換し、世界に送りこみ、人類の進化を助けます。覚者方は表面にはあらわれず、世界に散らばるイニシエートや弟子たち、またはイニシエーションを志願する者たちを通して働き、エネルギーを伝送してこられます。覚者方は一日二十四時間、絶えずエネルギーの伝導体として働いておられます。

霊エネルギーの種類と性質

これらの霊エネルギーは、非常に多くの異なった種類と性質を持ち、それぞれ違った名前で呼ばれています。その一つは「意志」のエネルギーと呼ばれ、また一つは「愛」のエネルギーと呼ばれています。普通我々が愛を考えるとき、人と人との間に感じられるある種の感情を思いますが、実際は全くそのようなものではありません。もちろんその感情も「愛」に関連したものではありますが、偉大な宇宙エネルギーである「愛」のうちの次元の低いものです。覚者方はこの「愛」のエネルギーを、最も純粋なかたちで世に送り込んでこられます。「愛」は、物体の原子を結びつけ合う結合力と引力のある力（フォース）であり、人類の各単位を共に結びつけ合う力《フォース》なのです。魂の進化の目的は、我々がその「愛」のエネルギーによって共につながり合い、生活の中でそれを実演することです。残念なことに人類全体として、まだこれを行っていませんが、新しい宝瓶宮《アクエリアス》の時代には、強力に、明確に、正しく、この「愛」のエネルギーの性質を顕《あらわ》していくでしょう。

個人的にせよ世界的規模にせよ、すべての変化は、何れかの偉大な霊エネルギーに対して我々が反応する結果引き起こされるのです。一般にこれらのエネルギーは気付かれないのですが、厳然と存在しております。これらの霊エネルギーは我々を通して働くのです。

現在の科学とテクノロジーの発達は、我々が「知」《インテリジェンス》のエネルギーを正しく吸収し、実際に顕《あらわ》すことのできる能力を持つに至った直接的な結果であります。二千年前には、人類はこれをなすことができなかったのです。パレスチナにキリストが来られて、人間に「愛」を示されました。聖なるものの特質は「愛」であることを示され、人間として初めて完全なる「愛」を実践されたのです。二千年たった現在に至るまで、キリストがこの世に解き放たれたあの特質を、人類は依然として実践していません。もちろん多くの男女が個人的に「愛」の特質を裡に実現し得て、使徒となり、イニシエートとなりました。または覚者となられた人々もいることは確かです。覚者方は神の愛の実践を通して、完全の域に到達されたのです。――その完全さを、いつの日か我々自身も同様に実践すべく運命づけられているのです。宝《アク》瓶宮《エリアス》の時代の約束は、記録に残る人類の歴史の中で初めて、全人類が一体となり、「愛」をこの世で具現《ぐげん》することなのです。和合こそが、その「愛」の表現です。人間の内的な和合――魂として我々は一体であるという事実――が物質界において反映されるでしょう。別々の魂などというものはありません。我々は、一つの完璧な偉大なる「超魂《オーバーソウル》」の個性化された部分であり、神という言葉で呼ばれるもの、つまり我々がその裡《うち》で「生き、動き、存在している」あの実在――この惑星のロゴスの反映です。

転生の理由

転生している魂の真の目的は、この惑星のロゴスの意志と「計画」を遂行することです。完成された霊的存在である魂――我々の真我《しんが》――にとって、この物質界に、肉体、感情、知性という機能を通して自身を顕《あらわ》すことは（つまり我々が自分自身だと思っているこのパーソナリティーで統合されている肉の身に生れてくることは）犠牲的な行為です。真実、我々一人一人がすべて聖なる存在なのです。この神性をそのまま、その完全さのままに、肉体物質の次元に顕《あらわ》すことは非常に困難です。というのは、魂は物質の中に神性なる己《おのれ》を埋没《まいぼつ》させてしまうからです。魂が転生するとき（男女としての我々が転生を選ぶのではなく、魂が転生を選ぶのです）、物質エネルギーで構成されている器《うつわ》（肉体人間）に乗るのですが、それは魂の聖なる特質（神の意志と愛と知）の反映を妨げます。物質エネルギーは不活発な粗雑な波動のものであるため、精練された精妙な魂のエネルギーを通すことができません。魂が進化の旅路を通して、何千何万回となく、繰り返しこの世に転生してくる目的というのは、この地球という惑星を徐々に霊化していき、神聖なる惑星に変えていくことにあります。これこそが、我々が真になしていることです。そのために、まず己自身の器なる肉体人間を霊化することから始めます。覚者となられた方たちはすべて、完成された光の肉体を持たれます。聖書にいう復活された身体であり、文字通り光です。普通見た目には、あなたや私と変わらないがっしりとした肉体ですが、その波動は全く異なったものです。

転生の過程を通して、魂は己自身を顕《あらわ》すために創る肉体人間の各体（メンタル体、アストラル・情緒体、肉体）に、徐々に原子よりもさらに小さい性質の物質を、文字通り光を注ぎ込んでいきます。これが起こるにつれて、私たちは徐々に魂の特質を実際に顕《あらわ》していくようになります。やがて、すべてが光となり、同時に魂の特質を完全に顕《あらわ》した覚者となります。つまり真に魂の入った存在となります。

伝導瞑想

これをなしていくために、進化の旅路のある段階で、魂は我々を瞑想に導きます。瞑想に触れる最初の転生においては、時折、ちょっとの間だけかも知れないが、何らかの瞑想の経験を積みます。そして次の一生ではさらに多くの瞑想の経験を積み、そのような一生を何度も繰り返すうちに、ある転生においては、一生のほとんどを瞑想のうちに過ごす経験もする。そうして、瞑想というものが転生しているその個人の生活の中において、しごく自然なものとなり、内的な魂への旅路が自動的なものとなります。瞑想には、いろいろなやり方がありますが、一般的には、多かれ少なかれ魂との接触を持ち、徐々に魂と一体となるための科学的手段です。そして魂はこの物質界に明確に強力に自身を顕《あらわ》すことができるようになります。

魂の特質を顕《あらわ》している人間に出会うとき、生命の意義と目的とが輝き出ているような人間であると感じます。例えば、ずば抜けて創造的な科学者とか芸術家とか政治家とか教育者とかのように。そのような人々は、明らかに普通一般の人々と全く異なるエネルギー、力《フォース》によって支配されています。それは魂のエネルギーであり、それが彼らを通して流れ出るのであり、我々の文化、文明を豊かにしてくれる創造的人間をつくり上げています。

伝導瞑想《トランスミッション・メディテーション》は、魂との繋《つな》がりを持ち、そのエネルギーが我々を通して流れる最も簡単な手段であると思います。普通、瞑想を正しく行うためには、非常に強力な精神集中の力が必要であり、ほとんどの人にとってこれはかなり困難な仕事です。一般に人々が瞑想と呼んでいるのは、しばしば瞑想ではなく、単なる精神集中あるいは沈思にすぎません。瞑想には、精神集中も含めれば、五つの段階があり、第一段階から次の段階へと徐々に深められていきます――精神集中《コンセントレーション》、瞑想《メディテーション》、観照《コンテンプレーション》、照明《イルミネーション》、霊感《インスピレーション》。

各自、何れの段階の瞑想を行っているにせよ、さらに伝導瞑想を並行して行うことによって、各人の瞑想を一層、深めることにもなります。

一九四五年にハイアラキー（霊王国）のリーダーであるマイトレーヤ如来〔訳註＝釈尊が予言された未来仏、日本では弥勒菩薩《みろくぼさつ》として知られる〕が覚者方に向かって、可能な限り最も早い時期を選んで御自身が世に降臨なさることを宣言されて以来、それまでにない、膨大な力の宇宙エネルギーが覚者方の自由になりました。御自身が降臨なさることを決定されたとき、マイトレーヤ如来は宇宙およびさらにそれを遥かに超えたところから送られてくる膨大な力を備えた霊エネルギーの伝導体となられました。マイトレーヤを通して一段と強度を下げられたエネルギーが覚者たちに送られ、覚者方から伝導瞑想のグループに送られてきます。これらの霊エネルギーは、電気でたとえれば、いわばその「電圧を下げ」変換しないと、人類の大多数はそれを吸収し得ず、跳ね返してしまいます。伝導瞑想グループの働きによって、容易に入手でき、吸収しやすいエネルギーに変換され、人類は無意識のうちにそれらのエネルギーに反応し、様々に変化が起こされていきます。伝導瞑想グループにおいて、自分を一つの道具として提供し、ハイアラキーの覚者方があなた方を通してエネルギーを流してきます。各人は肯定的な安定したメンタル回路として働き（これが大切なのですが）、その回路を通してマイトレーヤと覚者方が高度に科学的方法で霊エネルギーを送ってこられます。これらのエネルギーがあらかじめ覚者方によって、彼らの思いによって方向づけられており、最も必要とされ、最も役立つ所へ最適のバランスと強度で送られていきます。覚者方は彼らのエネルギーの伝送体としてこのような方法で意識的に働ける者たちを絶えず探しておられます。では伝導瞑想グループを始めるために必要な条件は何か。奉仕したいという思いと実行していく意志、それに、その思いを同じくする人々あと二人、それだけです。もちろん人数は多ければ多いほど、より有効ですが、三人寄ればグループです。伝導に使われる瞑想方法は実に単純です。特別な知識も経験もいりません。単に肉体の頭脳と各人の魂とを整列状態にもっていくだけの瞑想であり、それはアジュナ・センター（眉と眉の間）に気を軽く集中させておくことによってできます。

「座って瞑想するにしても、一体どうやって、その伝導すべき霊エネルギーをつかまえるのか」という疑問がわくことと思います。

人類は、自由にハイアラキーの覚者のエネルギーに呼び掛けることのできる途方もない強力な道具を授けられました。大祈願と呼ばれるものです。マイトレーヤ如来ができるだけ早い時期に、つまり人類が全体の福祉のために協力と分かち合いの方向に向かって最初のステップを踏み出し始めるや否や、世界に戻られる決意ができたことを、兄弟である覚者方に伝えられたとき、すなわち一九四五年六月の満月の時に、初めてお使いになられた言霊（マントラ）です。それが、覚者方によって、人類が理解し使いやすい言葉に直されて、ジュワル・クール覚者から彼の筆記者であったアリス・ベイリー女史を通して、世界中に伝えられました。

大祈願は非常に効力のある祈りであり、世界人類を救済しようとして働いておられるマイトレーヤ如来を中心としたハイアラキーの覚者方と人類が直結することのできる祈りです。ですから、いかなる伝導瞑想のグループでも、大祈願を唱えることによって、覚者方からエネルギーを呼び招くことができます。グループのメンバーは一種の道具として働き、各人のエネルギーセンターであるチャクラを通してエネルギーが流されます。これは簡単で快適な、しかも高度に科学的な方法で行われます。

大切なことは規則的に行うことです。少なくとも一週間に一度、グループとして一番都合のよい曜日を決め、いつも同じ時刻に必ず集まることです。すると覚者たちは、その時刻にその場所にグループが集うことを当てにすることができます。心を合わせて大祈願を唱えることによって、そのグループはハイアラキーの覚者たちに意識を合わせ、覚者たちはそのグループを通してエネルギーを伝送し、変換して世界に放たれます。これが伝導瞑想の手順であり、来たるべき時代、そしてさらにその先へと、人類が存在する限り、続けられるでしょう。覚者方は、四六時中、エネルギーの伝導体として働いておられ、この地球の運命の管理人なのです。ですから、覚者たちの管理の下に瞑想を行うということは非常に安全な方法なのです。巨大な光のネットワークがマイトレーヤによって魂のレベルでつくられており、たえず大きくなっていきます。各伝導瞑想グループはこのネットワークに連結され、これに沿って世界中に途方もない霊の力が輝いています。

新しい時代のヨガ

伝導瞑想は実際、二つのヨガの組合せです。ラヤ・ヨガ、つまりチャクラ／エネルギーのヨガ、そしてカルマ・ヨガ、つまり奉仕のヨガの二つの組合せです。このヨガこそが将来の新しい時代の真のヨガです。これらのヨガはどの一つをとっても非常に強力なヨガです。ですからこの二つが組合さった伝導瞑想は個人の霊的成長にとって強力であると同時に、世界への非常に大きな奉仕です。伝導瞑想の仕事をすることによって、その個人の霊的成長は急速に推進されます。なぜなら、非常に高度な霊的エネルギーが参加している個人のチャクラを通過していくので、それらのエネルギーによってチャクラが活性化されます。覚者方は人々の進化の段階をその人のチャクラの状態によって判断します。

伝導瞑想に参加する人々が行う唯一のことは、注目を眉間にあるアジュナ・チャクラに保っておくことです。（額の中央ではなく眉と眉のあいだです。）しかし、実際にやってみると、眉間に注目を保つことは難しいのが分かるでしょう。ほんの数分で注目は下位のみぞおちのチャクラ辺りに落ちてしまいます。注目が落ちてしまったことに気付いたら、速やかにまた注目を眉間に持ち上げます。持ち上げるときの方法は、マントラ（言霊）のオームを心の内で唱えるか、または単に思うことです。そうすると自動的に注目が眉間に戻ってきます。注目が眉間に保たれている限り、魂と肉体頭脳との間に連結が、つまり整列が保たれています。魂との整列が保たれている限り、伝導瞑想の仕事に参加していることになります。エネルギーは参加者の魂から来るのではなく、魂の王国であるハイアラキーの覚者方の管理の下に、より高位のレベルから魂を通して送られてくるのです。注目が落ちて、眉間のアジュナ・チャクラからみぞおちの方へいってしまうと、もはや魂との整列が保たれませんから、エネルギー伝導は行われず、伝導瞑想の仕事に参加していることになりません。

それに気付いたら、オームを心のうちで唱えるか、または思うと、すぐに注目が眉間に戻ってきます。ですから通常の伝導瞑想の過程は、数分間整列が保たれ、また注目が彷徨《さまよ》い出し、オームを思うことでまた整列ができるということの繰り返しです。

伝導瞑想を行うための最も容易な方法はすでに存在するグループに参加することです。伝導瞑想グループが自分の行くことのできる距離や時間帯にない場合には、自分で伝導瞑想グループをつくることができます。同じように奉仕の願いを持つ人々をもう二人見つけて、三人でグループをつくることができます。より大勢の方がより有効ですが、三人で基本的なグループができ、実際に機能するグループになることができます。

伝導瞑想の科学

伝導瞑想は、覚者方にのみ知られている科学であるトライアングル（三角組）の科学に基づいていいます。トライアングル運動は覚者方によって創始され、アリス・ベイリーを通して世に与えられました。伝導瞑想はトライアングルの科学をさらに進めたものであり、この目的のために覚者方によって与えられました。この途方もないトライアングルの科学が、伝導瞑想を非常に強力にしているのです。

私たち一人ひとりを通して一定量のエネルギーを送ることもできますが、もし私たちがトライアングル（三角組）の一部分となっていれば、同じ三人を個別に通すよりも、トライアングルとしての三人を通した方が、より多くのエネルギーを安全に流すことができます。したがって、三人は伝導瞑想グループの基本的な最低人数です。それよりも人数が多ければ、そのグループはより強力になります。覚者方はエネルギーの管理者であり、パワーを失うことなくエネルギーを最も良い、最も効果的な方法で分配しようとします。彼らはこれを行うために伝導瞑想をもたらしました。三人いれば、覚者方は三角組を構成するために三人をエネルギー的に結びつけます。そのため、これら三人のチャクラを通して流されるすべてのエネルギーが、三角組であるという事実によって磁化されます。

もう一人が加われば、そのような三角形の組み合わせは四個でき、それらはすべて結びつけられます。五人いれば、十個の三角の組み合わせができます。十人いれば、途端に百二十個の三角組ができるというように、数学的に増加していきます。そのため、一人加わるごとに、三角組の数は急激に増加します。すべての人が他のすべての人とエネルギー的につながるからです。この科学は壮大なものであり、それが覚者方の手の内にあることから、完全に効率的であり、失われるものは何もありません――もし伝導が正しく行われれば。グループに二十人いれば、千百四十個の三角組ができ、百人のグループであれば、十六万千七百個の三角組ができます。驚くべきことです。

伝導瞑想に参加しているすべての人が覚者方によって連結されるのです。それが、伝導瞑想を非常に効果的なものにしている科学なのです。百人のグループであれば、それぞれの人が四千八百五十一個の三角組をグループの中に持ち込みます。途方もないことです。もしあなたが百人のグループのメンバーであれば、あなたには四千八百五十一個の三角組の価値があります——それについて考えてみてください。あなたはこれらすべての三角組に対して責任を負っており、もしあなたが瞑想会を去れば、あなたは四千八百五十一個の三角を持ち去り、グループはその数だけ弱まることになります。

ですから、伝導瞑想を行う責任というものが分かるでしょう。それは、真剣で責任感があり、奉仕したいと思い、本当の意味で十分に無私であり、自分にあまり関心がなく、奉仕や、世界のために何か有益なことを行うことに関心があり、そのため、伝導瞑想を行うためにいくらかの時間を放棄したいと思っている人々のためのものです。それは覚者方の手の内にあるため、少しのものが非常に大きな効果を生みます。たとえやり方が悪くても、世界のために有益なことをすることなしに伝導瞑想を行うことは不可能です。そうせざるを得ないのです。この科学は非常に効果的であり、目的がはっきりしており、純粋であるため、あなたは効果的にならざるを得ません。こうしたエネルギーが脊椎に沿ったフォース・センターであるチャクラに送り込まれるため、伝導瞑想を行うときにあなたは変わらざるを得ません。こうした途轍もなく強力な霊的エネルギーがチャクラを通るとき、エネルギーがこの活動を活性化するため、あなたは非常に急速な進化を遂げるのです。

繰り返しますが、その目的のために伝導瞑想を行わなくても、そうならざるを得ません。非常に急速にますます進化するようになります。それは促成過程のようなものであり、どんなフォースを感じるわけでも、誰かが側に立っているわけでもありませんが、あなたはそれを自分の魂の命令にしたがって行います。あなたの魂がいつもあなたに、「世界を助けるためにこれを行いなさい」と告げているのです。そして、やればやるほど、あなたはますます進化し、ますますやりたくなります。真剣に正しい持続的な伝導瞑想を一年間続ければ、一見したところ何もしないでただ座っているだけで、普通の瞑想を十年、十五年、おそらく二十年続けた場合と同じだけの霊的進化を遂げることも可能です。

マイトレーヤの実験

私が出席する伝導瞑想はいくらか異なった形態をとります。つまり私自身が伝導瞑想の間中、マイトレーヤによってオーバーシャドウされます。それによって私を通してマイトレーヤのエネルギーがグループ全体に流れますので、一種のグループ・オーバーシャドウになります。

マイトレーヤはある一つの実験をしておられます。ハイアラキーの中でのマイトレーヤの仕事はたくさんありますが、その一つに「幼き者の養育者」と呼ばれる役割があります。ここでいう「幼き者」とは小さな子供たちのことではなくて、成人した男女のことです。この地球上での進化の旅を完了して覚者となるまでに五段階のイニシエーションがありますが、その最初の二つ、つまり第一段階と第二段階のイニシエーションを受けた人々を「幼き者」と呼んでいます。マイトレーヤはそのような人々に対して、彼のエネルギーで刺激し、育み、彼らに第三段階のイニシエーションのための準備をさせるのです。覚者方の観点では、第三段階のイニシエーションが最初の真の魂のイニシエーションなのです。

では第二段階のイニシエーションを受けた人々、つまり「幼き者」とはどういう人々を指すのか、例えばアインシュタイン、マハトマ・ガンジー、シュバイツァー、ライヒ、ユング、フロイト、ピカソ、セザンヌ、マチス等々、世界に本当に影響を与えた人々のことです。もし彼らが幼き者たちであるならば、成人した、つまり第五段階またはそれ以上のイニシエーションを受けた覚者方は一体どのような存在なのか、想像できるだろうと思います。〔編註3〕

マイトレーヤの実験というのは、私が世界中を回り、このようにして伝導瞑想を各地で行いますので、その機会を利用して、以前は第二段階のイニシエーションをすでに受けた人々にのみ提供されていた霊的刺激を、霊的養育を、いまだ第二段階のイニシエーションを受けていない人々に、または必ずしも第一段階のイニシエーションさえ受けていない人々に、私を通して提供することであります。その実験はこれまでのところ良好に進んでいると聞かされていますす。世界中の伝導瞑想のグループに対して大きな霊的刺激がこのようにして提供されています。これは私が伝導瞑想に出席する時だけ起こります。

誰にでも簡単にできて、最小限の努力で、しかもこれほど強力に世界に奉仕できる手段を、私は他に知りません。覚者方は一日二十四時間絶えずエネルギー伝導を行っています。各々の段階において、上位から下位へのエネルギー伝導に携わっていない存在はこの宇宙にありません。私たちはエネルギーの世界に生きています。そのエネルギーはいかに高位のレベルからであろうとも、より低く下げられて、受領され、それがまた伝導され、下げられ、受領されるということが宇宙全体で繰り返されています。

伝導瞑想が自分に適した奉仕の手段であることに気が付いた人は、この一生の間、いや未来のすべての転生を通じて続けていくことのできる奉仕の様式を見いだしたことになるのです。

〔編註3〕イニシエーションに関する詳しい説明はクレーム著『マイトレーヤの使命』第一、第二、第三巻を参照されたい。

用語の定義

質問　新しい時代《ニューエージ》とか、来るべき宝瓶宮《アクエリアス》の時代ということをよく言われますが、正確に何を意味するのですか。

答　ほとんどの人々が「新しい時代の夜明け」について聞いたことがあると思いますが、それが何を意味するか、どうして起こるのかについてはあまり知られていないようです。厳密に科学的な意味は、歳差《さいさ》運動の結果です。素人の言葉でいえば、それは我々の太陽系が黄道帯《こうどうたい》上を運行するにつれ、およそ二千百五十年毎に、順々に各星団と整列状態に入る結果です。黄道帯の十二宮の星団を通って一周するのに、約二万六千年かかります。太陽が特定の星団と磁的《じてき》関係に入ると、地球上の我々は、その星団から来る強大なエネルギーの流れに支配されます。過去二千年間、我々の太陽系は双魚宮《パイシス》星団との特別の関係にありました。すなわち、我々はパイシス（双魚宮）の時代にあったのです。キリストが二千年前に、パイシス（双魚宮）の時代の幕開けをなされました。そのために、初期のキリスト教徒によって、パイシス（双魚宮）のシンボルとして魚が採用されたのです。双魚宮の時代は、献身の第六光線エネルギーに支配されていました。人類および人類のつくったすべての制度機構には、この双魚宮のエネルギーが深く染み込んでおります。今日のほとんどの人々は、双魚宮《パイシス》的意識を持っています。

太陽は今、宝瓶宮《アクエリアス》星団の影響下に入っています。そして新しいアクエリアス（宝瓶宮）のエネルギーが日毎に強まっており、我々の生活に影響を及ぼしています。この星団は、儀式的秩序と統合の第七光線エネルギーで支配されております。今日、比較的少数の人々がこのエネルギーに反応しております。ですから、正面衝突が二つのグループの間に起こります——新しい宝瓶宮《アクエリアス》のエネルギーに反応している者たちと、古き方法を保持する者たちです。世界は、この闘争にもはや耐え切れなくなっております。

同時に今日ほど、約束に満ちた時代はいまだかつてありませんでした。偉大なるエネルギーが、偉大なる霊の力が、この地球という惑星に注ぎ込まれております。偉大なる霊存在が世に降臨されています。覚者方は、アトランティス文明以来、初めて長い間の隠遁所《いんとんじょ》から出て来られます。

キリストとか仏陀とかクリシュナ的存在は、これまでに何度も世界に来られました。すべての「時代」の境目に、必ず偉大なる教師、大聖が一人現われました。しかし、今回のように、キリスト・マイトレーヤの下に覚者方が集団で、公に地上において働かれることは、アトランティス以来初めての出来事です。これが来たるべき時代の約束です。

質問　あなたの言う「エネルギー」とは何ですか。

答　顕《あらわ》された宇宙全体には、何らかの波動で、何らかの関係にあるエネルギー以外に何も存在しないという、いにしえの秘教の公理があります。我々が見るすべて、知覚するものすべてが本当は、多かれ少なかれ、凝固されたエネルギーであり、ある一定の波動で振動しています。物質を構成しているエネルギーは、すべて互いに関係し合います。宇宙のすべての様相の間に、相互関係があります。我々は、文字通り一つの総体、一つの和合なのです。

現代の物理学者たちは、原子の特性を研究して、リアリティ（実在）の特性について、いにしえの覚者方と全く同じ結論に到達しました。すべてのリアリティに、エネルギー以外は何も存在しないということです。我々が神として考えるものすべては、エネルギーの面から知られています。

人間の神へ向かっての発達は、意識の発達です。エネルギーの総計であるところの、より高度なレベルに反応し、これらのエネルギーを支配する法則に応じることのできる敏感な道具（器《うつわ》）を創造することです。そのようにして、我々は聖なる存在となっていきます──徐々に神であるところのエネルギーに調和して、それに気付くようになり、やがてそのエネルギーを輝かせるのです。

質問　「チャクラ」とは何ですか。

答　チャクラとは、フォース（エネルギー）の渦または中心《センター》です。例えば、我々の太陽系は、銀河系からのエネルギーを伝導することのできるフォースの中心です。地球は、太陽系に霊魂を吹き込まれるある偉大なる宇宙の存在、つまり我々にとっては神である方の神体の一つのチャクラです。

チャクラは、物質のエーテル界におけるエネルギーが様々に織り重なってつくられます。我々は物質の三つの状態を認めます――濃密状の物体、液状体、ガス状体です。秘教の教えは、ガス状体よりもさらに細かい四つの物質体を認め、それを利用します。四つのエーテル界です。我々は、エーテル・エネルギー分子の海の中に住んでいるのです。

世界におけるエーテル分子の覆《おお》いが、人間のエーテル体に集中されています。我々はすべて、濃密状の肉体に重なり合ったエーテル体を持っており、これは肉体の完璧な複製です。このエーテル・エネルギーが頻繁《ひんぱん》に交差するところに、徐々にエネルギーの渦ができます。この渦の一つ一つがチャクラです。肉体への出入口であり、エーテル体に突入してくるすべてのエネルギーは、これらのフォースセンター(チャクラ)を通して流れます。

脊椎に沿って七つの主要なチャクラ(センター)があります。一つは、最下部にあり、一つは仙骨《せんこつ》に、一つはみぞおち(太陽神経叢《たいようしんけいそう》)に、一つは胸に、一つは喉に、一つは眉間に、一つは頭の頂上にありまず。この他にさらに四十二の小さいチャクラがあり、さらに多くの補助的チャクラがあります。例えば、両頬、耳たぶ、掌《てのひら》などです。

これらのチャクラを通して、エネルギーは最も強力に流れます。伝導瞑想では特に胸のチャクラから上位の四つのセンターを通してエネルギーが流され、これらのチャクラの活動が刺激され、高められます。

質問 霊(真我《しんが》)と魂(ソール)と肉体人間(パーソナリティー)との相関関係を説明して下さい。

答 魂は、霊(真我)、または神智学の言葉で言えば、「モナッド」の反映です。その霊(真我《しんが》)はロゴスと全く同一性のものです。神のきらめきです。それが我々の本性です。我々は三つの独特なレベルで構成されています――モナッド、または霊(真我《しんが》)のレベル、これが最高のレベルであり、それがより低い魂のレベルに反映され、それが再びさらに低い物質の次元に、肉体人間(パーソナリティー)のレベルに反映されます。鏡を見るとき、我々は自分自身を見ているつもりですが、それは氷山の一角にすぎない程のほんのわずかな部分を見ているだけです。パーソナリティーである肉体人間の上位に、魂と魂が経てきたすべての経験と知識とがあります。魂の上位に、モナッド、または霊（真我）、または神のきらめきがあり、魂を通して反映されており、これが、人間の神性を保証するものです。我々は、この惑星に霊魂を吹き込んだロゴスのイメージに、文字通り似せて創られているゆえに、神聖なる存在なのです。魂の目的は、犠牲的なものです。魂がそのパーソナリティーの器――知的《メンタル》、情緒的《アストラル》、肉体的――を通して、人間のレベルに己《おのれ》を顕《あらわ》します。ロゴスの計画のために己を犠牲にして、物質の次元において働く機会を得るためです。ロゴスの計画と目的は、我々が物質と呼ぶロゴス御自身の相《すがた》を、霊化することであります。

霊と物質は、唯一のリアリティの両極であります。霊が、己《おのれ》自身を正反対の極である物質に巻き込み、下降を始めた。モナッドが下降して、魂となります。魂が下降して、物質界のパーソナリティー、つまり我々が見る肉体人間になります。

ある時点で、帰還の旅が始まります。霊へ進化上昇する過程において、我々の最初の転生から最後の転生におけるまでの長い長い期間にわたる人生経験のすべてを、霊化します。最後の転生は、復活の経験であり、それを通して、我々は完成された覚者となります。そのようにして、我々は、この惑星全体を霊化していきます。人類は、実は、この惑星の物質体を霊化し、救済する仕事に携わっているのです。

エネルギーの伝導の仕事は、この過程が進められるための奉仕の一つです。

第二章　大祈願

神の御心の光の源より
光をあまねく人の心に流れ入れさせ給え
光を地上に降《くだ》らせ給え。

神の御心の愛の源より
愛をあまねく人の心に流れ入れさせ給え
如来（キリスト）よ、地上に戻られ給え。

神の意志、明らかなる中心より、
大目的が人の貧《とぼ》しき意志を導かんことを……
如来は大目的を識《し》りこれに仕え給う。

我等が人類と呼ぶ中心より
愛と光の大計画を成させ給え。
悪の棲処《すみか》の扉を封じ給え。

光と愛と力とをもて
地上に大計画を復興させ給え。

一九四五年六月に、マイトレーヤ如来が初めてお使いになられた大祈願（呼び掛け）は、如来によって人類に与えられました。それは、世界を変え、マイトレーヤとハイアラキーの覚者方の降臨を可能にする霊エネルギーに、人間自身が呼び掛けることのできるように授けられたのです。これはマイトレーヤが使われた言葉ではありません。如来は、神秘的な七節からなるいにしえの司祭の言葉である古式文を使われました。それが、人類が理解し使用できる言葉に（ハイアラキーによって）訳されて、さらに世界中五十数カ国の言葉に訳され、今日ほとんどすべての国で使われています。

この祈りをさらに強力なものにすることができます。トライアングル瞑想といって三人組で使うやり方です。それには二人の友人たちと大祈願を、毎日、声を出して唱えることを約束し合うのです。同じ町や国に住む必要もないし、同じ時刻に唱える必要もない。各人の都合の良い時に唱えればよい。その時、他の二人のメンバーと意識でつながり、三人の頭上にトライアングル（三角）に白い光が流れ、それが世界中にあるトライアングルの光の網に連結され、その光が世界中を覆うことを心に描きながら、心をこめて大祈願を唱えるのです。

もう一つの使い方は、これはトライアングル瞑想と一緒に使ってもよいのですが、次のように行います。

まず最初の一行目「神の御心の光の源より」を唱える時、この惑星上の光または智恵の化身である仏陀を心に描きなさい（心に描くことができなければ考えなさい）。座禅を組みサフランの衣を一方の肩から掛け、手を上げて祝福を与えておられる姿であり、仏陀の胸の中央とアジュナ・センター（眉間）と、掲げられた手とから、あざやかな黄金色の光が輝き出ているのを思いなさい。この光が至るところにいる人間の心に入っていくのを思い描きなさい。

「光を地上に降《くだ》らせ給え」の行を唱える時には、太陽を思い、そこから白い光が輝き出ているのを思いなさい。この光が地球に注がれ深く染み込むのを思い描きなさい。

「神の御心の愛の源より」という時には、キリスト（愛の化身）をあなたの自由に思い描きなさい。良い方法は英語のYの文字を逆さまにしたような形をしたテーブルの上座にお立ちになっているキリストを思い描くことです。即ち、●⅄。テーブルの各線は同じ長さ⅄です。このテーブルは現実に存在し、マイトレーヤ如来が議長席に立たれます。そこに立たれて両手を差し延べ祝福しておられるキリストの胸の中央と、上げられた両手から、あざやかな銀色がかったバラ色（赤ではない）の光が至るところにいる人間の心に入るのを思い描きなさい。

「如来（キリスト）よ、地上に戻られ給え」という時には、これが救世主《キリスト》（訳注）であるマイトレーヤ如来のみでなく、ハイアラキー全体を指していることを忘れないように（単に如来よと言っても、キリストよと言っても、どちらでも自分の親しみやすい方で良い）。

　マイトレーヤは、ハイアラキーのハートセンター（愛の中心）であり、現在すでに地上に戻っておられますが、ハイアラキーの残りの覚者たち（今後、何年にもわたって徐々に外的に顕現《けんげん》なされる方たち）に、呼び掛ける必要があります。彼らの降臨のためのエネルギーの磁気的《じきてき》通路を我々の呼び掛けによって維持しておかねばなりません。

「神の意志、明らかなる中心より……」という時には、白い光の大球を心に描きなさい。これは地球のロゴスの存在される聖シャンバラのことです。事実この光の中心は、ゴビ砂漠の上空、エーテル界の四つの亜界のうちの上位二つの亜界に存在します。いつの日か人類がエーテル界を見る能力を開発するようになるとき——来たる時代にはそれができるようになるのですが——この光の中心も他の多くの光の中心と同じように、目で見ることができるようになります。この光の大球から流れいずる光線が世界に入り、人類を霊的行動へと刺激します。

　この大祈願を集中した知的な思い（感情的献身的思いではない）と意志で唱え、意識を眉間のアジュナ・センターに軽く固定しておきなさい。そうすることでハイアラキーとの間にテレパシーの通路がつくられ、呼び掛けられたエネルギーが流されます。世の中のために、そして自分自身のために、これらの偉大な霊の力のパイプ役になるほど良い仕事はないでしょう。

〔訳注〕救世主《キリスト》＝秘教の教えでは、キリストというのは個人の名前ではなく、ハイアラキーの役職、神の愛を受け持つ方をキリストと呼ぶ。過去二千年以上その任にあり、今後二千五百年間引き続いてその任務を果たされる方の個人名をマイトレーヤという。二千年前マイトレーヤが当時弟子であったイエスを通して御自身を顕《あらわ》された。

質問　大祈願を唱えるときに使える心象の仕方を

教えられるときに、仏陀の挙げられた手と、如来のハートと手からそれぞれ黄金色の光とバラ色の光が流れ出ていることを思いなさいと言われました。(1)それらの色は霊視家には見えるのですか。(2)誰でも見ることができますか。(3)それは光の波動(バイブレーション)を解釈するという問題ですか。(4)それはオーラとは全く関係ないものですか。

答　(1)はい。(2)いいえ。(3)いいえ。(4)何の関係もありません。

質問　あなたが提案なさる、「大祈願」を唱えるときの心象の仕方は、どこから来たものですか。なぜ第四節のための心象方法はないのですか。

答　私が提供した心象方法は――伝導瞑想のグループやその他誰でも使いたい人のために――私の師(覚者)が授けて下さったものです。第四節の心象の方法が与えられていないのは、それはエネルギーの源に関係するものではなく、それが世界において成し遂げられていくことに関するものだからです。

質問　大祈願の言葉の中に納得のいかない個所があるのですが。それは「神の御心《みこころ》の光の源より、光をあまねく人の心に流れ入れさせ給え」という一節です。これは神をどこか外に置いているように思えるのですが。私は、神は我々すべての内に存在すると思います。それはあなたの言われているエネルギーです。ですから、これを使用するのはあまり気が進まないのです。

答　神は外と内と両方に存在します。キリストは、神は内在すると教えられました。にもかかわらず、普通西洋での一般的な神の考え方は、外在するものとして、超絶したもの、被創造物《ひぞうぶつ》の及ばない遙《はる》か彼方にあり、その創造されたものと何ら実質的な接触を持たない存在であり、彼方から崇拝《すうはい》され、祈られる存在です。東洋の考え方は全く違います。それは内在する神です。東洋の宗教は、神仏はすべてに存在し、神の存在しないところはないと教えてきました。神はすべての被創造物《ひぞうぶつ》に存在する――人間、動物、草木、すべての存在が、そしてすべての存在の間にある空間もすべてが神である。「手や足よりも近く、呼吸よりもさらに近くに存在する」――神の内在論です。

この両者とも正しい考え方なのです。神は超絶的《ちょうぜつてき》存在であり、同時に内在《ないざい》されます。新しい世界宗教では、マイトレーヤはこれら二通りの神の概念《がいねん》を一緒に統合され、神は人間とすべての被創造物《ひぞうぶつ》を超えた超越した存在であることを示されると同時に、すべての被創造物に本来備わった内在するものであることを示されます。両方の概念《がいねん》とも正しく、矛盾しているように思えるが両方の見解を同時に保持できます。それが新しい世界宗教の神に対する基本的な姿勢でしょう。マイトレーヤは世界の大聖《アバター》として来られ、まさしく神についての二重の概念を通して東西を統合されます。

大祈願は、実際、神について語っているのではありません。「神の御心の光の源より」と言っているのです。神の御心の光とは、偉大なる神霊が、この世界に体現《たいげん》されているエネルギーのことです。その大神霊からエネルギーを呼び出すのです。神は、いつも代理者を通して働かれます。神の代理者は彼らの存在自身の中に神の内在性《ないざいせい》を非常に多く顕《あらわ》しているので、実際に神の偉大なエネルギーを体現することができるのです。神の光を、または智恵を体現しておられる方は仏陀です。仏陀はまだこの惑星上に存在しておられ、聖シャンバラと呼ばれる偉大なる光のセンターにおられます。仏陀が神の御心の光の源であり、光の化身であり、またこの惑星上の智恵の本質でもあります。ですから、この祈願文では、神を超越したものとして言っているのではなく、神をその代理人を通して見ているのです。仏陀とキリスト・マイトレーヤは、神の代理人であり、聖なるエネルギーの二つの様相、智恵と愛の化身です。

神の愛は太陽から発する偉大なるエネルギーです。全自然界の物質の微分子を結合し、人間の微分子を結合し、人間王国を構成せしめているのです。我々を共に結びつける固定剤、結合させる力が「愛」であることを人間はまだ認識していません。「愛が世界をまわす」という諺《ことわざ》があるのもそれゆえであります。愛なしには、我々は文字通り崩れ散るのです。現在、世界が崩れかかっているのも、愛が十分に存在しないからです。

いいや、実際に「愛」は豊かに存在するのですが、我々がそれを顕《あらわ》さないのです。我々が「愛」のエネルギーを顕《あらわ》さないのです。「愛」のエネルギーを体現される方、マイトレーヤから日毎に、途方もない力でそのエネルギーが世界に注ぎ込まれています。しかし、そのエネルギーを使用することなく顕《あらわ》すことのないところでは、混乱があるのみです。

「愛」は能動的なフォースです。それが行動になった時のみ、愛となるのです。「わたしはあなたを愛しています、すべてのものを愛します」と口で言うだけで、実際に、世界の状況のひどい不均衡《ふきんこう》を正すために何もしないし、何も与えないのではいけないのです。この豊かな世界で、何千万の人々が日々飢えているのです。愛はどこにありますか。世界に存在する貧困や飢えや人間の堕落を変えるために何もなさずして、我々は「愛します」と言う資格はありません。

「神の意志、明らかなる中心より……」と言う時には、聖シャンバラからのエネルギーに呼び掛けているのです。聖シャンバラは、神がこの惑星上に御自身を反映させておられる中心です。大祈願文の中のこの一節を唱える時、実際に神の意志のエネルギー——それは神の大目的を包含《ほうがん》する——を世界に呼び招いているのです。そのエネルギーが我々を通過することによって、人類によって使用され顕《あらわ》されるようになるのです。

神は仏陀の裡《うち》に強烈に顕《あらわ》され、マイトレーヤの裡《うち》に強烈に顕《あらわ》され、そして聖シャンバラにおいて、最も強烈に顕《あらわ》されているのです。ですから実際の意味において神を見ているのです。これが事実なのです。

質問　「如来（キリスト）よ、地上に戻られ給え」と言うとき、これはキリストの意識のことを意味するのですか、すでにキリストと十二人の覚者方が世におられるのですから。
答　いいえ、キリストの意識はエネルギー、つまり進化そのもののエネルギーであり、人類のこの危機の時期のためにマイトレーヤ如来によって体現されています。彼が一九四五年六月に、再臨の決意を発表されて以来、このエネルギーは途方もない力で新たに世界に流されてきました。「キリストよ、地上に戻られ給え」は、ハイアラキー全体との関連で唱えられるべきです。覚者方は（マイトレーヤの他に）現在十二人〔編注〕しか世に出ておられません。しかし、人類の進化に関係している覚者方は六十二人おられます。そのうち三分の二が、やがて次の二十年間にゆっくりと我々の中に位置を占められるでしょう。大祈願は法の下に彼らを世界に引き寄せるテレパシー的導管を形成します。

〔編註〕二〇一五年八月現在、十四人の覚者方、プラス、マイトレーヤが世界に出ておられる。しかしどなたもまだ一切公に名乗りをあげていない。

質問　大祈願の中の一行、「大目的が人の貧《とぼ》しき意志を導かんことを」を説明してください。
答　この節の初めは、「神の意志、明らかなる中心より、大目的が人の貧《とぼ》しき意志を導かんことを」です。これは地球の最高の霊的中心《スピリチュアル・センター》である聖シャンバラを指しています。そこに世界の主、サナット・クマラ（聖書の言葉で言えば、日の老いたるもの）の評議会《カウンシル》が存在します。聖シャンバラから（すべての王国の進化の）大計画が出され、それは我々の惑星のロゴスの意志と目的とを指しています。この節の最後の行にあるように「如来は大目的を識《し》り、これに仕え給う」の大目的です。
もし神の目的が、大祈願を通して呼び起こされて、人の「貧《とぼ》しき意志を」導くならば、人間の貧《とぼ》しき分離した意志はついに神の意志と正しい整列状態になり、愛と光の大計画が遂行《すいこう》されるわけです。種族としての我々のなすことはすべてハイアラキーの覚者方によって世界に放たれる意志（または目的）と光の聖なるエネルギーに対する、（適切にしろ不適切にしろ）我々の反応です。大祈願はこれらのエネルギーを呼び起こすために、キリスト・マイトレーヤによって人類に与えられた強力な道具です。

質問　第四節目の「悪の棲処《すみか》の扉を封じ給え」の行の意味を説明してください。

答　この惑星における悪または闇の勢力はそのエネルギーを宇宙のアストラル界から得ます。根本的にこれらは物質性の勢力、物質のフォースなのです。神の下降《インボリューション》の過程、つまり神が御自身を物質に巻き込み、霊と物質という一対の対照をお創りになられた、その過程の一部です。

この下降（または巻き込み）の力《フォース》が、この惑星の物質の面を支えているのです。しかし、これが上昇（進化《エボリューション》）の弧に——我々はそこにいるのです——あふれ出してくると、つまり我々の意識にまで入り込んでくると、我々の霊的向上に有害になるのです。闇の勢力は、物質界で働くので、光の勢力を代表するハイアラキーの覚者方よりも、いつも有利な立場にありました。アトランティス文明の初期以降、覚者方は高位のメンタル界においてのみ働いてきました。ですから物質界にある人間の生活に関しては、覚者方の両手は幾分拘束されていました。しかし、一九六六年以後、エーテル（光子）界において、力の均衡《こうきん》が遂《と》げられました。ゆえに世界において光の勢力が徐々に優勢になっています。それで、覚者方が、世界に出て来られ、物質界で人類と共に働くことが可能になったのです。世界にいる弟子たちや善意の男女の力《パワー》に彼らの力《パワー》を添えることができるのです。

この惑星上の闇の勢力は、戦いに負けましたが、滅ぼされたのではありません。ですから「悪の棲処《すみか》の扉を封じ給え」というのは、封じるエネルギーのことを言っているのです。これらの勢力を本来の領域内に封じ込めておき、そして人類をそれに影響されないレベルまで高める仕事をなすのです。そうして、我々は物質を霊化していくことができます。本来それをなすためにこそ、我々はこの地球に存在するのです。そしてこの惑星そのものを聖なるものに変えていくのです。

質問　大祈願の中に、「地上に大計画を復興させ給え」という句があります。大計画とは何ですか。

答　ジュワル・クール覚者の言葉（アリス・ベイリー著『ホワイト・マジックの論文』）を引用すると、「現在感知される大計画、そしてそのために覚者方が絶えず働いているものは次のように定義されよう。それは人類の中における主観的統合と、やがて時間の概念を消滅させるだろうテレパシーの相互作用の創造である。それは、すべての人間が過去の業績と知識のすべてを入手することを可能にし、人間のマインド（識心）と頭脳の本当の意義を明かし、人間をその素養の主人となし、そしてそれゆえに人間は遍在《へんざい》なる存在となり、やがて全智《ぜんち》への扉が開かれるであろう。大計画の次の展開が人間の中に神の目的についての――賢明な協力的な――理解を産みだすだろう。その目的のために、『我々がその中に生き、動き、在る』御方は転生することを善し、となされたのである。わたしが大計画について本当にあるがままを語ることができると考えるべきではない。第三段階のイニシエート以下のレベルの者に、それは理解するどころか、垣間《かいま》見ることさえ不可能である。……であるから、すべての者は意識の連続性を達成し、あの裡《うち》なる光を目覚めさすことに向かって努力することである。裡《うち》なる光が見られ、賢く使われるとき、それは大計画の他の面をも明かしてくれるだろう。特に光明ある知者が応えられたとき、有益に仕えることのできるあの側面を明かされるだろう」。

質問　大祈願の最後の節に「光と愛と力とをもて地上に大計画を復興させ給え」とありますが、これは、過去のいずれかの時代には、大計画は地上に顕現《けんげん》していたことを暗示していると思います。もしそうだったのならば、いつですか。

答　大計画は、アトランティス時代の中期から後期の間に、ほぼ正しく顕現されていたと、ハイアラキーは考えています。つまり、それはおよそ十万年前までです。しかしながら、その時代は、その当時の覚者方が世界で公に働いており、したがって人類を直接導き、影響を与えることができたのです。現在、覚者方の仕事が外的に顕現《けんげん》されるにつれて、（つまり、それがキリストと覚者方の再臨であるわけですが）、大計画は再び復興されるでしょう。このたびは、人類の意識的な参加を伴うでしょう。

質問　私はマイトレーヤを非常に尊敬しています。しかし大祈願の「神の御心の愛の源より」で始まる二節目を唱えるとき、なぜ（英語の）Ｙの字を逆さまにしたテーブルを心象すべきなのですか。なぜ逆さまなのですか。Ｙの字そのままの形の方がより意味があるのではないですか。私は表形文字について少し知っています。Ｙの字の逆さまの形は、地球のパワーを表すところのＹＮ表形文字を思い出させるのです。伝導瞑想の仕事にはとても参加したいので、この質問に対するあなたの答はとても大切です。

答　Ｙの字の逆さまを心象することによって、あなたはすでに存在しているものに連結するのです。そのようなテーブルに、覚者方が三人の偉大なる大師方、キリスト、マヌ、文明の主と共に座ります。エネルギー的に言えば、実際とてつもないパワーの正三角形の三つの点に三人の大師方が座ります。キリストがその三角形の頂点に座りますから、Ｙ字の逆さまの形ということになります。

質問　（1）私の友人は、大祈願の中の「キリスト」という言葉を使うのに抵抗を感じています。なぜなら、教会がキリストについて描いた絵を思い出させるからです。ですから「キリスト」の代わりに「愛」と言っても良いですか。（2）また、「悪の棲処《すみか》の扉を封じ給え」という文章を省いて良いですか。悪はとても否定的な感じがするし、さらにまた愛が勝利するとき、それは自動的に消失してしまいますから。

答　（1）これは非常によく起こる問題のようです。しかしながら、大祈願は、私たちが理解することのできる言葉にハイアラキーによって翻訳されたものであり、変えるべきではありません。マイトレーヤは愛のエネルギーを体現《たいげん》されますが、「愛」という言葉と「キリスト」とは同じではなく、集団的な規模では同じような連想をもちません。（２）同様に、「悪の棲処《すみか》の扉」を封じることについての文章を変えないことが大切です。悪は存在し、その代表者、つまり物質性の主は彼ら自身の領域――この惑星の物質の側面を支えること――に封じ込まれなければなりません。これは、キリストと覚者方を通して人類を彼らの破壊的エネルギーに影響されないレベルまで持ち上げることによって、行われます。これらのフォース（エネルギー）の焦点は現在、商業主義にあります。それが私たちの福利にとって大きな脅威《きょうい》であると、マイトレーヤは警告されます。悪は「愛が勝利するとき、自動的に消失」しません。失礼ながら、それは感傷的な考えです。至るところにいる人々が市場のエネルギーに反応した物質的な豊かさと本当の霊的な充足との間の違いを認識するときに、悪の勢力は彼ら自身の領域にのみ制限されるのです。これは（特に）先進国にとって学びがたいレッスンです。

質問　キリストがすでに世界に降臨されておられるなら、大祈願の文句は変えられるべきではないですか。

答　いいえ。グループによっては、「キリストよ（如来よ）地上に戻られ給え」の行を、「キリストは地上に戻られ給うた」等のように変えているものがあります。これは間違いであり、ハイアラキーの指示によったものではありません。「キリストよ、地上に戻られ給え」は、キリスト・マイトレーヤのみでなく、彼が長であるところのハイアラキーに向かって言っています。この行は与えられたままに維持されるべきであり、次の二十年余の間にわたって外的世界に戻られる覚者方のグループ（全部で四十名程）に呼びかけるものです。

またグループによっては、「悪の棲処の扉を封じ給え」の行を嫌って、変えてしまった者たちもいるのを私は知っています。これもまた誤りです。この大祈願の言葉はハイアラキーによって非常に注意深く考慮されたものであり、マイトレーヤによって使用された非常に深遠なるオカルトの言霊（マントラ）の一つの形式であり、我々が使用し、理解することのできるものです。

大祈願の新しい形式を多分ハイアラキーから〝授かった〟と主張する個人やグループがあります。これはグラマー（自己幻惑）以外の何ものでもないと私は思います。人類がそれを受けて使用するに相応しい存在となったときに、いつか新しい、より一層秘教的な形式の祈願文が発表されるでしょう。しかしまだ、それは覚者方もつくっておられません。その時の人類の在り方に関連づけられなければならず、これはまだ未知のままです。

質問　大祈願を、瞑想の初めに唱えるべきでしょうか、終りに唱えるべきでしょうか。

答　初めに唱えるべきです。祈願、呼び掛けというものは、エネルギーを呼び招き、喚起するために使われます。エネルギーを呼び起こし、そして伝送するのです。大祈願を何か祝福のようなつもりで瞑想の最後に唱えるグループがたくさんあります。それもいいのですが、効力はあまりありません。呼び掛けは呼び掛けなのです。あのエネルギーを仏陀とマイトレーヤとそしてシャンバラから呼び起こし、それを世界へ送り込むのです。心を込めて大祈願を唱えれば、必ずエネルギーは喚起されます。あとは意識を高く持って、そこにとどめておくことです。それによってあなたの頭脳が、正しく魂に整列した状態になれば、エネルギーは流れます。

質問　大祈願を、例えば主の祈りと共に、心の中の祈りとして用いることができますか。あるいは、そうすると覚者方を邪魔しないでしょうか。

答　これは心の中の祈りとしてではなく、むしろハイアラキーのエネルギーを呼び起こすものとして与えられたものです。しかしそれを祈りのように使ってもきっと覚者方を邪魔しないだろうと思います。

質問　大祈願の正しい唱え方というものはありますか。

答　大祈願は非常に強力な言霊《マントラ》であり、それの唱え方の幅は非常に広いので、あまり適切に唱えなくても、あるいは非常に不適切であっても、エネルギーを呼び起こします。もし、意図を持って唱えさえすれば、素晴らしく完璧に唱えなければならないということはありません。意図が大切です。意志の面を持ち込まなければなりません。そして唱えるときに、意識（注目）をアジュナ・チャクラ（眉間）に集中させなければいけません。そこに注目を集中して、ハイアラキーに連結された意志の意図がエネルギーを喚起するのです。そしてこれを、声に出して唱えることです。

質問　大祈願を唱えているときには、目を閉じているべきですか、開けているべきですか。

答　よりよく集中するために、目は閉じておくべきです。瞑想している間も同じです。

質問　私はある伝導瞑想のグループに属します。それは三年前に始められたグループですが、最近伝導瞑想を始めるときに大祈願を唱えるのを省きだしました。なぜですかと尋ねたところ、覚者方はもう私たちがこの時間にこの場所に集まるのを知っておられるのだからだと言われました。私たちはもう大祈願を唱える必要はないのですか。

答　すべてのグループが、どんなに長い間やってきたグループであろうとも、大祈願を唱えるべきです。もちろん覚者方はそのグループがその時間にその場所に集まることを知っておられますが、そこに集まる人々にとって大祈願を唱えることに価値があります。なかでも、それはハイアラキーとの彼らの主観的なつながりを強めます。

ベンジャミン・クレーム出席の伝導瞑想風景（アメリカのサンフランシスコでの公開瞑想会)。クレームを通してグループ全体のオーバーシャドウになるためにグループ全員が手をつなぐ。

第三章　伝導瞑想の行い方

質問　伝導瞑想を始めるのに必要な条件は何ですか。

答　一つは、世界に奉仕したいという願い、純粋な利他的な奉仕への動機です。これは、個人的な指導を求める場でもないし、情緒界《アストラル》の霊と交信したり、お告げやメッセージ等を求める場でもありません。単に奉仕のために自己を道具として提供し、肯定的《ポジティブ》な知的《メンタル》回路《チャンネル》として働き、覚者方によって送られてくるエネルギーが通過できるようにするのです。エネルギーが我々を通過することによって、その波動が自動的に下げられます。

もう一つの必要条件は、規則性と持続性です。グループは、必ず毎週同じ場所に同じ時刻に集まることが必要です。例えば、毎週月曜日の八時には、ある一定の場所に、エネルギーの伝導をする用意と意志のある人々が必ず集まっていることを、覚者方が知るようにならねばなりません。

二千年前にパレスチナにおいてキリストは言われました。「わたしの名において、二人か三人が寄るとき、わたしはその中にいる」と。これは、エネルギー的に見ると文字通り本当なのです。二人か三人が覚者方の名において（または、覚者方の長としてのキリスト・マイトレーヤの名において）、エネルギーを伝導するために共に寄るとき、エネルギーは流れるのです。個人的にもできますが、グループ形成の良さは、別々の個人個人を通すよりも、ずっと多くのエネルギーを、安全に流すことができることです。

ロンドンで、私たちは、毎週三回集い、長時間伝導します。四時間以下ということはめったにありません。皆が必ず八時に集まることを規則としていますが、帰る時間は各人の自由です。ただし、帰るとき、瞑想を続けている人々の迷惑にならないように静かに退去します。集中力の最も短い人に合わせて、または最も早く帰らなければならない人に合わせて、一定の時刻に終えてはいけません。一緒に始めて、エネルギーの流れがやんだら終わります。しかし、各人の自由意志は尊重されねばなりません。グループに出席することも、あるいは規則的に必ず出席することも、人に強いてはいけません。しかしやっているうちに、徐々にこれが好きになり、伝導の日を楽しみに待つようになるでしょう。そして、その日を伝導瞑想の日として定め、他のどんな用があっても、伝導瞑想の夜はできませんと言うようになるでしょう。

繰り返しますと、伝導瞑想をするための必要条件は、奉仕の願いと、規則性、持続性と決意です。これをやる決意がなければなりません。誰にでも向くというわけではありません。しかし、これが向いている人々にとっては、これほど簡単にできて、しかも非常に効果的に世界に奉仕し、時代の要求を満たせる仕事はありません。

質問　自宅で伝導瞑想会を行う手順を教えてください。

答　必要なものは、奉仕したいという思いと、同じような思いを持つ友人数人です。そして、規則的に集まれる時間と場所を定めます。最初の集会の日に、すでに伝導瞑想を行っているグループから、誰かを招待して手順を教えてもらうのも良いでしょう。

大祈願を、グループとして一緒に唱えることができるように各人が暗記する必要があります。また多くのグループはマイトレーヤのメッセージの録音テープを使います。一九七七年九月六日から一九八二年五月二十七日までの間に、ロンドンでの集会において、マイトレーヤは私を通して、世界に百四十のメッセージを送ってこられました。これらのメッセージを通して、マイトレーヤは教えの断片を放ち、聴衆の心に分かち合いたいという願いをかきたて、そして御自身の存在の事実を伝えます。メッセージが送られる時、途方もないエネルギーが放たれるので、それが録音テープに磁化されます。このテープをかける度に、そのエネルギーが再び放たれるのです。これがメッセージを使うグループの意識を高めます。カセットテープを持たない人々は、伝導を始める前にメッセージを一つ二つ声に出して読みます。これはハイアラキーからのエネルギーを呼び起こす同じ効果を持ちます。これらのメッセージを真剣に声に出して読む時、キリスト・マイトレーヤからのエネルギーを呼び起こさずに行うことは不可能であると私は信じます。

それから集中したそして意識した状態で、大祈願を唱えます。そうするや否や、ハイアラキーの覚者方とのテレパシーの連結が自動的につくられます。大祈願やメッセージを唱える間、注目を眉間の中央にあるアジュナ・チャクラ（額の中心ではありません）に置くべきです。これは方向づけるチャクラです。そして瞑想中、きばることなく軽くそこへ意識を保持しておくのです。非常に簡単です。あなたの意識を眉間のところまで持ち上げるのです。

意識がみぞおち（太陽神経叢《たいようしんけいそう》）のチャクラの方に落ちて、気が方々に彷徨《さまよ》い出すことでしょう。それに気付いたらすぐにOM《オーム》を心のうちで唱えなさい。そうすれば意識は自動的に眉間にあるチャクラに戻ります。意識が彷徨《さまよ》い出す度にOM《オーム》を思いなさい。OM《オーム》について瞑想するのではなく、気をアジュナ・チャクラに集中させるためにOM《オーム》を使います。瞑想している間、目をつぶります。そうすると注目をアジュナ・チャクラに保持しやすいです。

それだけです。伝導の間中、意識を眉間に保持しておくことによって、メンタル的な焦点が保証されます。否定的または受動的になってはいけません。非常に集中した、メンタルな肯定的な姿勢を保つのです。エネルギーそのものがあなたの意識を高く持ち上げておいてくれることに気付かれるでしょう。時間が速くたちます。一時間が十五分くらいに感じられるでしょう。初めて伝導瞑想をやる人でも、「私は何も感じませんでしたけど、本当に一時間もたったんですか。二十分くらいに思えました」などとよく言います。

これらのエネルギーを自分たちの意志によって、ある特定の人とかグループとか、またはどこかの国へ送ろうとしてはなりません。例えば、「中近東でひどい状態が起こっているから」伝導の間にそこへエネルギーを向けようと思うかも知れない。しかしこれをしてはいけません。覚者方のみが、科学的基盤に基づいて、ある特定の時期に特定の場所において、どの種のエネルギーが、どの程度の強さで、どのようなバランスで必要とされているかをご存じなのです。

グループが確立されると、覚者方は、あなた方が誰であるか、どこにいるか正確に知ります。霊視であなたたちを見られるのです。そしてその特定のグループを通してエネルギーを送られるのですが、これは非常に高度な科学的なプロセスです。そのグループがどのくらいのエネルギーを受け止めることができるかを知っておられます。そのグループを構成する光線《レイ》またはエネルギーのタイプを知り、どの光線がグループの各メンバーを支配しているのかをよく知っておられ、それに基づいて、エネルギーを操作されるのです。ある人はある種のエネルギーを受け止めることができ、他の人は他の種類のエネルギーを受けることができるでしょう。このようにして、覚者方はエネルギーを世界に注ぎ込まれるのです。それをなすために、このようないわば変圧器の役割を果たすグループが必要なのです。

質問　肉体の頭脳と魂とを整列させると言われましたが、正確に何を意味するのですか。

答　遅かれ早かれ、我々は肉体の頭脳と魂が一直線に並んだような状態に入らなければなりません。瞑想がそれをするのです。瞑想によって、「アンタカラーナ」と呼ばれる回路、つまり光の管が、肉体人間《パーソナリティー》から魂へと徐々に築かれます。同時に魂の方からも同じ光の管を、肉体人間に向けて築きます。この橋がつくられると、魂とその器《うつわ》である肉体人間につながりができます。これが男女としての我々が徐々に魂と一体になっていく過程です。魂が肉体人間をしっかりと掴《つか》まえて、それを通して魂自身を反映させるのです。マントラのOM《オーム》を使いながら、意識を眉間にあるアジュナ・チャクラに保持しておくと、頭脳と魂とが整列した状態になり、エネルギーが流れます。

〔編註〕整列についてのより詳しい説明は第九章『整列を保つ』を参照してください。

＊質問　伝導瞑想の間に、注目を厳密にアジュナ・チャクラ（眉間）に保つことは強いられていないと何人かの人々から言われました。第三のチャクラの上位（すなわち、みぞおちより上位）にある限り、身体のどの中心点に注目を置いてもよいというのです。アジュナに注目を固定することが困難な人々は、ハートやクラウン・センター（頭頂のチャクラ）などに注目を保つことでエネルギーを伝導できる、なぜなら彼らは個人瞑想のときにそうしているし、マインドを静かで肯定的に保つにはその方が容易だからだ、といいます。これは正しいですか。

答　いいえ、全く正しくありません。伝導瞑想のやり方は、科学の達人であるハイアラキーによって与えられているものであり、与えられたやり方に厳密に従うべきです。方法は簡単ですが、非常に強力です。覚者よりも自分の方がよく知っていると思い、何事にも耳を傾けない人々は常にいます。それによって彼らは自分自身に害を与えています。

＊質問　伝導瞑想の間、私は直観的に、ハート・チャクラや喉のセンターなどに集中すべきだと感じます。これは正しくないという人もいますが、この直観は本当に間違っているのでしょうか。

答　問題は、あなたはそれを「直観的に感じている」のか、単にあなたの猿のようにめまぐるしく動く頭脳がハイアラキー（覚者方）によって与えられた伝導瞑想の実践のための指導を無視する権利があるとあなたに告げているのかということです。伝導瞑想を世界に伝えた科学者である覚者方が指導するとおり、注目をアジュナ・チャクラに保ちなさい。そうでないなら全く行わないことです。

質問　伝導瞑想をするとき、魂と頭脳を整列させることがどのくらい重要ですか。

答　非常に重要です。頭脳と魂との間の整列ができてこそ、覚者方が魂のレベルから働かれて、エネルギーを、グループを通して流すことが可能になります。

質問　伝導瞑想中に使うべき特別の呼吸法はありますか。

答　いいえ。呼吸は自然で、浅く、そして静かであるべきです。慣れてくると、呼吸が非常に軽くなり、かなり長い間、ほとんど止まっているかのような感じになり、時々、突然強く息を吸い込みます。

質問　エネルギーを感じても感じなくても伝導は行われますか。

答　もし整列が保たれていれば、そうです。エネルギーは、主に非常に高度のブッディ（霊的直観）のレベルから来ます。それが覚者方によって下げられ、それを我々がさらにもう一度下げるのです。我々の魂を通してくるので伝導するために魂との整列はどうしても必要です。

質問　OM《オーム》を心の中で唱えるのと、声に出して唱えるのとの違いを教えてください。

答　OM《オーム》を声に出して唱えるとエネルギーを肉体物質界に釘付けにします。心の中で唱えると情緒界《アストラル》の上位レベルにエネルギーを置きます。そして、もしそれを単に思うならば、メンタル界に置くことになります。「界《プレーン》」とは、単に意識の状態のことです。我々が意識するある一定の所で振動しているエネルギーです。我々は物質界の意識を持っています。ですから物質界は一つの現実です。また我々は情緒界《アストラル》の意識を持っていますから、情緒《アストラル》界は現実です。多かれ少なかれ識心《メンタル》界の（全部で四レベルある内の）下位のレベルは、人類にとって現実です。高次元は低次元よりも強力です。人々は、物質界（エーテル界も含む）こそすべてが起こる次元であると思いがちですが、エネルギーが働く次元では物質界はもっとも力の弱い所です。心の内で正しく唱えられたＯＭ《オーム》は、肉体の次元で声に出して正しく唱えられたＯＭ《オーム》よりも、ずっと強力です。より高いレベルで働きます。

会の初めに、一同で声を合わせてＯＭ《オーム》を唱えるのも良いでしょう。室内の波動を直ちに持ち上げます。（いつも伝導を行っている部屋にいる場合は、これは必要ではありません）

声を出してＯＭ《オーム》を唱えるとき、実際はＡＵＭ《アウム》と言っているわけです。Ａ《ア》の音を唱えると脊柱の最下部で振動します。Ｕ《ウ》を唱えると胸のセンターまたは人によっては胸とみぞおちの中間の所で振動します。Ｍ《ム》を唱えると頭で振動します。ですからＡＵＭ《アウム》を声に出して唱えると、脊柱の底部から頭のてっぺんまで覆う三つの波動を一緒にします。これがＡＵＭ《アウム》の力です。

ＯＭ《オーム》を心の中で唱えるのは、エネルギーを地上に固定しないで、世界に伝送するのを助けるためだけです。我々の注意力を識心《メンタル》界に保持しておくためにＯＭ《オーム》を使うのであり、その界でエネルギーが送り出されていきます。もし我々の意識がみぞおちの方に落ちてしまえば、つまり、我々が注意を集中させるのが低い次元であるならば、エネルギーは情緒次元（アストラル界）で世界に出ていってしまい、伝導している霊エネルギーを、我々の情緒次元（アストラル界）の想念で変色してしまうでしょう。あなたの注意力が散漫になるたびに、ＯＭ《オーム》を心の中で唱えてあるいは思って、意識を識心《メンタル》界に戻しなさい。

質問　もし注目を眉間に集中するのに特に努力を必要とする場合、ＯＭ《オーム》を絶え間なく唱えることによって、催眠状態をつくりだす危険はありませんか。

答　OM《オーム》を絶え間なく唱えるのではなく、注目が彷徨《さまよ》い出したときに、アジュナ・チャクラ（眉間）に戻すために唱えるだけです。実際にやってみると、エネルギーそのものが注目を上に保っておいてくれることが分かるでしょう。

質問　OM《オーム》を繰り返す代りに、例えば、心の中の「我らが裡《うち》なる聖なる存在」の方法を使うことはできますか。

答　人によっては、それも結構です。しかし問題は、人々は一般に自分の進化の段階を知らず、またその段階における適切な瞑想方法を知りません。ですから、注目を眉間のアジュナ・チャクラに置き、そこに保つためにOM《オーム》を唱える方がより安全であり、通常、より大切です。アジュナ・チャクラは頭にあるハート・センターであり、方向づけるチャクラです。そのチャクラを使うことは、意識の焦点をメンタル体に移行させることにつながります。

質問　伝導中は個人のマントラ（言霊）を使うよりもOM《オーム》を使う方が良いですか。

答　あなた自身の瞑想のテクニックの使用は、それが何であれ、個人の瞑想にとどめておくものであり、普通一日に二回、十五分から二十分位でしょう。他方、伝導中はOM《オーム》を使いなさい。言霊を使う瞑想のほとんどは内界に深く入る瞑想ですが、伝導瞑想は非常に浅い瞑想であり、内に深く入るものではありません。ですから、二つを分けた方が良いです。チャクラの刺激によって伝導瞑想の仕事は個人の瞑想を深めるでしょう。

質問　マントラ（言霊）は正しく唱えられなければ悪い影響を及ぼしますか。

答　はい。言霊《マントラ》はそれを使う人の霊的発達（つまり、意識状態）に応じて効果を顕《あらわ》します。言霊《マントラ》の使用者がより発達した人であれば、その効果もより強力であり、より正確です。言霊《マントラ》の使用は、しかしながら単なる催眠術的効果を持つこともできます。

質問　私の子供たちは四歳と二歳ですが、瞑想するとき大人のまねをして、ＯＭ《オーム》を唱えます。本当に危険はあるのでしょうか。

答　いいえ、子供たちがＯＭ《オーム》を使っても、彼らは効果的なレベルでやらないので、心配はいりません。

質問　これらのエネルギーを伝導するにあたって、危険は伴いませんか。特に子供や妊娠している女性が参加するのはどうですか。あるいは心臓病をもつ人はどうですか。

答　もちろん、すべての瞑想に備わった危険というものはあります。これらは非常に強力なフォース（エネルギー）です。瞑想中に魂から受けるフォースは、とても強力なものです。特に瞑想の方法がダイナミックなものであれば、なおさらです。伝導瞑想は、やり方は非常に簡単ですが、（私の知る限り最も簡単ですが）、非常にダイナミックな瞑想です。しかし、それは完全に覚者方のコントロールの下にあります。覚者方は、その道のいわば大家ですから、あなたが安全に受け止められるだけのエネルギーしか、あなたのチャクラを通しません。ですから危険はありません。

唯一の規則は、十二歳未満の子供たちは伝導瞑想のグループに参加しないようにということです。理由は簡単で、十二歳未満の子供のチャクラ、つまりフォースセンターは比較的未発達であり、不安定なので、エネルギーが害を及ぼす可能性があります。また赤ん坊や幼児などが同じ部屋にいることも良くありません。子供に害がないように覚者方の注目が必要になり、貴重な覚者のエネルギーの浪費です。また十二歳より上の子供たちでも、伝導瞑想に費やす時間は制限されるべきです。

妊娠している女性の場合は健康で正常ならば安全です。胎児は伝導されるエネルギーをむしろ好むようで、伝導が始まると良く活発に動き始めることがしばしばあります。

さらに、心臓の病気を持つ人の場合には、通常は、伝導瞑想を行うことは勧められません。エネルギーが非常に強力なので、そのような人々にとって助けにならないことがあります。

＊質問　毎週伝導瞑想をしている私のアパートに猫がいます。（1）猫を部屋の中にいさせることで私は彼の寿命を縮めているのでしょうか。（2）そうだとすればどれほど縮めているのですか。（3）彼は進化していますか。どのように進化するのですか。（4）伝導瞑想のエネルギーは彼にどんな影響を与えますか。

答　（1）はい。（2）約二十％です。（3）いいえ。（4）動物にとっては波動が高すぎ、肉体に負担を与えます。

質問　伝導瞑想は精神的に安定し、落ち着いた人々のみが行なうべきですか。

答　伝導瞑想は、原則として精神的に安定し、落ち着いた人々によって行われるべきです。特定の場合、必ずしもこのカテゴリーに適さない人々に良い効果を及ぼすこともありますが、原則として情緒的に非常に不安定、または精神異常の状態にある場合は、伝導瞑想の仕事に参加するのは禁忌すべきです。エネルギーが非常に強力で高度すぎるので、刺激過剰になる危険もあります。

質問　（1）私は統合失調症（精神分裂症）ですが、あなたの仕事に接するようになりました。伝導瞑想グループに参加することは私にとって有益でしょうか。（2）私は社会全体に有益な何らかの奉仕形態を見つけたいのです。私は病状をコントロールするために薬を飲んでいます。同じような精神状態に苦しんでいる人々に対して、何かアドバイスをいただきたいのですが。

答　（1）有益ではありません。刺激過剰になり、問題が起こる恐れがあります。（2）強力なエネルギーを扱うのではない、もっと外的な奉仕の場を見つけなさい。例えば、飢餓問題や環境問題に取り組むグループ、オックスファムとかグリーンピースとか地球の友とかたくさんあります。

＊質問　（1）「バイポーラー bi-polar」と診断された人は伝導瞑想をすることができますか。（2）伝導瞑想はこの状況を安定させるのに役立ちますか。そうでないとしたら、説明をお願いします。

答　（1）はい。（2）おそらく。

質問　伝導瞑想の仕事をすることが誰にでも適しているわけではないということですが、自分が適しているかどうかをどのようにして知ることができますか。

答　実行することによってのみ知ることができます。実際にそれは自己選択のプロセスです。伝導瞑想会に参加したり、または自分で伝導瞑想のグループを作って、何度かやってみると、あなたはそれに惹《ひ》かれて、有益だと思い、充実した、楽しいものと思うか、あるいは、全く退屈なものと思い二度と行かないかのどちらかです。なぜならばそこには自《グ》己幻惑《ラマー》もないし、それについて話すこともないし、導師《グル》もいないし、献身を捧げる人もいないし、面白い話もありません。純粋に客観的な科学的プロセスであり、仕事です。様々な集中度で行うことができます——一週間に三回、一回に四、五時間位まで。もちろん、誰でもがこのような激しいリズムを維持することはできませんので、自己選択のプロセスになります。これができない人々は来ません。これが自然にできるような人々がこの仕事を行うようになります。

　しかしすべて奉仕にかかわるものです。これは皿の上にのせてあなたに提供された奉仕です。今日、多くの人々が奉仕することを望んでいます。人はよく言います、「奉仕したいのだけど、どうやって始めたらよいのか分からない」と。まず、救わねばならない世界があるのです。何百万の人々が飢えています。数え切れないほど多くの人々が貧困の中にあえいでいます。全世界を変え、救い、変容《へんよう》させねばなりません。ですから、奉仕するのに隣りの家より遠くに行く必要はないのです。奉仕するために、伝導瞑想の部屋より遠くへ行く必要はありません。これはあなたに与えられた、最も簡単な、最も容易な奉仕の形態です。その効果と単純さについて私は保証できます。しかし誰にでも適したものではありません。なぜならば人はもっと欲があるからです。話をすることのできるものを欲します——「自分はどこにいるか、自分は誰か、私の先生は私を愛してくれるか、愛してくれないか、彼はより高度なグルかあるいはもっと低位《ていい》なのか、彼は誰それよりも高いか低いか、彼があなたを見つめた時にあのすばらしい感じを得たか」等々。このようなことは伝導瞑想には一切ありません。それは純粋に世界に対する奉仕の行為ですから、自己選択になる傾向が強いのです。

質問 秘教《ひきょう》に心を閉ざした人でも（伝導瞑想において）エネルギーのコンタクトが確立されますか。

答 もちろんです。これは科学的なプロセスであって、「信じる」ことや学問的知識の有無に関係ありません。

＊**質問** 伝導瞑想をしながら、レイキの実践を安全に続けることはできますか（同時には行いません）。

答 はい。

＊**質問** 私は仏教のマントラや視覚化を実践しています。伝導瞑想を始めたのですが、これらを行うことは有害でしょうか。

答 いいえ、全く有害ではありませんが、同時に行ってはいけません。

質問 私は成人してからはほとんどずっと禅の修行（注目を腹に集中する瞑想）を行い、そして伝導瞑想（眉間に注目を集中する瞑想）を十二年間行ってきました。一日中、アジュナ・チャクラ（眉間）に注目を集中することが魂との接触をつくり、維持していく方法であると、あなたは言われます。注目をアジュナ・チャクラに集中して魂との接触を安定したものにしたいと望むならば、私は座禅や一日中行われる禅の修行をやめるべきなのでしょうか。

答　一般的に言うならば、そのとおりです。しかし個人によるところが多くあります。どのような瞑想であれ、瞑想の種類によって、より科学的なものも、あまり科学的でないものもありまが、多かれ少なかれ、魂との接触をつくり、それを深めていく手段です。しかしアジュナ・チャクラへの集中は、今日ほとんどの志向者や弟子たちに勧められています。これは私たちの魂とパーソナリティーの完全な一体化にとって欠くことのできない整列を生み出します。最終的に、アジュナ・チャクラは、それ以下のすべてのチャクラのエネルギーの統合チャクラとして働きます。

質問　もし、（カルマの理由によって）チャクラが十分に開かれていないならば、伝導瞑想は、（1）一般的な状態の改善を呼び起こしますか。（2）問題をさらに悪化させますか。（3）不十分ですか。（4）伝導するエネルギーを歪めますか。（5）つまり、伝導瞑想を行うべきですか、行うことができますか。

答　（1）はい。（2）いいえ。（3）はい。（4）いいえ。（5）はい、できるでしょう。すべてのプロセスが非常に科学的なものであり、覚者方のコントロールの下にあります。

質問　伝導瞑想を通して奉仕をしたり、それによって益を得るには、ある特定のレベルまで霊的に発達していることが必要ですか。

答　自己選択の過程が働いています。つまり、奉仕することを望むほど十分に進化した人々のみが伝導瞑想の仕事に惹《ひ》かれるでしょう。しかしそれはともかくとして、ハイアラキーのエネルギーをこの方法で伝導するのに特別な知識も経験も要求されません。

質問　有益な伝導を行うのに妨げとなるムードとか精神状態はありますか。

答　はい、あります。苦悩、怒り、特に怒り、恐怖の状態──言い換えれば、強い感情的アストラル反応は伝導瞑想のために必要な魂の整列を助成しません。しかしながら、もし、感情的乱れにもかかわらず、魂との整列を保つことができれば、霊エネルギーがそのような心の状態を中和させるのに非常に助けとなることに気付くでしょう。

質問　トライアングル（三人組）瞑想のように意識で他の人々とつながって瞑想を行うのではなく、エネルギーの伝導のために、実際にこの肉体が一堂に会することの特別な意義は何ですか。

答　伝導瞑想は覚者方のみに知られている科学であるトライアングル（三角組）の科学に基づいています。トライアングル運動は覚者方によって創始され、アリス・ベイリーを通して世に紹介されたものです。伝導瞑想はトライアングルの科学をさらに進めたものであり、この途方もない科学が伝導瞑想を非常に強力にしているのです。

ですから、覚者方はグループを使われます。それは、同じ人数の別々の個人を通すよりも、グループを通した方が、より高度の力のエネルギーを安全に送ることができるからです。伝導瞑想グループは、いわば変圧器の役割を果たします。覚者方がグループの中の各個人のチャクラ──脊柱に沿うエーテル体にある、特に上位のエネルギーセンター、胸、喉、それに頭部の二つのチャクラ──を通して、エネルギーを伝導します。エネルギーがチャクラを通過すると、自動的に変圧（変換）されます。

エネルギーは媒体《ばいたい》を通過するとフォースになります。霊エネルギーは、我々を通過すると霊的フォースとなります。それは下げられ、または変換されたのです。いわば波動が下げられたのです。我々を通過した後、それは世界中のほとんどの人々にとって、より使いやすいものとなります。電気で譬《たと》えれば、高電圧の電流が変圧器を通り、低く変圧された使用可能の電圧で家庭内に入るのと同じ理屈です。

目標は、伝導瞑想のグループを形成することによって、別々の個人を通して常にX《エックス》のエネルギーを伝送するのではなく、X《エックス》にある因数を加えたエネルギーを伝送することができることです。例えばある人はニューヨークにおり、ある人は東京におり、私がロンドンにおり、お互い同士知らないが、三人ともエネルギーの伝導者として働いているとします。覚者方は、各人のチャクラが受けきれるだけのエネルギーを、各人を通して伝送できます。しかし、我々がグループとして一堂に会せば、トライアングル（三角組）をつくれます。覚者方は、三人が一堂に会することでできるトライアングルを通して、エネルギーを伝送します。トライアングルはエネルギーをより強力にする。それは単なる一プラス一プラス一ではなく、一プラス一プラス一に我々三人すべてのチャクラをエネルギーが循環《じゅんかん》することによって効力を強められるその因数が加えられるのです。三人以上の人数のグループになれば、そのような三角形が幾つもつくられ、さらに星形等のような幾何学的構成がつくられます。それは途方もなく複雑な科学です。グループの中の各人のチャクラを使いながら複雑な幾何学的構成でエネルギーを伝送されるのです。

一緒に集まって行うことには、さらに色々なレベルで重要なプラスアルファの要因があります。伝導瞑想にも活力が加わります。グループとしてのグループ・アイデンティティーに対しても一つの次元をプラスします。時たましか会わないのでは、グループ・アイデンティティーを築くことは難しいです。これは長期的に見て、グループの魂の成長に貢献します。グループのメンバーの間に愛の絆ができ、これはもちろんあなた自身にとって、そしてグループにとって最高に良いことです。このようにして一堂に集まることは、エネルギー的そして心理的見地から見ても非常に大切なことです。意識の一単位として、キリストの愛の実現のための道具として現在も将来も、グループを育てていくために非常に大切です。

質問　グループのメンバーが特定の日に出席でき

ない場合、その人は、グループに「プラグを差し込む」ことができますか。

答　もし、メンバーが大切な理由のために、出席できない場合は、その人は、意識でグループと結合することができます。いつもの場所でグループが座っているのを心に描きなさい。そしてグループのメンバーの一人一人を心に描き、あなた自身もそのグループのメンバーの一人としてそこに座っているのを思い描くのです。そしてあなたが大祈願を唱えると、グループの伝導瞑想につながり、グループは、あなたがそこにいるかのように進行します。

しかし、これをしばしばやることはいけません。前の質問で答えたように、時たましか会わないのでは、グループのアイデンティティーを形成し難いです。

質問　もし、伝導瞑想グループをつくるのに関心のある人が二人しかいないときには、どうしたらよいでしょうか。

答　その時は、二人の伝導瞑想になります。一人でも伝導瞑想であることは可能です。しかしもちろんそれだけ伝導されるエネルギーに限度があります。三人で三角構成ができるとエネルギーは全く見違えるほどに強化されます。同じ時間に会している他のグループとメンタル的につながるのも良いです。伝導瞑想グループは現在世界中に広がっています。本質的にエネルギー伝導は魂のレベルで行われています。伝導瞑想をいつ、どこで行っても、マイトレーヤと覚者方によって、魂のレベルで世界中につくられている光の輪に連結されるでしょう。

質問　非常に少人数の伝導瞑想グループの場合、そのグループは伝導する時に、(1) より大きなグループと意識でつながった方が有効でしょうか。(2) それらのグループが同じ時間に伝導瞑想を行うことは大切ですか。

答　(1) はい、それは極めて有益でしょう。ほんのちょっとの時間でできることです。伝導を始める前に、数秒間、意識で（メンタルに）お互いに連結するだけでよいのです。（2）そのレベルでは時間というものは存在しませんから、大して違いはありません。

質問　伝導瞑想を行うのに三人で十分ですか。もっと多くの人数を目指すことができますか、または目指すべきですか。

答　三人が三角組を構成します――ですから送られてくるエネルギーを強化します。そしてこれが基本的単位となります。しかし可能ならば、グループを広げるべきです。より多くのエネルギーがより大勢の伝導者を通して安全に送られるのです。つまり、多ければ多いほど良いのです。

　グループのメンバーの一人一人が出席することの重要性は次の例で明らかです。つまりグループの基本単位である三人に一人が加わり、四人になると三角の組み合わせが四個できます。五人になると十個の三角形ができます。六人で二十個、七人で三十五個、八人で五十六個、九人で八十四個、十人のグループだと百二十個の三角形の組み合わせができます。ですから人数が増えればそれだけグループの活動は

伝導瞑想の人数	三角構成のできる数	最初の１人退去時に失われる三角の数
10	120	36
20	1,140	171
30	4,060	406
40	9,880	741
50	19,600	1,176
60	34,220	1,711
70	54,740	2,346
80	82,160	3,081
90	117,480	3,916
100	161,700	4,851
110	215,820	5,886
120	280,840	7,021
130	357,760	8,256
140	447,580	9,591
150	551,300	11,026
200	1,313,400	19,701
300	4,455,100	44,551
400	10,586,800	79,401
500	20,708,500	124,251

（編註）右表は伝導瞑想の人数と三角構成のできる数、そして最初の一人が退去するときに失われる三角の数を示す。
計算の仕方：分母が6で分子がn×(n-1)×(n-2)の式。つまり
$\frac{n\times(n-1)\times(n-2)}{6}$。nは伝導瞑想参加者の数

強力になります。例えば、百人のグループであれば、十六万千七百個の三角組ができ、一人一人が四千八百五十一個の三角組をグループにもたらします。同様にして、メンバーが一人欠席したり、早く退去すると、四千八百五十一個の三角組が失われます。グループの力は急激に弱まります。一人一人が非常に大切なのです。

質問　私たちの伝導瞑想に新しい人を加えるとき、どのような規制をすべきですか。

答　すべてのグループは、オープンであるべきだと信じます。だからと言って、グループを分裂させるような人や、ばかばかしい状況を黙って見ていろというのではありません。しかしそんな人たちにとっては、全く退屈な仕事なので、おそらく来ないと思います。これは骨の折れる仕事です。何時間も、座って気を集中させるのは、容易なことではありません。常にアジュナ・センターだけにしろ、そこに注意を保っておくのですから。人に、「あなたはこのグループに来てはいけません」等と、言うのは難しいものです。しかし、類は友を呼びます。相容れない人が入ってきても、その人は留まらないでしょう。なぜなら、もしあなたが非常に真剣に、集中して瞑想を行うならば、集中力を持たない人にとって、そのリズムは、たいてい、きつすぎるからです。

人間的なパーソナリティーの違いは克服しなければなりません。伝導瞑想グループの仕事は、そのグループが行う他のどんな種類の活動にとっても、すばらしい中心的焦点を提供してくれるようです。私の知っている最も強力な奉仕グループの幾つかは、そのグループの中心に、伝導瞑想グループがあります。それは結合的であり、グループとして結合させ、彼らの行う他の活動もすべて刺激し、ダイナミックなものにします。というのはエネルギーが簡単に流れ入るからです。

伝導瞑想会はできるだけオープンにしておくことを薦めます。参加したい人がいれば、たとえ毎回必ず来なくても、入れてあげることです。時折やって来て、その経験から何かを得ていくならば、グループを妨げない限り、放っておくことです。各人の自由意志を侵さないことが非常に大切です。この仕事は、各人の自由意志でしなければなりません。奉仕です。動機が非常に大切です。

できるだけ度々参加した方が良いことを、時折、何の圧力もかけずに、彼らに伝えることもできます。しかし彼らの自由に任せなければなりません。それから、瞑想をやったことのある友だちを連れてくることも奨励します。

大切なことは、誰でもグループを抜けて、伝導の仕事をやめたいときは、いつでも自由にやめられるのだという意識を持っていることです。それから、瞑想中、中止したいときは、各人いつでも自由に瞑想を中止して、退席することができます。

質問　友人から聞いたのですが、ある伝導瞑想グループの中で、人々がグループから抜け出したくても〝リーダー〟が留まるように圧力をかけるそうです。もし抜けるならば悪いカルマ的な結果があるだろうと言って脅すのだそうです。これは正しくないと私は思うのですが、あなたの意見はどうですか。

答　もしこれが本当ならば、自由意志の法則の重大な違反です。伝導瞑想グループに出席するように圧力をかけたり、感情的に脅したりすべきではありません。信奉者を留めるためにこのような疑わしい手段を採用するいわゆるニューエイジの組織が多すぎます。

質問　最近、私はシェア・インターナショナル誌のオランダ語版に名前と住所が掲載されていたある伝導瞑想グループに参加しようとしました。ところがそこの人々に、私は参加することはできない、なぜならこの種の瞑想を行うだけの経験を持たないからと言われました。あなたは参加希望者が伝導瞑想を行う能力があるかどうかを判断する権威をグループに与えているのですか。彼らはそれを知ることができるほど非常に進化した人々なのですか。

答　いいえ、私はそのような判断をする権威を誰にも与えていません。私は伝導瞑想を紹介するときにいつも、十二歳以上の者ならば誰にでもできる奉仕の形態であり、経験も専門的知識も必要ない、と言います。もちろん、いずれのグループも、彼らが相容れないと思う人々を除外する権利を持っています。おそらくこの場合もそうだったのではないかと思います。そしてそれが間違って解釈されたのではないかと思います。

***質問**　伝導瞑想の間に、誰か一人が瞑想を指導することは必要ですか。

答　それは全く必要ではありません。伝導瞑想はグループを通して覚者方によって与えられたものであり、いかなる伝導瞑想グループにも指導者は存在しません。どこで行われたとしても、それは同じレベルにいるすべての人にとってのものです。

質問　どのくらいの時間、伝導すべきですか。

答　伝導瞑想で座っている時間の長さはグループによって非常に異なります——三十分から五、六時間、一週間に一回、二回、三回まで。七時に始めて七時半には伝導をやめて、お茶やケーキでおしゃべりをして過ごすグループを私は知っています。彼らはそれで伝導瞑想グループであることを非常に誇りにしています。一週間に半時間です。またある人々は、一定の時間に始めて、一定の時間に終わらなければならないと思っているようです。そうではありません。グループが伝導瞑想を同時に始めることは重要であり、そして有益ですが、伝導の時間が集中力の最も弱いメンバーによって規制されなければならない理由は全くありません。多くのグループリーダーが私に言います、「だけど彼らは長い時間座っていられないんです。三十分で疲れてしまい、家に帰りたがったり、お茶を飲みたがったりします」。ですから、オープンにしておくべきです。長く続けたい人は続け、帰りたい人は帰ることができます。

グループの人数が多ければ多いほど、より多くのエネルギーが伝導されます。エネルギーはグループのメンバーを通して、個々に送られるのではありません。三人いれば、それは三角です。六人いれば、数個の三角ができます。これらの三角構成は星形や様々な幾何学的《きかがくてき》形に拡大され、それを通して覚者方はエネルギーを送ります。ですから当然、誰かが家に帰るためにグループを抜けるたびに、グループは弱まります。しかしそれでも少数の人々で伝導を続ける方が、全員で非常に短時間だけ行うよりも良いです。

遠くからやって来る人々がおり、後で社交時間を持ちたい人々がいるのを私は知っています。しかしグループでおしゃべりをするよりも、瞑想に時間を提供する方がより大切です。おしゃべりをするのは楽しいかもしれませんが、それは奉仕ではありません。伝導瞑想の仕事は奉仕です。しかし、誰でも伝導瞑想会をいつでも静かに抜け出す完全な権利を持っており、他の人々にそのまま続けさせることです。

最低一時間とし、徐々に三、四時間に増していくことを、あるいはエネルギーが流れる限り続けることを目標とすることをお勧めします。

逆に、一週間に六回か七回も伝導瞑想を行う狂信的な人々がいます。もっとバランスの取れたやり方を提案します。理想的には、一週間に三回、少なくとも二回、一回に三時間位でしょう。立て続けに十時間もやるべきではありません。

＊質問　伝導瞑想を週に三回しか行っていないグループがありますが、私たちは週に五、六回行っており、とてもうまくいくと思います。私たちは他のグループにも提案すべきでしょうか。

答　もちろん人々には自由意志がありますが、（伝導瞑想を紹介された）私の師は最初（一九七四年三月）から、週に三回が「推奨されるリズム」であると述べられました。

＊質問　伝導瞑想をたくさんやればやるほど、より急速に霊的成長を遂げると聞いたのですが、これ

は本当ですか。

答　全く違います。「伝導瞑想をたくさんやればやるほど急速に霊的成長がある」ということは真実ではありません。それは狂信的で、極端な姿勢です。規則性と正しい整列が根本です。私が提案する良いリズムは、一週間に二回か三回、一回に三時間から四時間を目指すことです。

質問　私は自宅で伝導瞑想をやっています。他の人々が退席するとき玄関に見送ったあと、一人で伝導を続けることができますか。それとも伝導を続けるのに三人必要ですか。

答　時には一人だけ残るときもあります。そしてそれでも良いです。エネルギーが流れている限り座り続けます。しかしなぜあなたは立って他の人々を見送らなければならないのですか。自分たちで玄関に出ていかせれば良いでしょう。

質問　居眠りまたは夢想状態で、伝導瞑想をすることは可能ですか。

答　いいえ。伝導中に数分こっくりをするだけなら伝導は続けられています。しかし実際に眠ってしまったら、どんなに良い夢を見ていようと、伝導をしていることにはなりません。夢はアストラル界および下位のメンタル界の活動です。エネルギー伝導は高位のメンタル界で行われています。

しかし、瞑想中に眠る人はいます。すべてのグループで、度々起こっています。ある人は、ちょっとの間居眠りします。ある人は、瞑想の間中、ほとんど眠ってしまいます。エネルギーが非常に強烈であり、人々はそれに慣れていないこともあって、いわば、参ってしまうのです。しかし、続けているうちに徐々にエネルギーに慣れていくので、だんだん眠らなくなります。特に、あまり疲れていない日に伝導瞑想を行えばよいでしょう。意識を高く保持しておくことは慣れない人にとっては、疲れがちなことですが、いくらかでも瞑想したことのある人には、そんなに難しいことではありません。エネルギーそのものが、注意力をアジュナ・チャクラに保持するのを助けてくれます。

質問　横になった状態で、うまく瞑想することは可能ですか。

答　可能ではありますが、最も良い瞑想の姿勢とは言えないと思います。眠ってしまいやすいです。

質問　なぜいつも夜、伝導しなければいけないのですか。

答　ほとんどの伝導が夜行われるのは、ほとんどの人は日中働いているからです。しかし、伝導瞑想を朝行うのを止めるものはありません。ハイアラキーのエネルギーはいつでも手に入ります。彼らは店を閉めることはありません。

質問　なぜ、暗い中で伝導しなければならないのですか。眠りやすいのではないですか。

答　もちろん「暗い中で」伝導する必要はありません。要は、ほとんどの人はうす暗い光の中の方がより気を集中させやすいのです。真昼間に伝導すべきでない理由はありません。伝導瞑想のワークショップの間は、しばしば昼間に行います。

質問　伝導瞑想中に、誰かが声をかけて注目を高く保つように注意するのではなく、注目を再び集中させるためにベルを鳴らすのはどうでしょうか。

答　参加している人々が同意するならば、結構でしょう。しかし、それほど良いアイディアだとは思いません。注目をアジュナ・チャクラに保つよう言葉で言うことは、そのチャクラに特に言及しているため、有効です。ベルの音はそのような関連性はありません。人々はすぐにベルの音に慣れてしまい、それを無視するようになる――聞こえなくなることさえある――のではないかと思います。

質問　伝導瞑想の会合の場所を、しばらくしてから都合が悪くなった場合、変更することができますか。

答　はい。伝導瞑想について重要なことは規則性であります。同じ曜日に同じ時刻に毎週同じ場所——それが一週間に一回であれ、二回、三回であれ——あなた方が集まるということです。それがどのようなものであろうと同じ時刻であるべきです。すると覚者方は、その時にはエネルギーの伝導のための回路として使われる用意のあるグループを見つけることができるのを知るようになります。グループが確立すると、覚者方はそこに関係している各個人のチャクラの状態、各個人が発する光、したがってグループ全体の発する光を正確に知るので、場所を変えても、彼らはあなた方を見つけることができるのです。だからと言って、毎週のように会合場所を変えるべきではありません。

質問　伝導の時間が長くなる場合、途中でトイレに立ったり、休憩してもかまいませんか。

答　もし必要なら、二、三分間くらい休憩して、それからまた伝導を続けるのは全く構いません。

質問　新しいグループができたとき、覚者に（クレームさんを通して）知らせる必要がありますか。

答　覚者に知らせる必要はありません。グループが大祈願を唱えさえすれば、自動的にエルギーを受けます。霊エネルギーを喚起するために、大祈願が与えられたのですから。しかし、もし新しいグループができたら、この国（日本）の場合はシェア・ジャパンの事務局に知らせるべきです。そうすれば、伝導瞑想会のネットワークのリストに載り、その地域に住む人々から問い合せがあった場合に、そのグループの所在を知らせてあげることができます。

***質問**　私の知っている幾つかのグループでは伝導瞑想の最中にお香を焚く習慣があります。お香にはニコチンは含まれていませんが、（1）その煙は本当に身体に無害なのですか。（2）それは伝導の質を高めますか。

答　(1)いいえ。ぜんそくや気管支の病気の人々にとっては有害であり得ます。(2)いいえ。

＊質問　(1)伝染病はイリュージョンですか。(2)あなたがインフルエンザ(流感)に罹《かか》っている人々に伝導瞑想に来ないよう求める理由を説明していただけますか。

答　(1)高次の観点からは、おそらく、伝染病も含め病気というものはイリュージョンです。物質界では、病気はイリュージョンではありません。医者に行って薬をもらった方がいいです。インフルエンザはイリュージョンではありません。インフルエンザは、特に大きな危機やストレスの時代に、そして戦争による窮乏《きゅうぼう》の後に、何百万もの人々に病気と死をもたらしてきました。(2)物質界では、病気が伝染性ならば、あなたの出会う人々にとって、その人の免疫組織の強さによっては、あなたは害毒の源泉になります。誰もが免疫組織が衰退しており、世界的な汚染から来る緊張にさらされているので、他の仲間や他人一般に病気をうつさない責任があります。この理由から、インフルエンザや他の伝染性の風邪に罹《かか》っているときに伝導瞑想(や他のグループメンバーとの接触のあること)に出席するのは無責任な行為です。そうすることはグループにふさわしい考えではありません。

＊質問　私たちの瞑想グループに、瞑想の間ずっといびきをかいている人がいます。「オームを唱えてください。注目を高く保ってください」と定期的に声をかけるのですが、その人はすぐにまた、いびきをかき始めます。ついに、彼はいびきを注意され、しばらくは効果があったようですが、すぐに元に戻りました。どうすればいいか助言をお願いします。このために人々が遠ざかり、いびきが原因で瞑想に来なくなる人もいるかもしれません。

答　グループを去るよう彼に言いなさい

＊質問　私は新しく伝導瞑想を始めました。自分

に合うところを見つけるために多くのグループに行ってみました。そこで気付いたのは、これらのグループが他のニューエイジ・グループほど温かくも歓迎的でもないということです。これはなぜでしょうか。

答　私はそうは思いませんが、もしそうだとすれば、それは伝導瞑想が広く世界に向けた奉仕の仕事だからです。ですからその実践者《じっせんしゃ》は、真剣で客観的な傾向があり、社交活動に耽《ひた》るよりは伝導瞑想の仕事を進めることに集中するのです。伝導瞑想に参加する人々が他のグループよりも〝温かく〟も社交的でもないとは思いません。単に意識の焦点《しょうてん》が違うだけです。

第四章　伝導瞑想中の体験について

質問　伝導瞑想会にてエネルギーの変換伝送をしている間、何か肉体的な感覚がありますか。

答　それは人によります。ほとんどの人は、エネルギーを非常に強くエーテル体で感じます。これは、濃密な肉体よりも、さらに精妙な、微細な物質であるエーテル体（幽体）でエネルギーを経験するからです。エーテル体に、熱い、あるいは冷たい波動として感じるかも知れません。もし敏感な人ならば特定のチャクラに、例えば胸（ハート）のチャクラとか喉のチャクラとかに、エネルギーを感じます。しかし、誰もが、波動にそれほど敏感なわけではありません。ロンドンの私のグループで、何年も一緒にやっている人でも、「私は実際にエネルギーを感じないのです」と言います。彼らはエネルギーがそこにあるということは知っています。何らかの意味でそれを経験するのですが、肉体で感じることはないのです。「私は、エネルギーがいつ流れ始め、いつ終わるのか分かりません。他の人が言ってくれるのを頼りにしています」と言います。しかし、彼らの反応を見て、私は彼らが始めと終わりを気付いているのが分かります。私たちのグループの一人は、エネルギーを音で聞きます。私が、どの種のエネルギーがいま流れているとアナウンスする度に、彼には、それぞれ異なった音が聞こえるのです。ある人は、ひっきりなしに変わる色の波を見ます。その人は、伝導瞑想の時にしか色を見ません。ですから、経験の仕方にもいろいろあります。あなた自身の波動に対する独特な反応の仕方によります。心的《メンタル》、視覚的、聴覚的、感覚的といろいろあります。私自身は非常に強く感じるので、なぜ他の人々が、それを感じないのか理解しかねるのですが、感じないことは確かでしょう。そのような体質なのです。つまりエネルギーの変化や、チャクラのエーテル次元の波動の変化に、気付かないだけなのです。

***質問** 私の伝導瞑想グループの人々の多くは肉体的に何らかのエネルギーを感じることができるようです。私には感じることができないようなのですが、自分のエーテル体にもっと気付くことができるようになるための方法を教えていただけますか。

答 エネルギーへの肉体的感受性には非常に差があります。これは通常伝導瞑想グループの中で、長い間に自然に発達します。「エネルギーを感じる」ために必死になりすぎないことです。言い換えれば、リラックスしなさい。

***質問** 毎日の個人の黙想のとき、私はしばしば非常に心を高揚させるような体験をします。しかし、伝導瞑想の後には高揚した気分にはなりません。（1）これは伝導瞑想が私には効き目がないことを意味しているのでしょうか。（2）したがって、私は伝導瞑想をやめるべきですか。

答 伝導瞑想の目的は奉仕であり、心の高揚ではありません。私は質問者のことをよく知りませんが、それでもなお、「毎日の黙想」のあいだに体験する「高揚」は、おそらくある程度のハートの要素が入り交じった、その人自身のアストラル的志向の結果です。伝導瞑想は科学的過程であり、それによってハイアラキーのエネルギーは変換され、つまり一段と下げされ、人類一般が入手できるものとなります。それはメンタル次元で行われるので高揚だろうが何だろうが「体験」を伴うことはありません。しかしながら、多くの人々は幾分アストラル的に偏極しているので、伝導瞑想は非常に心を「高揚させ」、報いをもたらすと思う、と実際に主張します。（1）全くそのようなことはありません。（2）「体験」を求めることなしに続けなさい、と助言したいと思います。

質問　伝導中、時にはエネルギーが非常に強烈に感じられ、時にはほとんどあるいは全く感じられないのはなぜですか。

答　あなたが何も感じられないその時にはエネルギーはグループの他のメンバーを通して流されているけれど、あなたを通していないのかも知れません。というのは、他の人々はあなたと同じ光線系統ではないからということがあります。グループは、異なった光線の系統、エネルギーのタイプの人々で構成されています。七つの主な光線が存在し、北斗七星（大熊座）の七つの星から発しています。我々はこれらの光線上のいずれかにあります。魂の光線は、我々の全存在を通じて同じものです。肉体人間の光線は、転生のたびに異なります。第一光線の特徴は、意志または力、または目的の光線です。第二光線は、愛と智恵の光線です。第三光線は、能動的な知性、高位のマインドの光線。第四光線は、葛藤《かっとう》を通して調和に至る光線または美の光線であり、第五光線は、低位のマインドまたは有形の科学の光線です。第六光線は、抽象的理想または献身の光線。第七光線は、この新しい時代《ニューエイジ》に現在非常に強力に流れ込んできている光線であり、儀式的秩序、魔法、祭儀または組織の光線です。我々は、魂として、パーソナリティーとして、これらの光線上のいずれかにあります。我々の識心体《メンタル》、情緒体《アストラル》、肉体も各々これらの光線上にあります。人間と同じように、国家にも、魂とパーソナリティーがあり、各々これらの光線上にあります。覚者たちは、すべての光線を管理します。ハイアラキーには、七つの主なアシュラム、またはグループが存在し、各アシュラムの長に覚者がおります。この七つのアシュラムから四十二の補助的アシュラムが枝分かれしており、全部で四十九のアシュラムが存在します。七つの各系統はこれらの七つのいずれかに支配されており、またその光線のエネルギーを使用します。伝導瞑想グループには、二種類の光線構造、つまり第二・四・六光線の系統か第一・三・五・七光線の系統のいずれかに、片寄った人々で構成されていることが多いようです。例えば、もしあなたが第二光線の魂と第二光線のパーソナリティーの持ち主であるとすれば、第一および第七光線のエネルギーが流されてくる時、グループの他のメンバーを通るが、あなたはそれを受けないでしょう。その時、あなたはエネルギーの途切れを経験するでしょう。そしてまたエネルギーの流れを感じるとき、今度は、あなたの系統である第二・四・六光線の系統の人たちに送られてくるでしょう。あるいは、あなたがエネルギーを全く感じられないと思うとき、魂と頭脳との間の整列ができていない場合もあるし、または疲れすぎていてエネルギーの波動に反応しないのかも知れません。

　また、エネルギーの流れ自体にも、頂点と谷の波があります。それからまた、非常に高度のエネルギーは、低く下がったとしても上位のメンタル界までしか降りてこれないので、あなたの感じることのできる範囲を超えたものであることがしばしばです。人々はそれぞれ異なった反応をします。しかし、何も感じないからと言って、エネルギーを伝導していないということではありません。

〔編註〕七種の光線に関する詳細はクレーム著『マイトレーヤの使命』第一、第二、第三巻を参照されたい。

質問　伝導瞑想の間にしばしば非常に輝いた明るい色、通常、ブルーや紫、ときには金色が見えるのです。これが何を意味しているのか教えていただけますか。

答　それらは伝導瞑想中に伝導されてくるエネルギーの視覚的な顕現《けんげん》です。

質問　日によって伝導のエネルギーが違うように感じるのはなぜですか。

答　二つの要因があります。一つはエネルギーそのものが異なり、異なった質を持つ場合、それはあなたに異なった影響を及ぼします。もう一つは、人の仕事のパターンや生活のストレスのゆえに日によって異なります。疲れの度合いや活力の度合いが異なり、したがってあまり活力がないときには、多分他の時よりもエネルギーの吸収力が少ないのです。エネルギーの力は霊的緊張度に正比例します。当然ながら進化のレベルの高い人ほど、より低位の人よりも高度な力のエネルギーを吸収し伝導します。彼らはより大きな霊的緊張度を持つからです。

私たちの霊的緊張度は日によって異なります。ですから、ある日はしかじかの力のエネルギーを受け入れるが、他の日はそれ以下だったり、より多く受けたりするでしょう。もちろん、グループの緊張度は個人の霊的緊張の合計から成っています。

もう一つは、エネルギーそのものが覚者方によって異なったレベルに下げられて送られます。ある晩のエネルギーは全然強く感じられないかもしれないが、それは強力に送られていないからではなく、敏感に受け止められていないからです。それは高位すぎてその人の器はそれを感ずることができないのです。その同じエネルギーがより低いレベルにまで下げられると非常に強いエネルギーとして感じる。より低いレベルでそれに敏感であるからです。エネルギーがより低位レベルに下げられてくると、私たちはそれをより多く感じます。強く感じるものについて私たちは強いと感じるのです。それは私たちの器によるのであり、実際にエネルギーの強さによるものではありません。そうである場合もあるかもしれませんが、必ずしもそうではありません。

質問　伝導中における肉体的な反応、例えば咳が出るなどというのは、我々の肉体に、詰まりがあるということですか。

答　はい、通常そうです。伝導瞑想中、多くの人は、喉に強いむず痒《がゆ》さを感じ、咳をするのです。すべてのグループで起こります。それは、喉のチャクラを通るエネルギーの流れに障害があるのです。あなたの椅子の下に、水を入れたコップを置いて、喉を湿らすのが良いでしょう。

また、喉が緊張していないかどうか調べてごらんなさい。もし緊張していれば、喉のチャクラを思い描き、そこからエネルギーを発射させなさい。そのセンターから管が出ているのを思い描き、それを空にするつもりになるのです。首の後ろの所から喉のチャクラを通してエネルギーを引き入れ、前から出すつもりになって、滞りを無くすのです。

＊質問　伝導瞑想の間に次のような問題が生じます。私が目を閉じるとすぐ、首の右側がピクピクと引きつって、頭が左に向きます。この状態が数分続き、引きつりがやんでしばらく瞑想した後、再び同じことが起こり、瞑想を中断せざるを得なくなります。これはプライド、エゴイズム、自己コントロール、虚栄などから来るものでしょうか、それとも肉体的な病気でしょうか。これ以上伝導瞑想を続けるのは健康に良くないでしょうか。

答　それは緊張の結果です。伝導瞑想を始める前にリラックスするようにして、瞑想の間もリラックスするのを忘れないことです。

質問　私の伝導瞑想のグループに、瞑想の間中、首や肩を激しく振り回し、騒々しい人がいます。クンダリーニの火が上がっているからだと言うのですが、本当でしょうか。

答　いいえ、本当ではありません。多分、神経症的な緊張があるので、エネルギーが入ってくるとそうなるのでしょう。神経症的緊張がエネルギーの流れを滞らせるので、そのような反応が起きるのだろうと思います。動きを止めようと思えば、止められます。伝導瞑想は落ち着いた雰囲気の中で行われるものであり、他のメンバーの集中を妨げるような行為は慎《つつし》まれねばなりません。

質問　エネルギーのセンター（チャクラ）に滞《とどこお》りが起こる原因は何ですか。

答　エネルギーのセンター（チャクラ）はエーテル体にあります。肉体と重なりあって存在している対の体です。これらのセンターは、脊椎の中心を通っている管（スッシュムナ）に接続しており、前に出ています。丁度、円錐形のエネルギーが脊椎で出会っているような感じです。エネルギーは、一方から入って他方へ出ていくのですが、絶えず動いている流れであって固定していません。もしエネルギーがせき止められると、炎症が起こり、体液の流れが停止します。例えば、魂から、喉のセンターを通して流れるエネルギーを役に立たせていないために喉の筋肉が収縮しているとすれば、喉のセンターの詰まりが起こります。

いずれの方法にせよ瞑想をする人々は、必然的に魂からエネルギーを呼び招きます。アンタカラーナ、つまり魂に接続する管を築き、それを通して魂から各種の体――メンタル体、アストラル体、肉体――へ、エネルギーが流れます。ですから、その魂のエネルギーを奉仕の活動に使わなければ、それは各センターで滞《とどこお》りとなります。あなたはこう言うかも知れません。「いや、私は奉仕しています。一日二十時間も奉仕しています」と。でもあなたは、正しい奉仕の仕方をしていますか。最も抵抗の少ない、あなた自身の系統に沿ってやっていますか。魂のエネルギーを十分に使う方法で行わねばなりません。ただ常に努力するだけでなく、実際にエネルギーを使用して、奉仕していますか。例えば、あなたは、実際は、物を書いたり、語ったりすることを通して奉仕すべきなのに、肉体的な意味で奉仕していませんか。いろいろなタイプの奉仕の仕方があり、あなた自身のすべてを使わねばなりません。ある人は、ある面が得意であり、他の人はまた他の面が得意ですが、魂から注がれてくるエネルギーのすべてを偏《かたよ》らずに使うことによって、こうした滞《とどこお》りを防ぐことができます。

＊質問　（1）チャクラはエネルギー体の中にあり、脊柱に沿って位置していると本で読みました。アジュナ・チャクラもまた、脊柱の延長線上――頭の後ろ――にチャクラを持っているのですか。（2）そうではなく、アジュナ・チャクラは額にのみあるのならば、瞑想中に頭の後ろに感覚を感じるのはなぜで

すか。(3)アジュナ・チャクラは眉間にあるといいますが、それはまさに鼻梁の上にあるということですか。それともそれより高い位置にあるのですか。(4)正確にはどこにあるのですか。

答　(1)いいえ。(2)あなたが感じているのは、おそらく、喉のチャクラの波動でしょう。(3)鼻の付け根の上の眉間の部分です。(4)眉間です。額の真ん中にある第三の目の位置と混同してはいけません。

質問　日常の生活の中で何かに集中している時、時々、頭のてっぺんにちくちくするような感じを覚えることがあり、エネルギーが入ってくるような感じがします。そんな時、私はエネルギーの伝導をしているのですか。

答　人は、時々、エネルギーが自然に入ってくるのを感じます。これは普通、エネルギーの伝導(トランスミッション)ではありません。あなたが実際に感じているのは、百回の内九十九回までが、あなた自身の魂のエネルギーです。あなたの魂は、魂自体の次元に存在しており、それが本当の我々なのです。我々は魂です。我々の魂は、ほとんどいつもモナッド、霊の面に向かって瞑想しています。時折、その注目を転生している男や女である器に向けます。その時、魂は自身の反映であるところの肉体人間をエネルギーで覆《おお》います(オーバーシャドウする)。特に、器《うつわ》である肉体人間が伝導瞑想やその他の瞑想および奉仕の仕事に従事していたり、道の志向者や弟子やイニシエートであるような、発達した器である場合にはなおさらのことです。魂が降《くだ》ってきて、エネルギーをその器に、識心界《メンタル》であれ、情緒界《アストラル》であれ、エーテルおよび凝縮《ぎょうしゅく》物質の界であれ、あるいはこれら三つを組み合わせたものに、注ぎ込んできます。その時、伝導をしているような感じをあなたが受けるのですが、それは伝導ではありません。それは魂のエネルギーであり、実際伝導瞑想とは全く異なった感じなのです。それは何か頭の上に帽子を被せられたような感じであり、ちょうど眉の上あたりまで降りてきます。頭のまわりに、重い輪がはめられたような感じなのですが、それを頭の内側に感じるのです。そんな感覚がしたときは、それはあなたの魂のなせることです。徐々にそれぞれのエネルギーの波動（バイブレーション）の違いを感じ分けることができるようになります。三つのはっきりと異なった波動があります――アシュラムの波動、覚者の波動、あなたの魂の波動です。まず初めにあなた自身の魂の波動を知るようになることです。それは独特の波動であり、伝導瞑想中にあなたの頭に感じる感覚とは全く異なります。伝導瞑想中は、エネルギーは覚者方によってチャクラを通して送られてくるので、あなたはそれについて何もする必要はありません。あなたは、幾つもの管のついた器具のようなものであり、エネルギーがその管を通過し、自動的に高度が下げられて世界に出ていくのです。ですから、伝導瞑想は、魂のエネルギーとは全く異なったものでありますす。それから、キリスト・マイトレーヤのエネルギー、または様々な光線のエネルギーの違いを感じるかも知れません。これらはすべて、全く異なった感じがし、エーテル体の各チャクラに感じる感覚も違います。この過程に精通していくにつれ、異なったエネルギーを識別《しきべつ》することができるようになります。

質問　伝導瞑想と私の個人の瞑想の違いをどのようにして区別できるのでしょうか。

答　その時の状況とエネルギーの「感じ」によって区別できます。伝導（トランスミッション）は、グループであろうが個人であろうが、呼び掛け（祈願）の結果として行われるのです。一九四五年に大祈願が人類に与えられたのはこのためです。個人の瞑想の場合に、その人の魂のエネルギーが瞑想しているる人の器――メンタル体、および、あるいはアストラル体、および、あるいは肉体――に入ります（もし感じることができれば）。伝導瞑想においては、エネルギーは個人のチャクラを通過して世界に流れていきます。

質問　自分自身の魂のエネルギーの感覚は頭の周りに輪をかけられたような感じである（そしてそれを頭の内側に感じる）、そしてこれは魂が転生している男女（肉体人間）にその注目を向けるときに起こる、とあなたは述べました。このことが最近、私にますます頻繁《ひんぱん》に起こっており、ときには瞑想のとき（個人瞑想と伝導瞑想）、そしてしばしば無作為《むさくい》に起こります。またときには自分の意志でそれを喚起することができます。このようなことが起こるということは、正確に何を意味するのですか。またそれが起こるときに、私が特に行うべき視覚化とか心の状態とかはありますか。

答　魂はその注目をモナッド（上位）と、その反映である肉体人間とに交互に向けます。これらは周期的に起こり、その周期は個人により、また同じ一生の間にも様々に異なります。魂が（肉体人間の瞑想や霊的志向や奉仕に反応して）集中的に刺激を与える周期があり、そして比較的静かな周期があります。これらの時期に特別に行うべき視覚化とか、心の状態は特にありません。ただその出来事について認識するのみです。

質問　非常に強いエネルギーを感じるとき、例えばマイトレーヤからのメッセージを読むときなど、エネルギーが魂からのものか、覚者からのものか、またはマイトレーヤからかどうやって判断できますか。

答　マイトレーヤからのメッセージを読んだり、または声に出して言うときには如来のエネルギーを呼び起こさずに行うことは不可能なくらいです。それがメッセージの与えられた一つの理由です。それ以外に、強いエネルギー一般について答えることは難しいです。通常、そのようなエネルギーは自分の魂からと考える方がより正確でしょう。

質問　伝導瞑想をするとき、思考過程は止まるのですか。

答　いいえ、低位のマインド、つまり我々が頭脳と普通呼んでいるものの特質は考えることです。あのせわしない頭脳は猿のようにしょっちゅう跳びはねております。しかし頭の活動を緩和させる技術はいろいろあります。最も良い方法は、呼吸の速度をゆっくりさせることです。呼吸と思考とは同じ源から来ていることに気付くでしょう。呼吸を静めるにつれて、思考も静まります。思考を静めると、呼吸も静まります。この二つの過程は一緒に働くのです。エネルギーを伝導するために、思考を止める必要はありません。必要なことは、頭脳と魂との間を整列状態に保つことだけです。

質問　伝導瞑想中、私たちの思考が魂との整列の回路を曖昧《あいまい》にしますか。

答　はい。しかし、だからと言って、もし考えるならばエネルギーを伝導していないということではありません。それは程度の問題です。肉体の頭脳と魂が整列するや否やエネルギーは伝送されます。ですから伝導中あなたがしなければならないことは、その整列を保つことです。もしあなたがその整列を保ちながら同時に話をすることができるならば、あなたの思考はエネルギーに全く影響しません。必要とされる気の集中はその整列を保つための集中ですから、もしいつも整列状態が存在すれば、それを保つために集中することを必要としません。

妨げとなるのは、もちろん、思考の方向です。情緒の想念は本当にエネルギーを変色します。低位マインドの性質は考えることであります。しかしその思考を追わなければ、つまり思考に方向を与えなければ、エネルギーに大きな影響を与えません。もしあなたが思考を特定の人やグループや国家に集中させるならば、エネルギーを、その人間なりグループなり国家なりに向けることになり、それはまさに望まれていないことです。ですから、あまり考えない方がより良いのですが、低位マインドの活動がエネルギーの流れに重要な影響を持つというわけではありません。要は、完璧なのは最高ですが、どうしても完璧であることが必要なのではありません。

質問　伝導中に、否定的な思考が浮かんでくる場合はどうですか。伝導のエネルギーを変色してしまいますか。

答　はい、確かにそうです。霊エネルギーを、あなたの想念で変色してしまいます。私たちの希望や恐れや心配や夢や幻想――これらがすべてのエネルギーを変色します。しかし、あなたの意識が、集中度が高く保たれていれば、そのようなことは起こりません。あなたがそのようなことを考えているのは、みぞおちの方へ注意が集中されているからです。これらは実際には感情的な体験であり、それが想念として頭脳の低部にまで届くのです。もし伝導中、あなたが注意をアジュナ・チャクラ（眉間）に、気張らずに軽く集中させておけば、そのような感情的体験は、頭のレベルにまで上ってこないでしょう。それは感情的反応として残ったまま、遅かれ早かれあなたはそれに対処するでしょうが、伝導中に実際に起こることはないでしょう。ですから、意識を高く保持しておき、否定的にならないことが大切なのです。これは、非常に肯定的な、安定した、心的活動です。またテトラヒドロンの器具は、感情的想念を自動的にアースしてしまうので、貴重です。

質問　ジュワル・クール（D・K）覚者は、瞑想しすぎることの危険を警告しておられます。伝導瞑想は何時間も続きますが、危険ではないのですか。

答　通常の瞑想を長時間しすぎるのと、伝導瞑想を長時間することとを区別しなければなりません。もちろん瞑想のしすぎということはあります。すべての瞑想は多かれ少なかれ魂との整列をなし、魂からのエネルギーを受けるものです。しかし、いくらエネルギーを受けても、それを使いこなせる量は限られております。それを実際に使用しなければエネルギーは滞り、体液流の停止や炎症がどこかに起こり、ノイローゼが起こります。しかし、伝導瞑想をしすぎるということはありません。

現在のように、これほど強力な膨大なエネルギーがマイトレーヤの自由になったことはかつてなく、また、これらのエネルギーを世界に伝送することがこれほど差し迫って必要とされたことは、これまでにないのです。危機感がエネルギーを呼び招いたのです。それなのになぜ三十分や一時間にエネルギー伝導を限る必要があるのですか。二時間でも三時間でも、いやもっと長く続けることができるでしょうに。ロンドンの私たちのグループは四時間以上続けます。最近、この講演旅行中に行った伝導瞑想会では、七時間、九時間というのがありました。オランダでは、（私が出席していた会でしたが）十一時間も伝導瞑想を続けました。それでも長すぎるということはありません。長時間座り続けることは、肉体には負担ですが、我々に害を及ぼすことは決してありません。覚者方が管理しておられ、グループに応じて、必要に応じて、エネルギー伝導の長さを決めておられるのです。

　アリス・ベイリーの書の中で、D・K覚者《ジュワル・クール》は、エネルギーの伝導の仕事について述べていません。ですからそれに対して警告しているのではありません。彼は、瞑想を長時間しすぎることによって起こりがちな、消極的状態に浸りすぎることを警告しておられます。それは避けねばなりません。

質問　伝導瞑想中に陥《おちい》りがちな空白状態、頭の空っぽになった状態が気になるのですが。D・K覚者《ジュワル・クール》は、空っぽの頭で瞑想をしてはいけないと言われています。

答　頭を空っぽにしなさいと私は言っているのではありません。油断なく覚めていてオープンであるべきです。意識的に注意を眉間にあるアジュナ・チャクラに保持しておくべきです。もしこれをすれば、考える必要はありません。全然何も考えていないかも知れません。しかしあなたの頭は空っぽなのではありません。全く安定し、完全に覚めた、完全に意識した心の状態と、空白な心の状態との区別を、瞑想において、はっきりと見分けることを学ばねばなりません。空っぽの頭の状態よりも、思考が駆《か》け抜けていくような頭の状態の方が、より安定し、覚めていることができます。考えていない頭は、空白の状態の頭と同じではありません。

質問　（1）伝導瞑想中に強い不快な感情を定期的に経験するならば、そのような感覚がある程度静まるまで、伝導瞑想を一定期間停止したほうがよいでしょうか。それともそのような感情の中で、できる限り最善を尽くして続けてみるほうがよいでしょうか。（2）強い感情の刺激は伝導瞑想では普通のことなのでしょうか。

答　（1）感情的なバランスが回復するまで続けてごらんなさい。（2）アジュナ・チャクラに注目を保って正しく行うならば、強い感情の高まりを経験するのは稀《まれ》なはずです。

＊**質問**　私は週に一度か二度、伝導瞑想を行っていますが、過去のあらゆる感情的問題が沸き上がってくるのと闘っています。瞑想をやめるべきでしょうか、続けるべきでしょうか。過去の辛い経験で、意識の底に閉じ込めていたものが浮かび上がってきます。どうすればいいでしょうか。

答　続けなさい。その段階はすぐに過ぎ去るでしょう。

質問　伝導瞑想中、しばしば居眠りをしがちなのはなぜですか。

答　伝導瞑想中に人が眠ってしまうのには、二つの理由があります。一つは疲れすぎているため。もう一つは、膨大な霊エネルギーを吸収するのが肉体的に困難であるためです。グループの働きと、グループを構成している各個人の進化にとって、計り知れない大きな刺激が与えられています。肉体が最初のうちはこれをたやすく受け入れて保持することができないほどの強力なエルギーを扱うのです。エネルギーがエーテル体にあるチャクラに送られ、それを受ける時から、実際に肉体が、それをたやすく吸収することができるようになるまでの間に、時間的な差があります。伝導を続けているうちに、各個人の肉体は徐々に調子が整えられエネルギーをより多く吸収することができるようになります。しかし、そうなるまでは、たやすく眠ってしまいます。

質問　伝導瞑想中、自分を自己催眠状態におくことができますか。またはおくべきですか。あるいは、それは成し遂げようとしていることに反しますか。

答　自己催眠をかけずとも、多くの人は伝導瞑想の間中、ずっと目覚めていることは困難なようです。必要なことは、肯定的なメンタルな焦点であり、これは必然的にアジュナ・チャクラへの集中を伴います。

質問　伝導瞑想中に幻覚を見たり、メッセージを受ける人がおりますが、これは確かなものでしょうか。

答　多くの人が私に言います。「私たちは先週の金曜日に素晴らしい伝導瞑想会を持ちました。すべての覚者が来ておられて、そのエネルギーは素晴らしく、素敵でした。そして、私たちに素晴らしい教えを授けてくださいました」等々。これは馬鹿げたことです。完全なグラマーであり、自己幻惑、幻想です。何がなんでも慎むべきです。もしそれをやっているのならやめなさい。伝導中に覚者方はいかなる教えも授けません。単にグループの中の人々を通してエネルギーを伝導されるだけです。グループの周りにいるいわゆる〝覚者方〟とか〝教え〟とかは、人々のアストラルの想像です。多くの人々が心霊活動から、このより秘教的な仕事に参加してくるために、これも同じようなものと考えますが、そうではありません。いわゆる〝霊〟の世界と何の関係もなく、アストラル界の教師たちと何の関係もありません。これは科学的なプロセスであり、覚者方がブッディ（霊的直観）のレベルから働かれて、彼らのエネルギーを物質界にまで下げて変換伝導することができるのです。

質問　伝導瞑想中に覚者方からの交信はないと、

あなたは言いました。それなのに、メッセージを受けると主張する人々がいるのはどうしてでしょうか。彼らは単に気が狂っているのでしょうか。

答　多くのグループの中に、霊媒的な素質を持つ人々がおり、伝導瞑想中に彼らはあらゆる種類の交信を受けると信じています。彼らは気が狂っているのではありません。単なるグラマー（自己幻惑）です。それらは実際に起こっているのではありません。伝導瞑想中に覚者方は一切インフォメーションや教えを授けられません。このような人々はアストラル的（情緒的）な敏感性を持ち、彼らが受信するのは、通常アストラル界の第五亜界（レベル）にいる彼らの〝ガイド〟からか、あるいは彼ら自身の潜在意識《せんざいいしき》からのものです。世界に何十万という霊媒《れいばい》やアストラル的に敏感な人々が存在し、それは人生経験の自然な部分です。あまり高度なレベルではありませんが、人生経験の一部であります。私としては、彼らがそのような活動を、伝導瞑想活動の外で行う限り、別にかまわないと思いますが、純粋に科学的な仕事である伝導瞑想の純粋性を維持するために、そのような人々が伝導瞑想グループに留まることを勧《すす》めるべきではありません。

質問　伝導中に「霊界の存在」との接触《コンタクト》を持つことはあり得ますか。

答　はい、霊媒《れいばい》的素質のある人は受動的な否定的焦点をみぞおちのチャクラに置いたままにして、自分自身を感情《アストラル》・情緒界の霊存在からのコンタクトに開いてしまいます。すべてのタイプの瞑想の仕事に危険はつきものです。ですから、肯定的なメンタルの焦点を眉間のチャクラに保持しておくことが必要なのです。

質問　伝導瞑想は、通常のメディテーションのように、直観を強めますか。

答　はい。魂の特質を肉体人間《パーソナリティー》の生活に呼び起こすすべての活動（メディテーションや奉仕）は直観を強めます。伝導瞑想はダイナミックな促成栽培的プロセスであり、それによって魂の特性が強力に呼び起こされます。伝導中、すべてのチャクラが活発化され活気づきますから、マインドが非常に明晰になり、創造的になります。伝導を行うために必要な頭脳と魂との間の整列によって、アンタカラーナ——魂と頭脳との間の光の回路——は開かれたままに保たれますので、魂にとってその個人の直観力を高めやすいのです。

また、インスピレーション的活動が起こります。伝導中に、感受性のある個人のマインドに魂のレベルからアイディアが下《おろ》されます。多くの人は伝導中に非常に良いアイディアが浮かびます。しかしこれが目的ではありません。目的はエネルギーを変換し下げることによって、それが人類のより広い領域に役立つようにする奉仕の行為です。伝導瞑想の真の目的は、真の動機は奉仕です。

質問　アジュナ・チャクラに集中することは危険ではないですか。チャクラに気を集中させることは危険だと聞いたのですが。

答　確かにある特定のチャクラに、センターに気を集中することが危険であることがあります。特に横隔膜《おうかくまく》より下に位置するチャクラに気を集中することは危険が伴います。各チャクラに気を集中させるとエネルギーはそれに伴います。これは秘教の基本的公理であります——「世界にあるすべてはエネルギーであり、エネルギーは思考に従う」。

各チャクラの活動は、各人の光線のタイプに沿って、それぞれ正しい順序で目覚めさせられねばなりません。これに関して無知であると、大きな害を自分に招きます。目的は必ず、横隔膜《おうかくまく》以下の各チャクラからそれより上部の各チャクラへ、エネルギーを変性させることでなければなりません。そしてこれは、チャクラの正しいバランスと整列に沿って行われなければなりません。

識心的次元《メンタルレベル》を支配するチャクラは、眉間に位置するアジュナ・チャクラです。メンタル・レベルに意識を集中させていくにつれ、感情を支配しやすくなり、抑圧することなしに、変質変性することができます。アジュナ・チャクラは、それ以下のすべてのチャクラのシンセサイザー（合成するもの）として働き、そこに気を集中することは全く安全です。頭にあるハート・センターです。「私は、いつも胸（ハート）のチャクラを通して伝導しています」という人がおります。それは結構です。胸（ハート）のセンターを通過することなしにアジュナ・チャクラを通して伝導することはできません。伝導瞑想中は、自信をもってアジュナ・チャクラに気を集中させておいて大丈夫です。

質問　私は絶えずアジュナ・チャクラに注意を集中させる癖があります。日常の生活の間でさえも。これは危険ではないですか。

答　全然危険ではありません。あなたが本当に絶えずアジュナ・チャクラに注意を集中し、そこに保持しているならば、あなたはメンタルへの偏極《へんきょく》をかなり成し遂げています。しかしながら、通常強い感情的反応を刺激するような状況に置かれたとき、あなたの意識はアジュナ・チャクラに留まっていますか。あるいはみぞおちのチャクラの方に落ちてしまっていますか。それがテストになるでしょう。

質問　眉と眉の中間に気を集中させると、そこに目があるように感じるのですが、これは第三の目ですか。

答　そのチャクラ、つまりアジュナ・チャクラは第三の目ではありません。第三の目（心眼）は実際に頭の内部にありますが、アジュナ・チャクラは前面にあります。第三の目、心眼というものは、その弟子自身の活動によって創造されるものです。鼻柱の背後に位置する脳下垂体はアジュナ・チャクラに関連しており、頭の中心にある松果腺は頭部センター（頭の頂点）に関連しています。瞑想は、これらの分泌腺の活動を徐々に増大します。脳下垂体と松果腺の活動が瞑想を通して活発になるにつれ、各々から発する輝き、光が拡がり、両者の間に磁気的接触ができ、二つのセンターが重なり合うところに一つの場ができます。そこに第三の目が生まれるのです。そして高度な霊視が利くようになります。これはアジュナ・チャクラそのものとは異なったものです。

ですから、伝導瞑想をするとき、あなたは注目を第三の目に保持するのではなく、眉間にあるアジュナ・チャクラに保つのです。そこに何か圧迫を感じるのは、エネルギーがそのセンターを通して流れているからです。あなたは、伝導瞑想の間中、そこに気を集中させておくべきです。ほとんどの人は、みぞおち、またはそれ以下のところに気を集中させていますが、実際は、いつもアジュナ・チャクラに保たれているべきです。ここが統治するセンターです。

あなたがそこに焦点を置いておく限り、あなた自身とあなたの思考活動をコントロールすることができます。またそこから、あなたは、感情活動の中心である太陽神経叢《たいようしんけいそう》（みぞおち）のセンターをコントロールすることができます。このセンターをコントロールすることなしには進化の過程において、いかなる向上もできません。感情活動を抑圧するのではなく、変質変性し、高めていくのです。

＊質問　私は三年間、伝導瞑想のグループにおり、一週間に二回、一時間ずつやっています。瞑想の後は、とても明晰になって、朝の三時か四時頃まで眠れないのです。朝は五時に起きなければならないので、仕事に差し障りがでるのです。何か良いアドバイスはありますか。

答　これは、伝導瞑想のグループの共通の問題です。私は伝導瞑想の後は何時間も眠れません。ですから、目覚めている時間を有効に使うことです。仕事をしたり、読書をしているうちに、やがてリラックスして、眠たくなるでしょう。私があなたにお勧めしたいのは、伝導瞑想の時間を徐々に延長して（二～三週間ごとに、十五分ずつ増やして）三時間くらいまでできるようにしてごらんなさい。そうすると、おそらく眠りたくなるでしょう！

写真の左側の部分に顕著な光の束が見られる。これは、伝導瞑想中に人々を通った霊エネルギーが、次にテトラヒドロンを通して伝導される様子が覚者の助力によって写真撮影が可能になったものである。（テトラヒドロンについては106〜110ページ参照）

第五章　伝導瞑想を効果的に行うには

〔編註〕伝導瞑想を効果的に行うために不可欠である魂と肉体頭脳との整列に関する詳細な説明は第九章『整列を保つ』を参照してください。

質問　いかにして、私たちはより良いエネルギーの伝導体になることができますか。

答　より良い伝導体になるための最高の方法は、より多くの伝導の仕事をすることです。自《おの》ずと調整されて行きます。やればやるほどより良い伝導体になります。この仕事をしていると、エネルギーによって自分自身が変化せざるを得ません。始めはとてつもなく強力に感じたエネルギーを、六カ月後には気付くこともないくらいになります。あなたのチャクラはそのエネルギーに慣れて、吸収しているのです。つまり、それだけあなたが変化し、慣れてきたのです。その次にあなたが気付くエネルギーは、さらに強力なものです。伝導瞑想を数多く行うことによってのみ、より強力なエルネギーをより効果的に伝導することができるようになります。

またあなた個人の瞑想を通して魂とのつながりをつくっていきます。この惑星を救い、奉仕する方向に向けられた思考と行動はすべて魂と肉体人間であるあなたとの間のつながりを正していくことになります。あなたの志向の思いと瞑想と奉仕の行為、これらすべてが一緒になって、アンタカラーナ、つまり魂と肉体人間との間の光の架け橋がつくられていきます。絶望感や否定的思いや、失望に打ちのめされることなく、志をできるだけ高く保持しなさい。それから瞑想にしろ、奉仕にしろ、あなたの行う仕事に対して、執《とら》われを持つことなく対処しなければなりません。
目に見えない隠れた仕事、ハイアラキーの弟子または使徒の仕事というものはすべて、世の中が必要とすることをできるだけ客観的に執着を持つことなしに、自分にできる限りの力で満たしていくことです。キリスト・マイトレーヤは言われます。「あなたの兄弟たちの窮乏を己の行動の尺度となし、世の中の問題を解決しなさい」と。何事にも客観性を持って行動しなければなりません。必要があればその必要を満たしていく、ただそれだけなのです。そこに感情や執着心があってはなりません。
執《とら》われのない心で伝導瞑想を行うことで、あなたは世界に奉仕しているのです。これを何気ない普通の仕事のようなつもりでやらなければいけません。この仕事をするから、何か自分が偉く思えて、「我々は強力に世に奉仕している」というような気になるのは、自己幻惑《じこげんわく》です。

＊質問 覚者方は「恩寵《おんちょう》」を授けることができますか。例えば、もし覚者に手短に祈って、伝導瞑想を効果的にできるように「恩寵《おんちょう》」をお願いしたら、（1）その願いは聞かれますか。（2）覚者は言われた祝福を与えることができますか。（3）彼はそれを授けるでしょうか。

答 （1）はい。（2）はい。（3）はい。

質問 伝導瞑想の仕事をするにあたって、自己観察、自己認識および覚《さ》めた心は必要ですか。

答 覚《さ》めた心（マインド）は必要です。自己観察は別に必要ではありません。自己認識や自己観察は、伝導瞑想の仕事の中では強調されません。この仕事は奉仕なのです。ですから伝導瞑想の仕事をする人々は、当然ハイアラキーの覚者方の弟子となることを願う志向者か弟子たちであると推測されます。ですから伝導瞑想とは別に、彼らは当然、自己向上の努力をしているものと考えられます。伝導瞑想の仕事は自己向上の努力の代わりにするものではありません。自己開発のために必要と思う実践は各人それぞれにやっています。ですから、伝導瞑想のグループに参加するために、特に強調されることではありません。

伝導瞑想会の中で、教えは行われませんし、自己開発のプログラムもありません。しかし、エネルギーを伝導しているうちに自己変換をせざるを得ません。

意識した覚《さ》めた心（マインド）は必要です。意識を高く保っておくことができなければなりません。これは難しいことではありません。完全な、揺らぐことのない、固定した注意力をアジュナ・チャクラに保たなければならないと言うわけではありません。全く、無理なしに、そこへ注目を保つのです。もし落ちてきたら――誰でも経験することですが――意識が彷徨《さまよ》い出します。それに気付いたら、OM《オーム》を心のうちで唱えることです。

自己認識、自己開発、自己観察というものは、日常の生活の中で実践するものです。伝導瞑想は、他の種類の瞑想や訓練を締め出すものではなく、むしろ他にどのような実践をしていようと、それをさらに深め強力なものにする作用をします。

質問　伝導瞑想会において、男女の席順は関係ありますか。

答　あるともないとも言えます。どれだけ忠実にやりたいかによります。六、七人以上になれば、男女が分かれて座ることを勧めます。U字型か輪になるかは大して重要ではありません。六、七人以下であれば、どのように座ってもかまいません。私たちが男女に分かれるのは、ただ覚者方の仕事をやり易くするためです。七人以上であれば分かれて座るのは意味のあることですが、それ以下であれば大した違いはありません。私のグループでは、私が伝導瞑想の中心になり、私の左側に男性、右側に女性を座らせます。これは単に覚者方の仕事を便利にするためです。我々にとって席順は関係ありません。覚者方に関係あります。

すべてのエネルギーには陽と陰の二つの極があり

ます。男性は陽極のエネルギー、女性は陰極のエネルギーを伝えます。これは非常に高度な科学であり、覚者方は、エネルギーを常に個人を通して伝導しているのではなく、エネルギーの極として使っているのです。

私の経験では、女性の方が男性よりも、ある種のマイトレーヤのエネルギーを受けやすいようです。マイトレーヤのエネルギーに、より調和しています。男性と女性の数のバランスが取れているほうが、やり心地は良いですが、エネルギー的には、全く関係ないと思います。例えば、アメリカでは、ほとんどのグループは、女性の数が男性より多いのですが、オランダでは、その逆です。

エネルギー的違いは、極に関係しています。例えば、女性が九人で男性が一人のような場合、その男性は非常に忙しく使われることになります。九の陰極に対して唯一の陽極であるわけですから。しかし覚者方は、何の問題もなくそれを操作されます。公開集会の場で行う伝導瞑想では、男女自由に座っておりますが、それでも同じように伝導ができます。覚者方の仕事が、ちょっと余計になるだけです。

質問　伝導瞑想に使われる正四面体《テトラヒドロン》型器具の役割を説明して下さい。またピラミッド型（方錐形・五面体）と、どう違いますか。

答　ピラミッドは、アトランティス文明の時代の道具でした。それは、アストラル界のエネルギーを引きつけるために造られたのです。アトランティス時代の人間の目標はアストラル体を完璧に発達させることであり、見事にそれを成し遂げました。ピラミッドはアストラル界のエネルギーに焦点を合わせるために造られたものです。その当時、それが使用可能の最高レベルのエネルギーだったのです。らせん状に上へと回転するにつれて、現在、我々はアトランティス的意識から抜け出しつつあります。しかし人類の大多数の意識は未だアトランティス的であり、アストラル（感情）体に意識の焦点があります。新しいアクエリアス（宝瓶宮）の時代には、その焦点が識心体《メンタル》に移るでしょう。識心界《メンタル》のエネルギーを引きつけるための道具が正四面体《テトラヒドロン》です。ある種の形は、それに備わったエネルギー的特性を持つという原理によるものです。この器具は二つの役割を果たします。器具の中心にある水晶が、流入してくるエネルギーを混ぜ合わせ、磁石がそれを強めます。一種類のエネルギーだけということはなく、多くのエネルギーが送られてきます。この器具がエネルギーを変換し一段と下げて（つまり、変圧器が電力の電圧を下げるように）、同時に下がったその段階（レベル）で、エネルギーの力をより強めます。そしてそれが金の円盤を通して世界に送られます。人類が一般に使用し、吸収することができるような、一定の力で、必要とされる所に送られます。どこへ送るのかという判断は、我々ではなく、覚者方によってなされるのです。これが正四面体《テトラヒドロン》器具の価値です。同時に、メンタル界より下のエネルギーを自動的に接地して、伝導している人々のアストラル的想念が霊エネルギーを変色しないようにします。これは重要な機能です。

質問　テトラヒドロン器具はエネルギー伝導の効果をどのくらい高めますか。

答　テトラヒドロン器具そのものがエネルギーを導入するのでもなく、エネルギーの受信を向上させるのでもありません。それはエネルギーの伝送を向上させます。エネルギーは覚者方から直接我々のチャクラを通してきます。そして、我々から器具へ行きます。この器具は伝導の仕事に本質的なものではありませんが、有益な付属物です。これらの器具は現在世界中に非常にわずかしか存在しませんが、伝導瞑想グループはたくさん存在し、同じく良い仕事をします。この伝送器はエネルギーをさらに変換し、我々のチャクラを通過することによって下げられるよりも、さらに低位のメンタル界に下げることができます。そしてその低められたレベルで最終的にその力を高めます――つまり強化です。

それはまた、エネルギーがメンタル界の低位レベ

テトラヒドロン

ルで送られていくことを保証します――それが器具自体の次元です。テトラヒドロン（正四面体）という形であることによって、エネルギーを自動的にメンタル界にまで変換し、下げるのです。もし、これがピラミッド型（方錐形・五面体）でしたら、エネルギーはアストラル界にまで変換するでしょう。それは刺激したくない界です。ですから、端的《たんてき》に言うと、テトラヒドロン器具は付属物であり、仕事の役に立つものですが、欠くことのできないものではありません。

＊質問　テトラヒドロン（正四面体）器具は実際、エネルギーの伝導の仕事にどのくらい重要ですか。

答　テトラヒドロンは、伝導瞑想のグループのあらゆるアストラルタイプの想念形態を接地させるにあたって非常に効果的な器具です。エネルギーは覚者方から純粋な形でやってきて、最初に世界奉仕者の新集団に向けられ、それから様々な方法でその他のグループや世界中に広められます。その過程において必然的に、エネルギーがますます下げられるにつれて、それはグループのアストラル想念形態によって変色するようになります。長年にわたって続けている伝導瞑想グループの場合でもそうです。そのため、電気を接地させなければならないのと同様に、アストラル想念形態を接地させなければなりません。それがこの器具によってなされるのです。

さらに、エネルギーは宇宙の源、太陽系の源、惑星外の源から覚者方のところへやってきて、覚者方はそれを一段と下げ、その下げられたレベルで送り出しますが、それでも非常に高いレベルにあります。それは伝導瞑想グループを通り、さらに一段と下げられます。その過程は自動的です。それから、エネルギーはグループの人々からテトラヒドロン器具へと流れ、テトラヒドロンは、ハイアラキーが下げるよりもさらに一段と下げます。この場合のハイアラキーとは、覚者方と伝導瞑想を行う人々のことです。そして、その一層低いレベルで、エネルギーは強化されることにもなります。そのため、覚者方と伝導瞑想グループの人々から出ていったときよりもさらに低いレベルで光の束となって出ていきます。それは、最終的には弾みをつけられ再活性化されますが、メンタル界の低位レベルにおいてその器具によって調整され、そのようにして世界に送り出されます。ですから、テトラヒドロン器具は伝導瞑想と大いに関係しており、非常に有益な器具であります。

この器具の作成に関する青写真は、伝導瞑想グループが形成される前に、私の師によって私に与えられました。エネルギーを蓄えることのできる、テトラヒドロンに連結した器具もありました。ですから、エネルギーはグループを通ってこの器具に蓄えられるはずでした。グループのメンバーを通過し、テトラヒドロンを通過した後、蓄えるための装置です。他の何を作るよりも、これには時間がかかりました。私はこの装置を作るだけで、何週間もかかりました。それはバッテリー、霊的エネルギーのバッテリーでした。しかし、私が使ったのは一回だけであり、その後、それを脇に置くように言われ、使われませんでした。おそらくそれ以降は、人々がそのバッテリーになったのでしょう。

質問 各伝導瞑想会はテトラヒドロン器具を購入する価値がありますか。

答 もし、経済的に可能ならばぜひ購入することを勧めます。どうしてもなければならないということはありませんが、伝導にとって大切な器具です。それほど高価なものでもありません。グループの人数が多ければ多い程、一人当たりの負担は少ないでしょう。非常に良い投資です。グループの効率を高めることは確かです。

重量がおよそ百グラム以上で、直径十センチ位の金の円盤と、重量が約百二十五グラム以上で、直径十三センチ位の銀の円盤が必要なので、費用は金銀の値段によって左右されます。24金が最高ですが、22金でも十分です。18金でも、まあまあ大丈夫ですが、それ以下の純度になると、エネルギーの波動またはレベルの高度なものは、かなり失われてしまいます。その他の材料、磁石と約一キログラム位の水晶とガラスのケースは高価なものではありません。制作のための青写真については、伝導瞑想グループが少なくとも二年以上確立されており、正しく継続されているならば、テトラヒドロン器具をつくりたい旨の申し込みがあれば、提供されます。

この器具のまわりに座ることによる副次的効果もあります。これには驚きます。ロンドンで一九七七年四月以来、毎年催されている「マインド・ボディ・スピリット・フェスティバル」に、我々も参加してきましたが、いつもこの器具を我々のブースに持って行きます。そこで二、三時間おきに、伝導瞑想を行い、公衆の参加を招きます。人々は、マイトレーヤがこの世に降臨されたという事実よりも、テトラヒドロン器具の方により関心を示します。目で見ることができるからです。現代はテクノロジーの時代です。これが何であるかを知っており、役に立つことを知ってやっている場合に、そこに、それなりの雰囲気が創られます。

私のアトリエでの伝導瞑想会が、もしその中心にこの器具がなかったら、同じように感じられるかどうか分かりません。その存在がなければ淋しく感じると思います。見た目にもとても美しいものです。また、それは、自分がやっていることの効能のシンボルでもあります。人は言います、「私は何も感じないのですが、何かしているのですか。今夜はあまり集中できなかったようです。あまり役に立ったような気がしませんでした」と。しかし、そこに器具があると、自分たちは何もしなかったようだけど、その器具が何かをやってくれているような気がして安心するようです。

質問　テトラヒドロン器具を、どの方角に向けて置けばよいのですか。正面を北か南に向けるのですか。

答　テトラヒドロン器具は、方向づけは必要ありません。器具の中に置かれた磁石による磁場は、実際、地球の磁場よりもずっと強力なものです。もしそのような道具がなくても、単なる正四面体《テトラヒドロン》を、北と南に向けて整列させれば、メンタル界のエネルギーをひきつけます。しかし、我々はそれによって条件づけられておりません。というのは、伝導瞑想のエネルギーは地球のメンタル界から来るのではなく、ハイアラキーから来るものだからです。器具は、その形のゆえに、エネルギーを、メンタル界に下げるのです。それがその形の力であります。ですから、どんな方向に向けてもかまいません。

しかし、中の金盤を誰かに向けて置くべきではありません。テトラヒドロンがあるときは、グループは円形ではなく、半円形、馬蹄形《ばていけい》に並ぶべきです。時折、人数が非常に多い場合、輪が器具を取り巻いてしまうことがあります。そんな時、覚者は、「大丈夫だ、エネルギーの光線《ビーム》を曲げよう」と言われます。しかし、グループが器具の両側に分かれて座るようにし、金盤からでていくエネルギーのビームの道を妨げないようにした方が良いのです。

質問 私たちの通常の伝導瞑想にクレーム先生が参加すると、グループ全体のオーバーシャドウになるのですか。

答 私が加わると、エネルギーの伝導が、マイトレーヤのオーバーシャドウになります。マイトレーヤの意識とエネルギーが私を覆《おお》いますから、私と共に居るグループ全体がオーバーシャドウされます。そして、その伝導瞑想に参加している人々の霊的成長をマイトレーヤは助長なさいます。ですから、それ以後、その人の伝導する能力は高まります。

キリストであるマイトレーヤの役割の一つは、「幼き者たち、キリストにある赤子、の養育者」として働くことです。つまり、それは第一と第二段階の(惑星レベル)のイニシエーションをすでに受けた者たちのことであり、彼らが第三段階、「変容」のイニシエーションに備えるために、キリストの霊的「滋養」を必要とするのです。ハイアラキーの見地からみれば、これが最初の真の魂のイニシエーションです。

現在、一つの実験が行われており、この「滋養」が、マイトレーヤによるオーバーシャドウを受けることのできる弟子（クレーム）を通して、単に第一段階のイニシエーションしか受けていない者たちにも与えられています。あなた自身は特にものすごい違いを感じないかもしれませんが、それが行われております。そしてそれは累積的であり、ますます高まります。同時に、マイトレーヤが世界に創っておられる光のネットワークに、自動的につながります。各伝導瞑想グループの一メンバーとしてのあなたと、そして各グループが、全体として光の網のネットワークにつながり、波長を合わせます。ですから、伝導瞑想をするためにグループで座るたびに、あなたは自動的に、内的次元で、そのネットワークにつながります。それは、マイトレーヤが来たるアクエリアス（宝瓶宮）の時代における仕事のために育成しておられるグループです。

マイトレーヤは、御自身が働きかけることのできる弟子や志向者たちを、いつも世界中に探しておら

マイトレーヤの祝福のエネルギーがベンジャミン・クレームを通して伝導瞑想グループのメンバーに送られる。

れます。マイトレーヤが世界を変えるのではありません。これを我々は認識しなければなりません。マイトレーヤは世界を変えるためにやって来られたのではありません。世界を変える方法を、我々に示すためにやって来られたのです。我々を鼓舞し、活気づかせ、導き、我々の裡《うち》にすでに宿るものを喚起するために、この世に居られるのです。仕事を実際にするのは、マイトレーヤではなく我々です。我々自身がこの世界を変えなければなりません。

***質問**　なぜオーバーシャドウの間には頭頂のチャクラに注目を保つ必要があるのですか。

答　なぜなら、それによってマイトレーヤがグループに霊的滋養を与えることを可能にするからです。エネルギーは真っすぐに頭頂の蓮華（チャクラ）の中に入り、そこに保たれ、それから下方に反映します。マイトレーヤは、エネルギーを眉間、のど、ハート（胸）のチャクを通して（ある一定の量を――個人によりますが）世界に分配されます。ですからそれは、滋養を与えるプロセスであると同時に、伝導瞑想で通常行われるのような、科学的なエネルギー分配でもあります。

***質問**　オーバーシャドウでない時に、頭頂のチャクラに注目を置くことはなぜ危険なのですか。

答　すべての人にとって危険というわけではありませんが、ほとんどの人々にとっては危険です。誰にとって危険であり、誰にとってそうではないかを、私がここで言うことはできませんから、アジュナ・チャクラに注目を保つことが、広い一般的なルールとして与えられているのです。

質問　居眠りをしていても、マイトレーヤの祝福（伝導瞑想中の）は私たちを変容させますか。

答　はい、祝福は個人を変容させます。祝福は魂の界から出て、個人の魂に与えられます。整列とはそのことを言っているのです。だから伝導瞑想の間に整列を保つことが必要なのです。肉体頭脳は魂と固く連結を保ち、整列していなければなりません。そうでなければ、連結の回路は失われてしまします。ほとんどの人は眠っていないとしても夢想しています。アストラル的な夢想の中におり、伝導瞑想の大半を空想に費やしています。

　ですから実際のエネルギーの伝導の時間が一時間に六十分ではなく平均三分半ということになるのです。常に整列が保たれていれば、伝導時間は一時間に六十分になるでしょう。ですから、魂との整列を保つことは非常に重要です。しかし参加している「人」は祝福を受けます――ここで言う人というのは魂のことです。私たちは魂であり、自分たち自身を魂と考えることに慣れなければいけません。魂が真人――転生した魂――です。三つの体を備えたこのパーソナリティーは単なる構造であり、魂である真の人間にとっての器にすぎません。魂が祝福を受けます。その祝福が器である肉体人間に影響――肉体、アストラル体、メンタル体資質への刺激――を与えます。しかし実際の祝福は進化の途上にある転生中の「神の子」のためのものです。

質問　お互いに触れることによって低位の波動（バイブレーション）を転移し得ると聞きました。それならなぜ、あなたが伝導瞑想の席にいる時、手を握ることを参加者に要請するのですか。

答　お互い触れることによって、「低位の波動」を一方から他方へ転移することができるのは本当です。それなら、お互い触れることによって、「高位」の波動を同様に転移し得ることも本当であるに違いないでしょう。私が出席する伝導瞑想の間、私はマイトレーヤによってオーバーシャドウされます。マイトレーヤ御自身、平衡《へいこう》の霊によってオーバーシャドウされておられ、統合の大聖《アバター》のエネルギー（またはシャンバラのフォースと仏陀のエネルギー）を伝導なさいます。それは、私を通して、そしてグループが手をつなぐことによって、グループのオーバーシャドウになります。（そのグループはマイトレーヤによって霊的に「滋養」を与えられます）

私の体験では、「低位の波動」を他の人から受けることを最も恐れている人々こそ、いつも決まって彼ら自身の中に改善すべきものがあるようです。

質問　（1）クレームさんが参加するときのオーバーシャドウによる伝導瞑想以外のときに、瞑想中メンバーが手をつなぐ必要はありますか。（2）クレームさんが臨席していないときでも、グループのメンバーの誰かを通してオーバーシャドウが行われることはありますか。

答　（1）いいえ、手をつなぐ必要はありません。（2）私が出席していないときはオーバーシャドウは起こりません。伝導瞑想は霊的《スピリチュアル》エネルギーの伝導であり、霊的《スピリチュアル》エネルギーのオーバーシャドウは、私がいるときだけ行われます。しかし、メンバーの中の霊媒《れいばい》的傾向の強い人を通して、情緒・感情《アストラル》エネルギーによる一種のオーバーシャドウが行われる場合があります。霊媒《れいばい》的素養のある人は、アストラル界の霊に利用される傾向があります。そのような素質のある人は、アストラル界の霊に利用されないように、知力をもって、意志の力をもって決意することが大切です。そして瞑想中、意識を眉間《みけん》のアジュナ・チャクラに、しっかりと保持しておくことが大切です。霊的《スピリチュアル》エネルギーとアストラル界のエネルギーをはっきりと識別《しきべつ》するようにならなければなりません。伝導瞑想はアストラル・エネルギーを扱いません。

質問　あなたの講演会におけるマイトレーヤのオーバーシャドウの間、イニシエーションが行われているのですか。

答　主要な惑星レベルのイニシエーションの意味では否です。しかしフォース（エネルギー）の伝達はすべて一つのイニシエーションであるという意味においては然りです。講演会の時に放出されるフォースと聴衆のチャクラに与えられる刺激は一種のイニシエーションのようなものです。会場の人々は変化し、彼らの波動は高まり、そして彼らの心のあり方が、エネルギーに反応し吸収することができる程度まで改まります。

＊質問　あなたの講演会で、あなたがマイトレーヤによってオーバーシャドウされているとき、私たち聴衆は、（1）目を閉じるべきですか、（2）あなたを見るべきですか、それとも（3）あなたは見つめられないのを好みますか。（4）私たちは注目を額のセンターに置くべきですか、それとも頭頂に置くべきですか。

答　（1）そうした方がいいですが、どちらでも結構です。（2）（3）お好きなように、私は気にしませんから。（4）頭頂です。

＊質問　講演会や伝導瞑想会のときに行われるマイトレーヤとサイババのあなたへのオーバーシャドウをビデオカメラやテープレコーダーに記録すると、（1）ビデオテープやカセットテープは何らかのエネルギーで磁化されますか。（2）もしそうだとしたら、それはどんな種類のエネルギーですか。そのエ

マイトレーヤにオーバーシャドウされているベンジャミン・クレーム
（1993、東京講演会にて）

ネルギーがテープをかけている間に放出されるとして、これらのエネルギーを放出するために磁化されたテープをかけるのに最も有益な状況は何ですか。（3）テープをコピーすると、新しいビデオテープやカセットテープにもこれらのエネルギーは転移されますか。

答　（1）はい。（2）愛のエネルギーです。（3）はい。

質問　幼い子供たちが伝導瞑想の行われている部屋に同席するのは害があるならば、講演会において マイトレーヤのオーバーシャドウの間、彼らが会場に居るのも害がありますか。

答　いいえ。彼ら（十二歳未満）のチャクラはまだ十分に安定していないので、伝導瞑想グループにおいては、覚者方は伝導するエネルギーの衝撃から彼らをたえず保護しなければなりません。これは覚者方のエネルギーの無駄遣いです。しかしながら講演会においては、マイトレーヤは各個人に向けるエネルギー量を容易に調節することができます。オーバーシャドウの間に私が見ている各人に与えられるエネルギーの力の増加や減少について、私は完全に認識しています。

質問　タバコやアルコール、およびマリファナやＬＳＤ等の幻覚剤の使用について、どう思われますか。伝導瞑想の妨げになりますか。

答　すべて、身体に良くないものは、とてつもなく強大な霊エネルギーの衝撃《しょうげき》に耐《た》えてそれらを吸収する能力の妨げになります。身体が純粋であればある程、これらのエネルギーを吸収しやすいです。しかし、あまり狂信的にならないことです。私は導師（グル）ではありませんし、あなたがたに、何をすべきかを言っているのではありませんが、一切の麻薬を断つことは伝導瞑想の前提条件であると思います。

麻薬は、霊的修行にとって害となるものです。神経組織を破壊してしまうからです。神経組織は、魂と肉体人間との間をつなぐ、物質次元側の環《かん》であります。エーテル体側には、肉体の神経組織に相当するものがあります。「ナディ」と呼ばれている無数の光の繊維《ファイバー》であり、神経組織全体に重複しております。人が死ぬ時には、このナディが神経組織からプツンと切れて、エーテル体が肉体から離れます。

ＬＳＤやその他の幻覚剤は、神経組織に非常に有害な影響を与えます。その影響がどのようなものか、知られているものも、全く知られていないものもあります。肉体とエーテル体の間にあるナディの網を損なう危険があります。これらの幻覚剤を使用したときに経験する幻覚の多くは、このナディの破壊によるもので、精神異常にもつながります。

質問　マリファナも、麻薬と考えられますか。

答　もちろんです。マリファナは、神経組織に長期にわたる有害な影響を与えます。もし瞑想するのでしたら、マリファナを吸うべきではありません。

質問　タバコはどうですか。

答　タバコは不愉快なものであり、身体の生気《バイタリティー》を低めますから、やめるべきだと思います。

質問　アルコールやコーヒーはどうですか。

答　アルコールは、二種類の影響を及ぼします。少量のアルコールを飲むことは、身体に肯定的効果があります。一種の強壮剤的刺激を及ぼします。大量に飲むと有害であり、これは避けるべきです。

コーヒーは、一種の毒です。肝臓と神経組織に有害です。身体のアドレナリンの製造を速めますが、思考過程を鈍らせます。長期的には、神経組織を非常にもろくします。

質問　アスピリンはどうですか。

答　アスピリンは害があり、絶対にやめるべきです。もし一時的効果を求めるならば、ホメオパシー療法を使うことをお薦めします。非常に精練された薬剤なので全く無害です。

質問　身体の純度を高めるために、食事法を改良するとか、我々の生活の中でできることがありますか。

答　私は、このような質問に答えるのに適した人間ではありません。私はそれほど徹底していませんから。私は肉体のことは忘れます。全然考えず、特に純化しようともしません。好きなものを食べ、好きなものを飲み、私がやらなければならないことをやれるように、肉体が協力してくれます。私は肉類は食べませんし、気分を悪くさせるものは食べません。

肉類をいくら食べても伝導瞑想をするのには関係ありません。しかし、もしあなたがイニシエーションを受けるのであったり、非常に速く霊的向上をしたいと思ったり、または身体が受け入れることができる限りの高度の波動の霊エネルギーを吸収したいと思うならば、肉を食べるのはやめるべきです。それは動物に宿る波動に関連しています。四足動物の肉の波動は否定的《ネガティブ》です。鳥肉は四足動物ほど否定的《ネガティブ》ではありません。魚は、否定的《ネガティブ》でも肯定的《ポジティブ》でもなく、中性です。野菜は肯定的《ポジティブ》です。

ハイアラキーの弟子である者にとっては、菜食主義が普通であるべきです。無理せず自然にそうなっていきます。とにかく、あまり狂信的にならないことです。肉体に執《と》われないことです。肉体はそんなに重要なものではありません。我々がこの世でなさねばならないことをなすために、役に立つ道具を提供してくれるのです。

質問　食事を消化している間、頭はやや鈍るので、瞑想の前に食べることは勧められません。（1）伝導瞑想に参加することに関してもやはりそうでしょうか。（2）もしそうならば、伝導瞑想を行うどのくらい前に食事を済ませるべきですか。あるいは全く関係ありませんか。

答　（1）はい。消化しにくい食事をとると、伝導瞑想に必要な認識とメンタル集中を鈍らせます。（2）人それぞれ消化のスピードが違いますから、明確な数字を出すことは不可能です。伝導瞑想までに少なくとも一時間の間があるのが妥当だと思います。そして軽い食事が望ましいです。

質問　私は伝導瞑想のグループにいますが、仕事の関係上（機械工業）、毎日、高いレベルの音と振動にさらされています。これはエーテル体に悪い影響を与えるでしょうか。またそれが私の伝導瞑想の質に影響を及ぼしますか。もしそうならば、何か自分を保護する方法はありますか（仕事をしている間、注目をアジュナ・チャクラ《眉間》に保つように心掛けてきましたが）。

答　大きな、継続した騒音レベルは確かにエーテル体に影響を及ぼします。しかしその人の伝導瞑想の質には影響を与えません。騒音に逆らわずに、騒音に〝沿っていく〟ことを学ぶことくらいしか、あなた自身を保護する方法を私は知りません。

質問　私たちの肉体が伝導瞑想に最も良く耐えることができるようになるために、なにか良い肉体的訓練はありますか。

答　椅子と柔らかい座蒲団と背中に当てるものが何かあれば十分でしょう。それに良い空気、眠くならないように十分に空気の流通を良くすること、それだけです。他に色々たくさんあると思いますが、それは私の教えるべき分野ではありません。自分の肉体に合ったもの、運動であろうが、食べすぎないことであろうが、食事法を変えることであろうが、それは自分たちで見つけることです。これらはすべて物質界のことです。霊的見地からすれば、個人的な瞑想があります。伝導瞑想は個人の瞑想を除外しません。あなたの魂との関連で行う個人の瞑想を毎日、朝晩十五分ぐらい続けることです。それは伝導瞑想によってさらに効果的なものになるでしょう。あなたがどの形の瞑想を行っていようと、もし伝導瞑想も行うならば、それらはより効果をあげ、強力になるでしょう。

第六章　エネルギー伝導の特性

質問　伝導する霊エネルギーは、どこから来るのですか。どんな種類がありますか。

答　覚者方が理解しておられるエネルギー伝導の話は、非常に複雑で、まことに深遠な秘義であり、話す術もありません。私も、この同じ質問を覚者である私の師にしたことがあるのですが、「とても説明できるようなものではない。お前の理解を全く越えるものである」と言われました。覚者方の使う技術も、道具についても、我々は全く知らないがゆえに起こる難しさなのです。覚者方は、多くの異なった源からくるエネルギーの受領者であるというだけで十分でしょう――聖シャンバラ（この地球の頭部センターに相当する）からのシャンバラのエネルギー、他の惑星や太陽そのものからくる地球外からのエネルギー、そしてシリウスや七種の光線エネルギーの発祥源である大熊座（北斗七星）からくる太陽系システム外からのエネルギーです。マイトレーヤは、如来の中の如来と言われる偉大な方であり、ハイアラキーの覚者方すべての長であり、ハイアラキー内で特に抜きんでたエネルギーの受領者です。事実、今日、これらの霊エネルギーの配布の役割は、一切マイトレーヤに託されています。すべての覚者たちがエネルギーの伝導に携《たずさ》わっていますが、ある一定の期間に、どのエネルギーが、どのようなバランスで配布されるかを精密に決めるのは、マイトレーヤです。アリス・ベイリーの教え〔編註〕を研究された方は、皆ご存知でしょうが、マイトレーヤ御自身が、今日、非常に特別な霊エネルギーの受領者であり、それを世界に伝導しておられます。

まず第一に「統合の大聖《アバター》」と呼ばれる偉大なる大《アバ》

聖《ター》からエネルギーを受けられます。我々の太陽系外から来られた偉大なる霊存在であり、一九四〇年代に、ハイアラキーによって召喚されたのです。この大聖は、我々が認識することのできる神の三つの様相、聖なるエネルギー――意志と愛と智の様相――をすべてもたらし、さらに我々がまだ名前すらつけていない神のもう一つの相を一緒にもたらしてくれます。その偉大なる四重のエネルギーは、聖シャンバラの、すなわち、意志のエネルギーに非常に近いのですが、それが、マイトレーヤによって世界に配布されます。それは世界に統合をもたらします。このエネルギーが人類に注がれるにつれて、人類を結合させていくのです。

統合のエネルギーは、個人ではなく、グループを通してのみ働きかけます。ハイアラキーを通して、そして一つのグループとしての人類そのものを通して、働きかけます。国連の安全保障理事会ではなく、全体総会を通して働きかけます。さらに、マイトレーヤが一九二二年に創立された世界における最も重要なグループである「世界奉仕者の新集団」を通して働きかけます。このグループは内的主観的次元において、ハイアラキーと密接につながっています。外的な現象世界では、これはさらに二つのグループに分けられます。一つは、大きな外輪のグループ――これは、内的次元でハイアラキーにつながっていることを意識していないが、覚者方からの印象を直観的に感じとり、そのもとに行動する人々。もう一つは、内輪のグループであり、意識的に覚者方の指揮の下に働く人々です。

この新集団《グループ》のメンバーは世界中に分布しており、例外なく世界のすべての国におり、生活のすべての分野において活動しています。今日の世界における、最も重要なグループです。彼らは内的次元でつながっているグループであり、外的な物質界での組織ではありません。統合の大聖《アバター》は、あらゆるグループを通して働き、人類を歩み寄らせ、本来の姿である和合へと結びつけていくのであります。

マイトレーヤが同じようにして配布なさる第二の

エネルギーは、「平和または、平衡《へいこう》の霊」でありま す。これは宇宙的レベルでの愛のエネルギーを体現されておられる偉大なる宇宙の霊存在です。この霊存在がマイトレーヤをオーバーシャドウなさるのです。パレスチナにおいて二千年前に、キリストとしてマイトレーヤがイエスをオーバーシャドウなされたのと同じやり方です。

平衡《へいこう》の霊は、作用・反作用の法則と密接に関係します。世界におけるその働きの影響は、蔓延《まんえん》する憎しみや争いや暴力を、全く正反対に変換し変性させ、我々は平安と平静の時代に入るでしょう。現在の混乱を正反対の知的感情的平静に変性し、混乱の度合が大きければその同じ度合だけ正反対の特質に変性します。

聖なるエネルギーの第三の源は、マイトレーヤの兄弟分である仏陀であり、智恵のエネルギーをもたらします。マイトレーヤは愛の化身であり、仏陀は智恵の化身です。お二人は、四六時中常に一緒に働かれ、共通の知識を持っておられます。

仏陀は、最近偉大なる宇宙のイニシエーションを受けられたので、宇宙的《コズミック》レベルから智恵のエネルギーをもたらすことが可能になりました。仏陀がこのエネルギーをマイトレーヤに伝導し、マイトレーヤがそれを世界に伝導なさいます。

このようにして、マイトレーヤは、統合の大聖《アバター》、平衡《へいこう》の霊、仏陀の三つ（三角形＝トライアングル）の力の中点に立たれます。

エネルギーは、マイトレーヤから覚者方に送られ、それから伝導瞑想グループを通して流されます。媒体を通る度にエネルギーの波動は下げられて、人類が吸収し得る程度の強さで世界に出ていきます。もし伝導瞑想グループが、正四面体《テトラヒドロン》器具を持っていれば、エネルギーは、さらに下げられて、出ていきます。電気で譬《たと》えれば、高電圧の電力を変圧器を通して力を弱めることによって、実際に扱い使用することができるのと同じ原理です。伝導瞑想グループは、変圧器として働きます。エネルギーが下げられ変換されるのです。もちろん、力が下げられるので効力も減りますが、それは使用可能なものとなり世界を変化させることができます。

〈編註〉アリス・ベイリー著『キリストの再臨』シェア・ジャパン出版刊参照。

＊質問　アリス・ベイリーの『光線とイニシエーション』によれば、「世界奉仕者の新集団《グループ》」の機能として、こう述べられています。「一つの機能は、完成の単位の外的顕現」（高位のイニシエートや覚者方）が、彼らの個人的な力強さを、人類に望ましくない影響を与えることなく地上で物質界で客観的に仕事をすることができる程度にステップ・ダウンするのを可能にすることである」。伝導瞑想はこれを促進しますか。

答　はい。

＊質問　スペース・ブラザーズ（宇宙人）は霊的エネルギーに関わっていますか（例えば伝導瞑想に）。

答　はい。伝導瞑想では宇宙、太陽系、惑星外の源からエネルギーがやって来ます。これらは宇宙人たちによって私たちの惑星ハイアラキーに配分され、それから伝導瞑想グループを通して流されます。

質問　「キリストの真《まこと》の霊」のエネルギーについて説明してください。

答　伝導瞑想の間にマイトレーヤから注がれるエネルギーの一つは「キリストの真《まこと》の霊」です。これはキリスト原理であり、キリストの意識であり、彼が世界の中で非常にユニークな形で体現しておられるエネルギーです。それが彼をしてキリストたらしめるのです。キリストとはキリスト原理を体現される方なのです。このエネルギーが彼からとてつもない力で注がれます。伝導瞑想の間に、それは他のエネルギーと共に流されますが、時々、彼はこのエネルギーだけを他のエネルギーとは別に放出することがあります。

＊**質問**　あなたが講演や伝導瞑想でマイトレーヤにオーバーシャドウされている時、マイトレーヤが放出されるのは、いつも彼の愛のエネルギーですか。それとも、他のエネルギーも放出されるのでしょうか。これについて混乱があるようです。

答　マイトレーヤの愛のエネルギー、いわゆる〝キリストの真《まこと》の霊〟は、いつも放出されますが、必ずしもそれだけとは限らず、また、伝導の間中ずっと放出されているわけでもありません。マイトレーヤが私をオーバーシャドウされている間、彼御自身は偉大な宇宙のアバター（大聖）、すなわち、平和あるいは平衡《へいこう》の霊にオーバーシャドウされます。平衡《へいこう》の霊は作用反作用の法則を用いて働かれます。マイトレーヤは仏陀からのエネルギー、すなわち、宇宙的な智恵のエネルギーと、シャンバラ・フォース、すなわち、意志と目的の第一光線のエネルギーとを中継なさいます。これらと一緒に、強力な統合の大聖の四重のエネルギー、すなわち、知性、愛、意志、それと、私たちがまだ名前すら付けていませんが、意志の様相に関連している、もう一つの宇宙的なエネルギーをも放出なさいます。これらすべての宇宙的なエネルギーは、聴衆や伝導瞑想の参加者の利益になるように、また世界の利益になるように放出されます。

誰もがマイトレーヤの愛のエネルギーの〝感じ〟を、経験を、好みます。それは大いに意識を向上させ、温かく、吸収しやすいからです。この理由のために、私は時々、それだけが放出されるように、（あらゆるエネルギーが混ざり合っているのが普通なのですが）それだけを切り離して欲しい、と頼みます。しかしながら、マイトレーヤのエネルギー計画に干渉したくありませんから、あまりに頻繁にこのように頼むのはためらいます。

とても多くの人々、とりわけ二―四―六光線の系統が優勢な人々は、他のエネルギー、特にシャンバラ・フォースと統合の大聖のエネルギーは、平穏をかき乱し、自分たちには異質で、吸収し〝扱う〟のが難しいと感じます。そのような人々が、キリストの愛のエネルギーを受け入れるように、これらの他のフォースを恵み深いものとして受け入れるまでは、時間が（ときには長い時間）がかかるでしょう。例によって、それは知識と経験の問題です。

質問　伝導瞑想中のマイトレーヤのオーバーシャドウと、キリスト原理と、伝導瞑想中にクレームさんが時々、「これがキリストの真《まこと》の霊です」と言う時の違いは何ですか。

答　私が「これが真《まこと》の霊です」と言う時には、それに引き続いてマイトレーヤが特別に私を通してグループの中に、私たちがキリスト原理と呼ぶもの、意識そのもののエネルギーを放出することを、あなたたちに知らせているのです。それが、マイトレーヤが体現しておられるエネルギーです。私たちはそれを愛と呼び、その時に非常に強力に流れます。それは伝導中の他の時間も、おそらくほとんどの時間流されています。しかしそれは他のエネルギーと混ざり合っているので、分からないのです。あの時間中に、マイトレーヤはそのエネルギーのみを純粋に放出されます。ですから人によっては、その間が伝導瞑想の中でも最も魔術的な、素晴らしい時なのです。その素晴らしい愛のエネルギーを感じ、その中に浸ります。それは強力で、魔術的な衝撃です。あなた方はその中に浸ることができるのです。あなた方の辺り一面にそれを感じ、この愛の海の上を漂うことができるのです。それは素晴らしい経験です。それが意識のエネルギーです。

大宣言の日には、このエネルギーがとてつもない強さで世界中のあらゆる人々のハートを通して注がれるでしょう。マイトレーヤは言われました、「それはあたかも私が全世界を抱擁《ほうよう》するかのようであろう。人々は肉体においてさえ感じるであろう」と。だから私たちは「愛が世界を回転させる」と言う表現を使うのです。

愛は文字通り世界を回転させます。なぜならそれは進化のエネルギーだからです。あのエネルギーなしには進化はありません。願望も、熱誠も、より高いものを目指すこともありません。人は何を目指しているのでしょうか。なぜ人類は進化すると知っているのでしょうか。なぜ人類は、より良いものと呼ぶものを熱望するのでしょうか。教会や僧侶が言うからではなく、私たちの魂が——魂と意識的な接触をつけるや否や——私たちにそう告げるからなのです。

質問　ハイアラキーはこれらすべてのエネルギーをどうなさるのですか。

答　それをどうするかは、ハイアラキーのみがご存じです。必要な所へそれを送ります。それは世界の特定の国や地域であるかもしれないし、または世界にある霊エネルギーの貯えのレベルを高く保持しておくための補充に使われるかもしれない。伝導瞑想グループの人々がエネルギーを方向づけないことが非常に大切です。それは覚者方にお任せすべきです。覚者方のみがエネルギーがどこに、どの程度のバランスと強さで必要とされているかをご存じです。これは一瞬一瞬変化する状況であり、マイトレーヤのみがそれを理解するための科学を識っておられます。ですから、「中近東に良いエネルギーを送るのは、いい考えだ」などと思うかもしれませんが、全く間違ったことをしているかもしれません。その瞬間にそのグループを通して送られているエネルギーは、中近東に必要とされない、いや全く逆効果のエネルギーであるかもしれません。ですから、特定のグループや国や人に向けて送るべきではありません。

マイトレーヤが一瞬一瞬いつもこれらのエネルギーを管理しておられます。世界とその問題をご覧になる時、彼はそれをエネルギー的に考えられます——あそこには刺激が必要、あそこは注意深い扱いが必要、あそこはエネルギーを引っ込める必要があるというように。それのみでなく、すべてのエネルギーは異なった性質を持ちます。ですから我々がエネルギーと呼んでいる一つのものを送るのではなく、意志のエネルギー、または愛のエネルギーまたは組織のエネルギー等々という具合に様々です。これらのエネルギーを適度に融合することによって、その効果を世界に及ぼすのです。

ですから、あなたたちが自分でどのエネルギーをどうのこうのと決めることがいかに無意味であるかが分かるでしょう。それは非常に複雑な秘められた科学であり、覚者方のみが知ることができます。

質問　自分に害を与えるようなエネルギーに接触していないかどうかを、見分けることはできますか。

答　できないでしょう。ある特定のエネルギーの価値とか危険性を判断することのできる科学を、人類はまだ持ち合わせていないのです。これらのエネルギーは、宇宙から地球に突入してくるのですが、現在の段階では、人類はこれに対してどうすることもできません。ですから、ハイアラキーの覚者方が世界の背後にあって、働く必要があるのです。

覚者方は、この惑星の内的次元の統治機関を構成しています。地球に注ぎ込んでくるすべてのエネルギーの管理者であります。覚者方の手に、地球の運命が握られています。覚者方は、地球に突入してくる特定のエネルギーの価値や危険性を知り、これに対処できる主要な科学者たちなのです。エネルギーを科学的に操作し、ある種のものを相殺し、その衝撃から我々を守り、また我々が必要とし、利用できる種類のエネルギーを変換し、伝送します。

宝瓶宮《アクエリアス》の時代には、再び我々の中に住まわれるハイアラキーの覚者方の指導と教えの下に、我々がこれらのエネルギーの管理者となります。我々は現在全く気付いていないエネルギー、宇宙のエネルギーを利用し、伝送し、操作することを学ぶでしょう。そのうちのある種のものは非常に危険性の高いものであり、あるものは最も偉大なる恩恵をもたらすものです。しかも、最も利益となるエネルギーでさえ、もしそれが、我々のチャクラが受け入れることのできない程の非常に強力なものであるならば、人類にとってほとんど価値はないのです。そこで、保護が必要となります。覚者方は、ある種の偉大なデーヴァ、すなわち天使たちと同じように、保護網として働かれ、これらの有害な可能性を持つエネルギーから人類を守ります。ですから、このことを恐れる必要はありません。

あなたの質問に対しては、技術的に正確な答えをすれば、確かに有害なエネルギーは存在しますし、それらに接触しているかどうかを我々は識別することはできません。しかし、覚者方が、我々のためにそれをしていてくださいます。

質問　伝導瞑想をしている時、我々はエネルギーを与えているのですか、それとももらっているのですか。

答　我々が行っていることは、奉仕であり、我々の肉体を、エネルギーが流される道具として提供しているのです。エネルギーを与えているのではありません。覚者方とイニシエートによって構成されている霊王国、魂の王国からエネルギーをもらっているのです。もらっているという意味は、エネルギーが我々を通過して流されるとき、我々のチャクラは刺激され、活気づき、ひいては霊的向上の促進に影響してきますので、大いに恩恵を受けているという意味においてであります。

＊質問　(1) 伝導瞑想の間に覚者方から送られるエネルギーは最初にグループ・アンタカラーナを通り、それから個人のアンタカラーナを通して送られるのですか。(2) 個人は最初にそのアンタカラーナにエネルギーを受け取り、それからチャクラに通されるのですか。(3) 覚者方はどのチャクラを通してエネルギーを流すことができるかを選ばれるのですか。それは自動的なプロセスですか。(4) チャクラの状態が自動的により多くのまたはより少ないエネルギーを「引きつける」のですか。

答　(1) はい、でもあり、いいえ、でもあります。グループによります。(2) はい。(3) はい。(4) はい。

質問　エネルギーはどのチャクラを通して入り、どれを通して出ていくのですか。

答　これは、その人の進化の時点とそれから光線《レイ》の構造、つまり各人の魂および肉体人間（メンタル体、アストラル体、肉体を含む）に備えられたフォースの系統によります。その人の魂、パーソナリティー、メンタル体、アストラル体、肉体がそれぞれ異なった光線上にあるかも知れません。ですから、これらのエネルギーがどれどれのチャクラを通って出ていく、と一般的に言うことは不可能です。人によります。チャクラの発達の状態は人によって非常に大きな違いがあります。ですから、もし特定の光線《レイ》エネルギーが通常流されるチャクラが開いていないならば、覚者はその人の他のチャクラを使って伝導することもできます。それには限度がありますが、しかしその限度内で行われます。ですから、大まかに言うと、人は普通その人のフォース（力）の系統に沿ってエネルギーを受け、そして伝導します。七つのフォース（力）の系統、つまり七つの光線エネルギーが存在します。二・四・六光線の系統に沿った人と一・三・五・七光線の系統に沿った人がいます。ある伝導瞑想グループはすべての異なった光線の人々で構成されているかもしれません。そしてエネルギーが伝導されている間、グループの半分は二・四・六光線エネルギーを伝導しており、あとの半分は一・三・五・七光線エネルギーを伝導しているでしょう。そしてもちろん、グループによっては一つの系統に属する人々で成っているものもあります。しかしハイアラキーに新しい動きがあり、弟子たちは、自分たちの系統でないエネルギーを扱うことができるような機会をますます与えられております。

＊質問　クンダリーニとは何ですか。

答　クンダリーニとは脊椎の基底部にあるチャクラに渦巻いている火のようなエネルギーです。クンダリーニは徐々に目覚めさせられて、それより上位のチャクラがそのエネルギーを受け入れることのできる用意が整ったとき、上位のチャクラを通してらせん状に上昇していきます。それが、頭頂のチャクラまで到達して、それと結合すると、偉大なる目覚めが起こります。それは（時々）一定のヨガの呼吸法によって、人工的に目覚めさせることもできますが、それをすることは非常な危険が伴います。死を招いたり、非常にしばしば精神異常を起こします。なぜなら上位のチャクラが受け入れる用意が整っていないときに、クンダリーニのエネルギーを持ち上げてしまうからです。特にインドなどではクンダリーニヨガを実践するグループがありますが、覚者が言われるように、それは救済に導きません。グラマーであり、脇道にそれています。

質問　クンダリーニと伝導瞑想の間に関係はありますか。

答　伝導瞑想は必然的に脊椎の基底部に閉じ込められているクンダリーニ・エネルギーを目覚めさせ、正しく方向づけることを含みます。基底チャクラがいつでも最後に活性化されるチャクラです。そうすると、クンダリーニは、すでに用意の整った高位のチャクラを通って徐々に上げられます。各チャクラは、各個人によってそれぞれ特定の順序で準備されるのです。この科学的過程はエネルギーの伝導を監督される覚者方の熟練した手のうちにあります。それについて何も〝行う〟必要はありません。高位のチャクラを周到に準備せずに、クンダリーニを未熟に上げてしまうことは非常に危険であり、試みるべきことではありません。

質問　（1）もしクンダリーニのエネルギーが上がれば、それはイニシエーション、あるいは悟りを意味しますか。それが起こったあと、その人は変わりますか。

答　（1）その状況によって異なります。多くの人々は何らかのクンダリーニ・ヨガの形成を実践して、脊椎の基底部に眠っているクンダリーニ・エネルギーを意図的に刺激しています。これは高度のイニシエートである導師《グル》の監督の下でなされなければ、非常に危険なことです。クンダリーニの火が喚起されるという事実はイニシエーションや悟りを意味しません。もしそのエネルギーを受け入れるためにチャクラの準備が前もってなされていなければ、発狂につながり得ます。日常生活の過程の中で、クンダリーニ・エネルギーは絶えず上がっているのですが、少しずつ、コントロールされた量で上がっており、したがって安全です。クンダリーニのコントロールの最も安全な良い保証は秩序ある奉仕の生活です。（人それぞれに応じて）正しい順序で準備されたチャクラを通して秘科学的にエネルギーが導かれるとき、ある程度の悟りが伴うだろうし、もしその人の用意ができていれば、イニシエーションという結果になるでしょう。

＊質問　クンダリーニの肉体上での場所は会陰《えいん》のあたりにあるのですか。

答　はい、しかしそれを探すようなことはせずに、私の言うことを受け入れなさい。

＊質問　それは圧力とかチクチクするような感じがしますか。

答　はい、でもそのほかのことでも同じような感じがしますよ。

＊質問　クンダリーニは、蛇が穴から這《は》い出してくるのを暗示させるような暗いところから出ている淡い色の資質のイメージでメンタルに見えることがありますか。

答　クンダリーニはたまに見えることがありますが、私はそのような感じで見たことはありません。そんな感じに見える人もあるかもしれませんし、あなたもその一人なのかもしれません。もしそうだとすると、それは一万とおりもある見え方の一つにすぎません。

質問　エネルギーを伝導する時、各個人は肯定的効果を体験しますか。

答　現在、全く新しい力《フォース》と効力を備えた宇宙のエネルギーが、マイトレーヤと覚者方の自由になりました。これはかつてなかったことです。伝導瞑想の仕事は、これらのエネルギーを世界に送る非常にダイナミックなプロセスです。これらのエネルギーの影響をあなたのチャクラを通して受けることなしに、この仕事をすることはできません。チャクラは、充電され、その活動は高められ活発になります。

覚者方が、人間の発達の程度を測られるとき、霊視で世の中をご覧になります。あなたが良い思いを抱いているか、悪い思いを抱いているかなどと、あなたの思考をのぞき見るのではありません。覚者方は、各人の内面の光をご覧になるのです。ぼんやりした光か、素晴らしく輝いている光かというように。安定した明るく輝いた光が見えると、その光を輝かしている個人に興味を持たれます。その人の進化のレベルを正確につかむために、チャクラの状態をご覧になります。一目で、どのチャクラが開いているか、活発に働いているか、どの程度開いているか、どの方向にどの速度でエネルギーが回転しているか、どのような色を発しているか、そのオーラ（特殊微妙な発気）の質はどうか等々が分かります。それによって、その個人を正確に評価することができます。

伝導のときには、覚者方がエネルギーを選び、チャクラを選ばれます。特定の人のために適したエネルギーの量を選び、それをその人のチャクラを通して送られます。ですから、覚者方からのエネルギーを、あなたのチャクラを通過させて伝導する仕事が、いかに効力の大きいものか理解できることと思います。個人的な魂の進化の見地から見て、これほど効力のある仕事を私は知りません。

それは温室のように働きます。促成栽培のプロセスです。一年間の伝導の仕事で、他の形態のメディテーションで何年もかかって成すだけの内的成長があります。同じようにチャクラの刺激を目標とする瞑想やヨガのテクニックは非常にたくさんあります。それらは価値も適切さもありますが、覚者の指導の下に行われなければ危険でもあります。他方、この伝導瞑想は、必ず覚者方の監督の下で行われるので、絶対安全です。
ますます多くの人々が、個人の瞑想よりもグループでの瞑想の価値を理解し始めています。グループ瞑想はその瞑想のエネルギー的価値を増大し強力にします。伝導瞑想のグループを通して、同数の個人を通して別々に伝導するよりも、さらに多くのエネルギーを安全に送ることができます。非常に現実的な意味において、数における安全性があります。

質問 伝導瞑想の仕事を続けるにつれて、自分が変化すると自分の環境も変わりますか、自分が進化するにつれて環境も進化しますか。

答 当然そうなります。なぜならあなたがより放射的になるからです。より高度のより強力な波動のエネルギーを放射するようになります。ですから、周りの環境にもより大きな影響を及ぼします。環境には一般に、動機によって良い方向のも悪い方向のもあります。もし、あなたがこの種の伝導瞑想の仕事に参加していれば、あなたの動機は世界への奉仕になるでしょう。そうであれば当然、周《まわ》りの環境にも良い影響を及ぼすでしょう。だからと言って周りの環境は必ずしも肯定的に反応するとは限りません。なぜなら、それは変化を起こすからです。高度な霊的エネルギーの流入は、すべてそれを受ける側に変化をもたらします。そのようにして進化が起こるのです。上からの、上位の王国からのエネルギーの滋養によって、変質が起こり、それが進化そのものを創り出します。ですからあなたと共に住み、働く人々はあなたの中の変化に当然気付くでしょう。瞑想を始める人は、その人の性格によって、および魂がその個人にどの程度深く浸透しているかによって、時には非常に深く変わります。また伝導瞑想が行われる部屋や家に、エネルギーが増強するのに気付くでしょう。

質問 伝導瞑想の仕事は、例えば英国のストーンヘンジのようなエネルギーの磁場では、特に高められますか。

答　いいえ。この質問には誤解があるようです。伝導されるエネルギーは外界の物質的刺激によるものではなく、エネルギーを送る覚者方の計画により、また伝導瞑想を行うグループのメンバーの進化の段階によります。グループの人々がより進化していればいるほど、ハイアラキーはより強力なエネルギーを安全に送ることができます。

質問　伝導瞑想エネルギーと心霊治療《サイキック・ヒーリング》グループの使うエネルギーと、どう違いますか。

答　治療《ヒーリング》エネルギーは、たいていエーテル・エネルギーであり、エーテル界から来ます。また魂のエネルギーも幾分含まれています。伝導瞑想グループが扱っているのは、霊的《スピリチュアル》エネルギーであり、宇宙界に源を発しており、前に述べたように、非常に高度な次元から来ます。治療エネルギーを個人やグループに送っている治療グループとは違ったものです。治療グループはエネルギーを意識で方向づけます。しかし、そのグループが私の述べたような伝導瞑想グループとして仕事をする場合には、エネルギーを方向づけてはいけません。さらに瞑想の場を、守護霊等、メッセージを伝えてくれると信じているアストラル界の霊などに連絡をつける場として見るべきではありません。

質問　伝導瞑想のメンバーが伝導の仕事の終わった後、必要とする人々に「治療《ヒーリング》の思考」を送りたいのです。この仕事に適した方法や要領をご指示ください。

答　（簡単で効果的なテクニックは次のとおりです）──マインド（心）を「光の中にゆるがずに」保ちながら（アジュナ・センターに集中して）、人々を次々と心象化して（心に思い描く）、名前を言います。そして同時に、治療を必要とする人々に神の治療の力《パワー》が向けられますようにと声に出して願うことです。この祈願が特定の覚者方の反応を呼び起こして、直接にかまたは彼らの弟子を通して、治療が行われるでしょう。もちろん、カルマ《因果》の法則

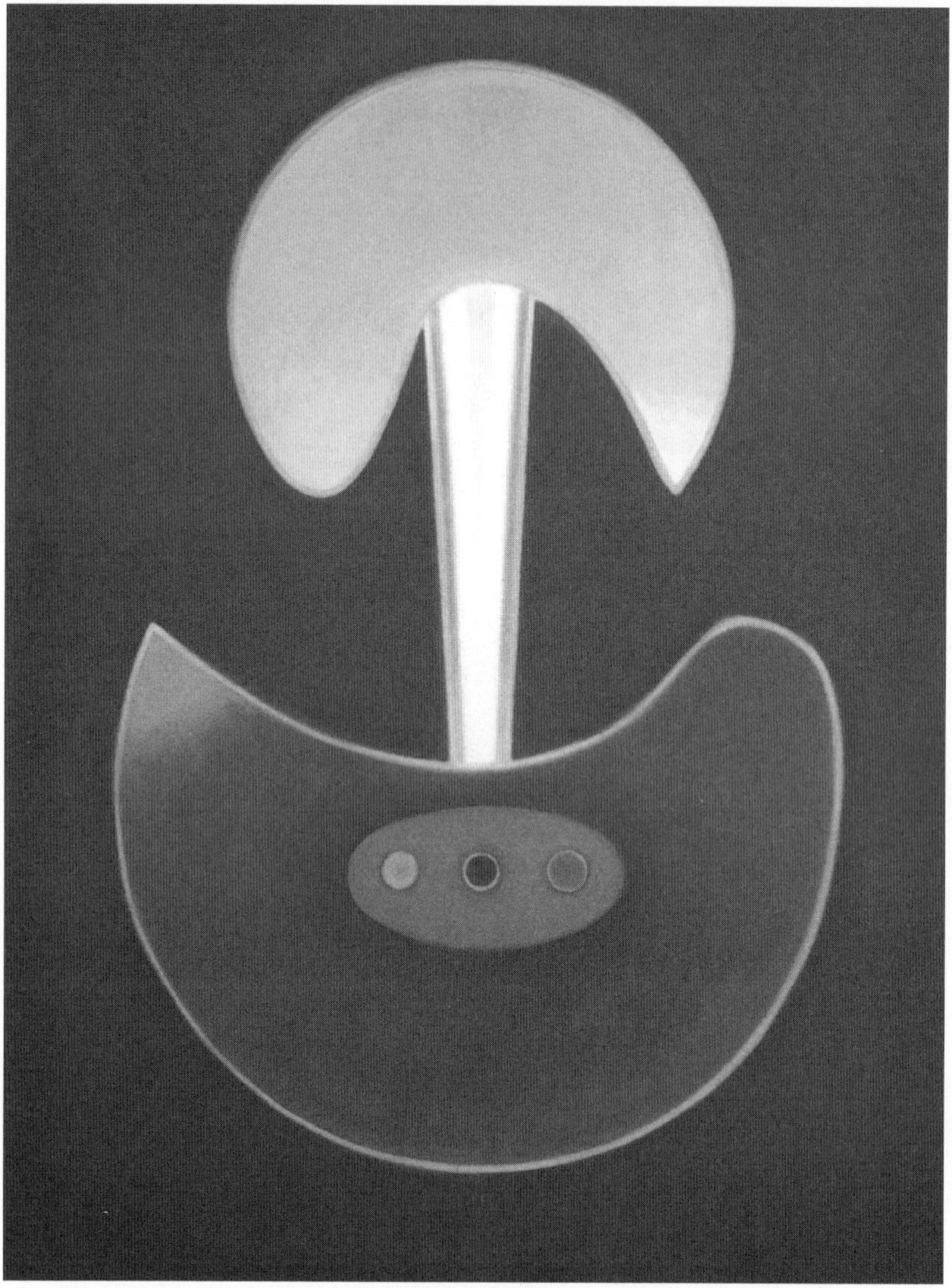

「アンタカラーナ」を象徴した絵
（ベンジャミン・クレーム画　1964年）

の許す範囲内で、です。

質問　「マインドを光の中にゆるがずに保持する」とは何を意味するのか説明して下さい。

答　正しく行われる瞑想を通して、肉体頭脳と魂との間に光の回路、アンタカラーナが徐々に築かれ、強められていきます。その回路によって、魂の光が弟子の頭脳にしっかりとつながれます。これは、瞑想中に輝かしい光として頭の中に見えます。その光の中で注目を裡に向け上位に向けると、マインドは低位マインドの思考や動きなしに、ゆるぐことなく保たれます。そのような、思考のない集中した注目の状態の中で、マインドの直観的レベルのものが働くことができます。徐々にこれが本能的な、固定した状態となり、その状態に入るために瞑想的に「裡《うち》に向ける」必要がなくなります。

多くの人は「メディテーション（瞑想）」の間に頭に入る思考やアイディアはすべて直観的、魂のレベルから来るものであり、彼らの行動を導いているものと信じています。全くそうではありません。平均的志向者や弟子にとって直観を呼び起こす程長い時間、「マインドを光の中にゆるがずに保つ」ことは非常に難しいことです。大多数の人が瞑想中に受ける「指導」とは彼ら自身の低位マインドのものが潜在意識を経てくるのです。

質問　アンタカラーナ、つまり光の橋の建設について説明してください。

答　アンタカラーナ、つまり肉体的な頭脳と魂をつなぐ橋の建設は、その個人の瞑想の効果（どれだけ科学的になされるかの度合い）によって進行します。瞑想は魂と肉体人間《パーソナリティー》を結ぶ橋を通して、一体化をもたらします。やがて、三つの火、つまりエネルギーの流れが魂によって降ろされて、それが魂と頭脳との間のコミュニケーションの回路を構成します。その回路を通して、魂の光と愛とやがては意志の相が物質界に姿を顕《あらわ》すのです。アンタカラーナの建設は、瞑想の間に魂から下に向かって、無意識のうちに進行し、完成するまでに数回の転生を要します。

質問　瞑想によっては、アンタカラーナ（魂と頭脳の間を結ぶ光の橋）を築くのを助けるのみではなく、より高度のレベルでは、その個人のオーラにある外的な想念をも取り除くと主張します。伝導瞑想が最も高度で効果的な瞑想の形態であると私は確信していますが、それは回路（光の橋）をつくるだけではなく、想念を取り除くこともできますか。

答　まじめな――つまり科学的な――瞑想は「想念を取り除く」ために考案されていません。想念は人間のマインドの、思考し創造するという自然な、天与の能力の結果であり、その想念からすべての行動が生じます。問題はその想念の質――創造的なものか、破壊的なものか――にあります。科学的な瞑想を通して（そしてエネルギー科学の大家である覚者方の監督の下に行われる伝導瞑想ほど科学的なものはありませんが）、アンタカラーナが築かれ、強められます。かくして魂のエネルギーがパーソナリティーの器に流れ入ることを可能にします。それは、我々が直観と呼ぶブッディ、つまり高位マインドのエネルギーも含めます。これらのレベルから発する想念こそがあらゆる偉大なる業績の創造的インスピレーション（霊感）であり、「個人のオーラから取り除かれる」べきものではありません。全く逆です。

取り除く必要がある想念はアストラル的感情的反応から生じるものであります。それは否定的性質の根強い想念であり、魂のエネルギーの流入および正しい使用を妨げます。これらは、意識の偏極《へんきょく》を徐々に識心界《メンタル》に移行させていくことによってのみ――恒久的《こうきゅうてき》に――取り除くことができます。すなわち、感情的な反応に対してアストラル・エネルギーの滋養を与えないで飢えさせるのです。いかなる種類の（正しい）瞑想もこれを助長しますが、伝導瞑想は特に、その特異な効力と科学的基盤のゆえに、これを助長します。

質問　トライアングル（三角組）瞑想とあなたの

言われる伝導瞑想との間に大きな違いはありますか。

答　大きな違いはありません。伝導瞑想の方がずっと強力であり、時間も長い、それだけです。トライアングル瞑想運動は、アリス・ベイリーを通して、ジュワル・クール覚者によって始められたもので、一九三六年と一九四〇年に紹介された二様の初期の大祈願の使用普及のために広げられました。人類の中に、別々の個よりもはるかに強力な和合を形成するために、人々をメンタル実体でつなぎ合わせる試みだったのです。それは大きな成果がありました。

トライアングル瞑想のメンバーとなるためには、二人の友人と三角組を構成することを約束するだけでいいのです。同じ町や国に住む必要はありません。お互いに、毎日大祈願を唱えることを約束します。同じ時刻に唱える必要もありません。各人、好きな場所で好きな時に声を出して唱えるのです。それを唱えるとき、他の二人と意識でつながるのです。三人の頭上に、白い光が三角形に流れているのを心に描きます。そして、その三角形の光が世界中を覆《おお》っている同じような三角形のネットワークに連結することを思うのです。大祈願を唱えることによって、思考にある三角形によって力を強められたエネルギーを、自動的に呼び起こします。

また、幾つもの三角形でつなぎ合うこともできます。例えば、あなたが二人の友人とトライアングル瞑想を組み、また別の二人と三角を組む。その二人は、またそれぞれ、あとの二人と三角を組む等々。あなたは、ネットワークの仲間ですが、三角構成で仕事をしています。これが大切なことです。

しかし、肉体で一堂に会して伝導瞑想グループとして働くことができれば、より良いのです。肉体の次元で集うことで、活力が加わります。これは、どちらを選ぶかの問題ではなく、両方できるのです。三人の離れ離れの個人を通すよりも、同じ人数の伝導グループの方に、より多くのエネルギーを安全に通すことが可能です。個人が、肉体で一堂に集うと、覚者方は、より高度の力のエネルギーを送ることができ、メンバーの間を循環させながら、三角形や星形やその他の様々な形の、ユニークなパターンを作ることができます。エネルギーがこのような形で送り出されるので、特に効力が強いのです。

トライアングル瞑想の働きと伝導瞑想グループの間に根本的な違いはありません。効力の違いと、この活動に注ぎ込まれる時間の量の違いだけです。トライアングル瞑想に要する時間は、大祈願を唱えるのに要する時間だけです。ゆっくりと、心を集中して、ただし感情的な思いを込めるのではなく、知的に、意識をアジュナ・センターに保ちながら唱えることです。

＊質問　個人瞑想の間、トライアングルの仕事を行っている時に、大祈願を声に出して唱えることは絶対に必要ですか。それとも、メンタル的に言うだけで同じ効果がありますか。メンタル的に言う方が私はより集中を保つことができるように思われ、特に瞑想の終わりにトライアングル（三角形）を創造するときはそうです。

答　それはメンタル的に思うべきです。

質問　伝導瞑想はその他の集団瞑想にくらべて、より強力ですか。

答　はい。普通、集団瞑想は、そのグループの統合された魂との接触でありますが、伝導瞑想は、グループの魂に頼りません。もちろん伝導の時の瞑想は魂の次元で行われ、エネルギーは魂を通して流れますが、それは覚者たちのコントロールの下にあり、グループの魂のコントロールの下で行われるのではありません。

意識的にハイアラキーの覚者方とのつながりをつける大祈願を唱えることによって、そのグループと覚者方との間にエネルギーの回路が開かれ、伝導が可能となります。ハイアラキーのお役に立ちたいと願う意志、奉仕したいという動機が必要なのです。ですから、グループ瞑想によって、グループの魂の瞑想に参加することは有益ですが、伝導瞑想に参加する方がずっと強力であり、人類のために大きく役に立つものです。エネルギーが、ハイアラキーの覚者たちから来るものだからです。

個人として、またはグループとしてのあなた方の進化にとって、通常の個人的瞑想または集団瞑想を（それがいかに強力なものであろうとも）何年もの間続けて成し遂げることを、伝導瞑想の仕事を一年真剣に続けることによって成し得ると言っても過言ではないでしょう。もちろん、こうした数字による比較は十分なものではありませんし、グループを構成する個人が非常に発達した器であり、魂の漲《みなぎ》ったイニシエートたちのグループである場合、その伝導瞑想はより強力なものとなります。

しかし、各個人各集団がどのようなレベルにあるにせよ、そのレベルなりに、伝導瞑想によって、彼らのグループ活動や奉仕活動は一段と強化されます。他のいずれの種類の瞑想と比較しても、伝導瞑想は、最も効力の大きい最も世の中に役に立つ瞑想であると思います。それゆえに、現在この時期に、伝導瞑想という奉仕の手段が我々に提供されたのです。

質問　伝導瞑想を行っていて、他の種類の集団瞑想に参加しても良いですか。

答　はい。伝導瞑想は他のいかなる瞑想とも相反しません。むしろ他の瞑想の質と効果をより高めるでしょう。今日すべての人が、どのようなレベルであれ、どのような背景や経験を持つものであれ、どのようなタイプや思考パターンを持つものであれ、その人それぞれに開かれた径路が、瞑想形態が、先生かあるいは導師《グル》が存在します。真の導師《グル》は皆、ハイアラキーの何れかの段階のメンバーです。いずれかの段階のイニシエートです。より発達した個人であれば、その人が引きつけられる導師《グル》も高段階の方です。それぞれ、自分のレベルに合った径路や先生を見つけるのです。

導師《グル》たち自身、フォース（エネルギー）の中心であり、彼らの師から受けるフォースの伝導体として働きます。導師《グル》は普通、インドの伝統を踏むものが多く、導師から導師へと受け継がれ、そして帰依者へと伝えられる伝統があります。しかし、ハイアラキーの中では、それほど個人的なつながりではなされません。普通ただ一点を通して伝導されることは少ないのです。そういう場合もあるかもしれませんが。

伝導瞑想グループ内の特定の一人が、そのグループの核となり、その人を通してエネルギーはより直接的に、より強力に流されるという状況はあります。そしてこのような形で、修行的見地からすれば、導師《グル》ではなくても、その人は、伝導瞑想グループの中でより大きな力（フォース）の一点として働きます。

質問　最近あるグループの方から伝導瞑想を紹介され、世界への奉仕という目的に惹《ひ》かれて始めました。ところがそのグループが行っている他の活動には誘われてもどうも気が進まないのですが、伝導瞑想を続ける上で必要なことでしょうか。

答　いいえ、必要はありません。伝導瞑想を行っていて、同時にその他の活動にも携《たずさ》わっているグループがあります。霊的開発とか、様々なテクニックを用いた瞑想とか、内観とか、自己開発とか、霊媒《れいばい》を通した教えとか、密教の勉強とか、実に様々です。ほとんどが自己を中心とした自己志向的なものです。これらの活動と伝導瞑想は全く関係がないことをはっきりさせたいと思います。

伝導瞑想はハイアラキーからのエネルギーをグループを通して世界に伝導する純粋に科学的な形態であり、自己志向ではなく世界への奉仕という非利己的な動機で行われるものであり、他のいかなるタイプの活動ともいっさい混同されてはなりません。

伝導瞑想の仕事の周りには、私の師の要請で壁となるようなもの（グループの名称とか組織とか役員とか役職の任命とか）を一切設けておらず、ハイアラキーに協力して奉仕したいという意志を持つ人々は誰でも、どんなグループでもこれを行うことができます。

もちろん伝導瞑想を真剣に行っているうちに、必然的にそのグループなり個人の霊的成長は急激に促進され、彼らが行う他の活動もさらに強力になっていきますが、だからといって両者を混同してはなりません。伝導瞑想を行うために参加してくる人々にグループの他の活動を強要してはなりませんし、またその逆もいけません。自分自身の心にやりたいと思う動機がなければ、奉仕にはならないのです。伝導瞑想の時間はエネルギーの伝導のみに専念すべきです。

質問　「伝導瞑想《トランスミッション・メディテーション》」と「超越瞑想《トランセンデンタル・メディテーション》（TM）」という、それぞれの言葉が何を意味しているのか説明して下さいますか。比較的初歩の人は、このどちらを取り入れるべきでしょうか。また、瞑想はどのくらいの時間、行うべきでしょうか。

答　トランセンデンタル・メディテーション（TM）は瞑想の一つの形態であり、何年も前に、マハリシ・マヘシュ・ヨギによって西洋に紹介されました。そして今では世界中のほとんどの国に門人がいます。個人瞑想の一種であり、集団《グループ》瞑想にも拡大できます。次々と高度の課程があります。

他方、伝導瞑想は私の師である覚者によって、私を通して紹介されました。ハイアラキーの覚者方からの霊的エネルギーの伝導に参加し、エネルギーを一段と下げて、より一層使いやすいものにする仕事に携《たずさ》わる者たちに、奉仕の機会を提供しています。これは集団《グループ》で行われます。非常に強力な奉仕の形態である一方、急速な個人的な成長をも、もたらすものです。どちらの瞑想を行えば良いかという問題ではありません。私は希望する者すべてに、伝導瞑想を行うことを勧めます。これほど個人とこの惑星にとって価値あるものを私は知りません。トランセンデンタル・メディテーションは、ほとんどの人が個人で行うことのできる非常に簡単な方法であり、私は誰にでも勧めます。

瞑想の時間は、初歩の人には普通十五分から二十分、一日に二回、瞑想することを勧めます。個人の瞑想の場合、これで十分です。他方、伝導瞑想の場合、長時間行えます。例えば、私たちは、ロンドンで、週三回行い、伝導は、普通四時間、五時間、または六時間続くこともあります。もちろん、誰も、その間中続けなければならないという義務はありません。

質問　超越瞑想《トランセンデンタル・メディテーション》（ＴＭ）や座禅の瞑想は、意識せずしてエネルギーを伝導しているのですか。

答　ハイアラキーのエネルギーを喚起し伝導する伝導瞑想会のようなやり方では伝導していません。ＴＭや座禅（そしてすべての個人的瞑想）においては、エネルギーは瞑想している人自身の魂からきます。時には覚者から、例えばＴＭの人々の場合、グル・デヴ（マハリシ・マヘシュ・ヨギの師）から送られることもあります。ハイアラキーがグループをエネルギーの伝導のために使うには、瞑想する人々の側にマイトレーヤと覚者方に協力するための意識的な意図がなければなりません。覚者方は絶対に我々の自由意志を侵しません。もし大祈願が使われれば、伝導になります。

質問　伝導瞑想は超越瞑想《トランセンデンタル・メディテーション》（ＴＭ）と両立できるとあなたは言いました。ヨガナンダによって紹介されたクリヤ・ヨガについても同じことが言えますか。

答　はい。伝導瞑想は他のすべての種類のメディテーションと両立できます。他のメディテーションの効果をさらに高めます。実際、これはクリヤ・ヨガの一つの形態ですが、仕事は覚者によって完全に科学的に、そしてオカルト的（秘教的）にも、正しく行われるのです。

＊質問　ヨガナンダの教えはラヤ・ヨガとクリヤ・ヨガを含みます。ババジから継承された彼のテクニックは世界の宗教になるだろう、とヨガナンダは言いました。あなたは、伝導瞑想はカルマ・ヨガ（奉仕）とラヤ・ヨガ（チャクラの）の組み合わせである言いました。この二つの〝システム〟は将来どのように混合されるのでしょうか。また、ラヤ・ヨガについて説明してください。

答　ラヤ・ヨガはエネルギーのヨガであり、エネルギーを受けて、分配するチャクラのヨガです。クリヤ・ヨガはラヤ・ヨガの特殊な形態です。伝導瞑想はクリヤ・ヨガの一つの形態ですが、その〝仕事〟と実践は伝導瞑想を行う人々のために、エネルギーを送ってこられる覚者方によってなされます。これら二つの方法は完全に両立するのであり、違いは、伝導瞑想は世界への奉仕の行為であるということです。そのために、覚者方がそれに参加している人々のオカルト（秘教的な）の瞑想を監督することを〝許す（可能にする）〟のです。将来、より多くのクリヤ・ヨガの実践者が、奉仕として、伝導瞑想に参加してくるのではないかと思います。しかも、それはグループ活動ですから。

質問　今日、たくさんの瞑想方法があります。超越瞑想（ＴＭ）や座禅などのシステムは、瞑想の前に道徳的な制限の必要を強調しません。他は「良い人格」の基礎なしに瞑想するのは危険であるといいます。個人の性質の中に未だコントロールされていない面があるとき、超越瞑想（ＴＭ）やあるいはいかなる形態の瞑想でも行うことができますか。

答　すべての瞑想が、「現状」を乱すという意味において「危険」です。瞑想によって呼び起こされる魂のエネルギーが低位《ていい》の体《たい》に与える影響は、（最初は）必ず「低位人間——肉体人間」にとって動乱をきたします。通常はあまり長い時間かからずに（より高位の波動で）平衡が再確立されるので、ほとんどの場合これは重要な関心とはなりません。動乱と平衡《へいこう》の再確立の過程が何度も何度も繰り返されて、第三段階のイニシエーションを受けるまで続きます。「良い人格」が、低位の、パーソナリティーの特質の完全なコントロールが要求されるとしたら、最高位のイニシエート以外に、誰も瞑想を始めることはできないでしょう。大切な条件（そして安全装置）は、瞑想によって喚起された魂のエネルギーが何らかの非利己的な奉仕に使われるべきであるということです。そうでなければ、あらゆる種類の困難や病気やあるいはノイローゼが結果する可能性があります。

質問　TMの瞑想者たちが主張するように、瞑想は犯罪率を低くするというのは本当ですか。

答　ある程度までそのような効果をもたらすものと信じます。人間の行動はすべて、エネルギーと、エネルギーに包含《ほうがん》されるアイディアに対する反応の結果です。大勢の人々の集団がダイナミックな瞑想に従事していれば、建設的な種類の思考の波動を創り出し、それは周囲のメンタルな環境に何らかの影響をもたらすに違いありません。

＊質問　(1) 長年にわたって世界中の人々（伝導瞑想グループのすべてのメンバー）からなるかなり大きなグループによる伝導瞑想への参加は、彼らの進化に影響を及ぼしてきましたか。(2) それはまた、地域社会の発展の度合いに肯定的な影響を及ぼしてきましたか（ある瞑想は、その瞑想が行われる地域に肯定的な影響を及ぼしてきたと言われています）。

答　(1) はい。(2) はい。しかし、これは評価するのが困難なものです。

＊質問　どこかで戦争が起きているとき、クリヤ・ヨガであれ、伝導瞑想であれ、超越瞑想であれ、瞑想の実践者たちの大きな集団が、敵対的な環境をより明瞭な平和的なものに変容させることはできますか。（私が大きな集団と言うときには、千人かそれ以上の瞑想実践者とか、幾つかの大きな集団のことを意味しています）

答　非常に間接的にのみです。クリヤ・ヨガと超越瞑想によって生じられるエネルギーは瞑想者たちの魂からくるものです。役には立ちますが、これは必ずしも、戦争状況に必要とされているものではありません。伝導瞑想のなかから放たれるエネルギーはハイアラキーから、つまり宇宙から、太陽系および惑星の外の源からくるものであり、ハイアラキーによって、科学的に分配されます。ですが、戦争状況においては、ハイアラキーは戦争地帯からエネルギーを引っ込めようとされるのです。それによって、戦闘者たちの破壊的行為を減少させるのです。霊的エネルギーを送るということは（この質問者が暗示しているようなこと）全く間違ったことであり得ます。

質問　伝導瞑想を毎日、個人の瞑想のようにして行うことはできますか。それともそれは定められた時刻にグループでのみ行うべきですか。

答　伝導瞑想は本質的にグループ瞑想であり、集団奉仕の一形態です。もちろん個人の瞑想と同様に行うことはできますし、個人瞑想の効果をより高めるでしょう。

質問　祈りや瞑想の会というものはすべて一種のエネルギーの伝導ではありませんか。

答　もし祈願文が使われればそうです（祈りは一種の感情〈アストラル〉的祈願です）しかし、単なる個人の瞑想（個人で行おうが、集団で行おうが）は、必ずしも参加者の範囲を越えたエネルギー伝導とはなりません。

質問　祈りと瞑想《メディテーション》との間の違いを説明して下さい。

答　祈りとは、懇願《こんがん》の表現であり、普通、みぞおちのチャクラを通して顕《あらわ》されます。最も高度な祈りになると、ハート（胸）のチャクラのエネルギーを含みます――聖なる本源とのハートとハートの無言の交わりです。

みぞおちのチャクラは、感情・アストラル的特質（「アストラル」と「感情的」とは同義です）の座で、ハートのチャクラは、高度の情緒および精神的志向の座です。

人類は、現在、ほとんど完全に感情的反応で動いていますが、これがハート（胸、心）で反応する方へ移行していくのが、我々の進化過程の目標です。それによって、感情を本当の愛に変えるのです。人間のアストラル体は、アトランティス人種の時に、進化発達したものです。千二百万年前から九万八千年前くらいにまたがった、非常に長い期間でした。あの時の種族体験を通して、人類は感情体《アストラルたい》を完成させました。――感覚、感じ、感情《フィーリング》の器《うつわ》です。アトランティス人は、その任務を非常に立派に成し遂げたので、アストラル体は、今日の人類にとって、最も強力な体なのです。我々の大部分は、意識が感情体に偏極《へんきょく》しており、アストラル界のエネルギーに押し流されています。それが人類の中に破壊を起こさせ、ほとんどの問題や困難を起こす源なのです。できるだけ早く人類がメンタル体を使って、アストラル界のエネルギーをコントロールし、感情をハート（胸）に持ち上げることができれば、それだけ早く神性への歩みを始めるでしょう。

実際、ジュワル・クール覚者は言われました。個人ができる最も重要なこと、世に与えることのできる最大の贈り物、個人として私たちができる最大の奉仕は、自分の情緒、感情体をコントロールすることである、と。この器をコントロールするや否や、あのアストラル・エネルギーは、純粋な愛に変性します。すると、みぞおちのチャクラの活動は、太陽からのエネルギーを吸収することに転換し肉体を活気づけます。脾臓《ひぞう》を通して、そのエネルギーが身体全体に配分され、感情のエネルギーは高度に持ち上げられ、愛としてハート・センターを通して表現されます。アストラル体は、本来、鏡のようであるべきなのです――静まりかえった鏡の上に、霊的直観が反映されるのです。然るにほとんどの人にとって、それは激しく攪拌《かくはん》する大鍋のようであり、巻き込まれやすいすべての感情によって、あちらこちらに押し流されます。我々はこれを征服し、愛に変性するまでは、聖なる存在とはなれません。それをなすとき、我々は神性への第一歩を歩むのです。

祈りは、ほとんどが個人的欲望や願いからなされるものであり、良くて志向の思いです。志向が高度であればあるだけ、それだけ多くのハートの活動が含まれるでしょう。

瞑想は、魂のエネルギー、真我に沿い、徐々にそれの漲《みなぎ》る存在となるための最も優れた手段です。

我々を魂と一体化させるための方法です。

祈願（インボケーション＝呼び掛け）は、少し違います。伝導は祈願と結びついています。高度な霊の源からエネルギーを呼び招き、それを、低い界へ伝え送ることです。伝導瞑想は、高度な源であるハイアラキーと低い源である人類を結ぶ橋なのです。

質問　伝導瞑想グループを通して送られるエネルギーと、カトリック教会や寺院などの儀式を使って送られてくるエネルギーとどう違いますか。

答　使われる方法以外には、大きな違いはありません。どのようなかたちで起ころうとも、エネルギーの伝導に変わりはありません。これらの宗教的儀式に参加している人々は、エネルギーを伝導していることを全く知らないかもしれません。しかし、世界の有名な寺院や教会の中に入ると、もしあなたがエネルギーに敏感であれば、物凄い波動が漲《みなぎ》っていることに気付きます。それらの建物は、たいていエネルギーのパワーの源に建てられています。マイトレーヤと覚者方によって刺激され、波動は強められており、力《パワー》と治療《ヒーリング》の中心となるべく用意されていますが、キリスト教徒のグループはこれらの教会をその本来の目的のために使うことはめったにありません。世界の他の地域ではそのような寺院やパワーセンターで、エネルギーが、意図されたように、治療的に使われています。

自由派のカトリック教会では、エネルギーの伝導は、より意識的に意図的に行われます。参加者はエネルギーを、直接的に体験します。

祈願は実質的な儀式です。伝導瞑想は、より簡単であり、より科学的であり、ややこしい儀式抜きです。

質問　グループは伝導瞑想中、そのエネルギーをアストラル界の霊たちが彼らの思う方向に利用するのを防ぐことはできますか。覚者方がエネルギーを方向づけておられると考えることこそ、グラマー（自己幻惑）ではないですか。ある意味において自由意志を放棄していることになりませんか。

答　もしあなたが伝導瞑想会で働いているならば、あなたはエネルギーがハイアラキーからあなたを通して伝送されているということを受け入れているのだと仮定してよいと思います。そうであれば、覚者方はこれらのエネルギーを意識的に科学的に送られており、その力とバランスと目標点に合わせてそれらを方向づけておられると考えるのが論理的ではないですか。そうであれば、最高の科学者であり識者である覚者方は、彼らの目的と仕事を妨害するものを防ぐことができるし、またそうしておられると仮定するのが論理的ではないですか。伝導瞑想は、自ら喜んで行う奉仕の行為です。ですから絶対に自己の自由意志を放棄していることにはなりません。

質問　私宅の伝導瞑想会においても、大祈願やマイトレーヤからのメッセージの使用によって、サイババや統合の大聖《アバター》や平衡《へいこう》の霊を呼び起こすことができますか。あなたの講演会や伝導瞑想会におけるオーバーシャドウの時に起こると同じように。

答　この質問には誤解があるようです。サイババは「呼び出される」ことはありません。それから統合の大聖と平衡の霊は講演会には居りません。統合の大聖と平衡の霊と仏陀のエネルギーが存在するのは、マイトレーヤが私をオーバーシャドウなさる結果です。（伝導瞑想の場合、私を通してこれがグループ全体のオーバーシャドウになります）。サイババのオーバーシャドウは、それが起こる時は（通常、彼に関する質問に私が答えている時ですが）、全く彼の一存、彼の意志で行われます。

質問　伝導のエネルギーは実際どの程度効力を発揮しているのですか。

答　エネルギーの伝導がいかに効果的かということを我々が正確に知ることは不可能です。しかしハイアラキーがエネルギーを伝送してこられ、また伝導瞑想会を形成することを鼓舞される事実は、彼らがこの仕事に置いている重要性を示しています。私の情報によれば、これは疑いもなく最も大切な仕事であります。

質問　（1）二十四時間続ける伝導瞑想は通常の普通の伝導瞑想と比較してどのように違うのですか。（2）時間帯によってはわずか三人位の人数になってしまう二十四時間の伝導瞑想をやるよりも、例えば十時間とか五時間位、十人か二十人くらいの人数で、本当に意識を集中させてよく伝導する方がずっと良いのではありませんか。

答　（1）二十四時間の伝導瞑想はまず時間がずっと長いということ。またそれは一年にわずか三回、すなわちハイアラキーのとり行う春の主要な祭り、復活祭とウエサク祭と人類の祭りの時にのみ行われるということ。（2）この質問に対する答は条件つきの肯定です。しかしながら、春の三大祭りは世界中のグループが一緒に強力なリズムを確立するためのユニークな機会を提供してくれます。二十四時間中、ハイアラキーはすべての活動的なグループを一緒にグローバル（全地球的）な光のネットワークに結びつけることができます。ハイアラキーは光のネットワークを絶えずつくっており、それを強化しております。また強力な心理的要素が含まれています。すなわち、この三つの祭りを祝うことで推進される志向と奉仕へのさらなる刺激です。

***質問**　人々がそのときどきに伝導することができる最大限の時間はどのくらいですか。例えば、復活祭、ウエサク、キリストの祭りという三つの霊的な祭りの際に行われるような二十四時間瞑想などにおいて。

答　二十四時間のうち、合計で十二時間以上伝導すべきではないという一般的な規定があります。

質問　復活祭の満月の時に、私たちのグループは十五時間の伝導瞑想を行いました。グループはそんなに大きくないので、同時に三人以上が座ったときはほとんどありませんでした。ですから、同時に座れる人数を、例えば八人とか十人に増やせるように、むしろ伝導瞑想をする時間を短縮したほうがより良かったでしょうか。

答 必ずしもそうではありません。それは状況によります。特に春の満月の主要な祭りのときには、たとえ同時に数人しか座れなくても、長時間の伝導瞑想のほうが貴重です。

質問 (1)満月の瞑想は伝導瞑想と同じほど大切ですか。(2)それは特別のお祝いになるでしょうか。

答 (1)はい。(2)はい。

＊**質問** シェア・インターナショナル誌に、三大祭り(イースター、ウエサク、キリストの祭り)の後の日曜日に、マイトレーヤが現地時刻の3時に祝福を与えられると掲載されていました。私の質問は、(1)祝福は誰に向けて送られるのですか。(2)どのくらいの間、頭頂のチャクラに集中して座っていればよいのですか。

答 (1)伝導瞑想グループのメンバーとマイトレーヤの降臨の活動に関わっている人々に送られます。(2)決められた時間はありません。エネルギーが流れ続ける限りです。それはグループによって様々です。

＊**質問** マイトレーヤが祝福を与えている三つの大きな祭りの間、その祝福の間にグループが伝導瞑想を行っていた場合、(1)注目がアジュナ・センターに保持されていると、祝福を逃すことになりますか。(2)瞑想の途中で注目をアジュナ・センターから頭頂部のセンターに注目を移すと、伝導瞑想の奉仕の効果はなくなるのですか。(3)伝導のプロセスに関わっている覚者(方)はマイトレーヤの祝福を伝導の一部として調整するのですか。(4)マイトレーヤは、クレーム氏のオーバーシャドウの間に起こるのと同じように、祝福を伝導として操作しているのですか。(5)祝福の間、それを受けている人々を

通して流されるのは純粋な「キリスト原理」、意識そのもののエネルギーですか。

答　(1)いいえ。(2)いいえ。(3)はい。(4)いいえ。(5)いいえ。多くのエネルギーが流されます。

質問　伝導の仕事は現在、キリスト・マイトレーヤの出現をお待ちしている間、特に重要なのですか。出現の後も同様に重要な仕事ですか。

答　伝導瞑想の仕事の重要性をいくら強調しても、しすぎるということは不可能なくらいです――キリスト・マイトレーヤと覚者方によって方向づけられたエネルギーを伝送するのです。これは、おそらく、私たちすべてが簡単に行うことのできる最も重要な仕事です――大計画に関連したどのような活動や他の仕事をしていようが、あるいは、他にどのような奉仕活動を行っていようが。現時点において、霊エネルギーの蓄えをつくるのに非常に重要であり、また瞑想や祈りと関連して、キリストを世界の外的舞台に呼び招き、彼の使命を十分に助けるために非常に大切な仕事です。伝導瞑想の仕事は、マイトレーヤと覚者方が公に出現された後も、もちろん非常に有益です。事実、それは新しい時代とそしてその先へといつまでも続く活動です。覚者方は、彼ら自身の高度なやり方で、エネルギーをさらに高度な源から一日二十四時間伝導しておられます。ハイアラキーの重要な仕事であり、終わりがありません。

質問　伝導瞑想は途方もないものであり、奉仕の一分野としての価値に加えて、その「二次的」な効果はそれを実践する人々にとって非常に強力なので、いかなる形態の個人瞑想よりもおそらく十倍も速い霊的成長を促すと、あなたは主張しています。(1)この瞑想を提供しているのがあなた一人なのはどうしてですか。(2)サイババやプレマナンダなどのような偉大な霊的存在がそれを推薦しないのはなぜですか。(3)マイトレーヤでさえ、あなたを通して与えられたメッセージの中で、それについて話されないのはなぜですか。

答　（1）伝導瞑想はハイアラキーの仕事であり、私を通して私の師である覚者が、弟子たちや志向者たちに対して強力な奉仕の分野として提供されたのです。したがって、それを世界に紹介するのは私自身の奉仕活動の一部です。（2）これがサイババやスワミ・プレマナンダによって特別に推薦されないということは見当違いです。彼らは、人々にクリシュナムルティを読みなさいとか、クリヤ・ヨガを実践しなさいとか、アリス・ベイリーを読みなさいとか推薦しません。それは彼らの任務ではありません。事実、伝導瞑想は、サイババが彼のアシュラム内で（彼自身のもの以外に）実践することを許しておられる唯一の瞑想です。（3）マイトレーヤが私を通して与えられた百四十信のメッセージのどこにも、瞑想のことを全く述べていません。それは彼の主要な関心事ではありません。

質問　伝導瞑想を学校で教えるべきですか。もしそうならば、幾つくらいからですか。

答　いいえ、伝導瞑想は学校の一般教育のテーマとしては見られないと思います。これは奉仕の一形態であり、その性質上、奉仕したいと願う弟子たちのみを惹きつけます。いずれにしても、十二歳未満の子供は伝導瞑想をやるべきではありません。

＊質問　伝導瞑想グループが存在する前は、エネルギーはどうやって世界に伝導されていたのですか。

答　伝導瞑想はユニークで非常に新しいものです。それは私の師によって世界に紹介され、一九七四年三月にロンドンで最初のグループが始まりました。

なぜ新しい瞑想の形態が必要とされたのでしょうか。この時代になって初めて、何らかの方法でこの惑星に奉仕したいという欲求を持ち、魂との同一化に近づき、奉仕の分野を探している人々の数がどんどん増えているからです。奉仕することを欲するのは肉体人間であるパーソナリティーではなく魂です。この段階に達する人々がますます増えているため、伝導瞑想を世界に与えることが可能になったのです。

覚者方は秘教科学の大家です。これは偉大な科学であり、人々がそれに参加できるようにレベルを下げたものです。これは奉仕のための簡単な方法です。なぜなら真の仕事は覚者方によって行われるからです。

覚者方はこの惑星に宇宙、太陽系、惑星外から入ってくるすべてのエネルギーの管理者です。彼らの仕事は特定の時点で必要とされるエネルギーを選び、人類が吸収できるレベルでそれを分配することです。エネルギーの波動は非常に高く、覚者方は御自身でそれらをステップ・ダウンさせます。覚者方は世界にエネルギーを分配する方法を探しており、今までは宗教団体を使ってエネルギーを配分していました。しかし、これらのグループの人々は他の人々よりも進化していないかもしれません。宗教団体には、少し進化した教師や聖職者たちがいます。ですからエネルギーを高度なレベルで扱うことができ、ステップ・ダウンして人類に利用可能にすることのできる人々がいました。これは完全に科学的なやり方で行われています。

覚者方は伝導瞑想グループを通してエネルギーを送っており、グループはその足掛かりとなります。エネルギーはグループのチャクラを通過して、世界で必要とされている場所に送られます。伝導瞑想は覚者方と直接に協働して世界に奉仕する方法です。

＊質問　伝導瞑想は将来どのような役割を果たすようになるとお考えですか。それは第一イニシエーションをまだ達成していない人々を引きつけるのでしょうか。伝導瞑想が将来どのように見られるのか、そして、このことに関連して私たちはどのような役割を担うようになるのかについて教えていただけますか。

答　伝導瞑想はまさに、将来のための瞑想です。それは明確に新しい時代のための瞑想であり、それによって人類がハイアラキーと一緒に大きな共通の仕事をすることが可能になります。これは全く新しいことであり、以前に行われたことはなく、約束に満ちています。それは本質的にイニシエーションのための準備です。イニシエーションは将来の人類にとって主要な目標になるでしょう。ますます多くの人が伝導瞑想グループに参加し、それはやがて、まさしく主要な瞑想手段になるでしょう。他の種の瞑想も存続するでしょう。しかし、伝導瞑想は他の瞑想と並行して行うことができるものです。それはどのような霊的活動の支障にもなりません。他のどのような霊的活動も、伝導瞑想を行うことで強化されるだけでしょう。

第七章　高次元と低次元の心霊活動

質問　覚者方から送られてくるエネルギーと心霊《サイキック》エネルギーとは、どう違いますか。

答　あなたがどういう意味で「心霊《サイキック》エネルギー」という言葉を使うかによります。霊能力を持つ者はエネルギーを多くの異なったレベルで利用します。高次元と低次元とがあります。高次元の霊能力を持つ者は、霊エネルギーを使いますが、低次元の霊能者は、アストラル界のエネルギーを使います。覚者方は、霊エネルギーのみを使い、魂を通して頭脳に働きかけ、高度のテレパシー、高度の霊視、霊聴でのみ、交信します。いわゆる霊能者は、みぞおちのセンターを通して、アストラル界のみで働きます。覚者方は、アストラル界には、一切興味を持ちません。ですから、あなたが心霊エネルギーを何と理解しているかによります。

覚者方は、霊エネルギーを高位のチャクラを通して送られます――ハート（胸）チャクラ、喉のチャクラ、アジュナ（眉間）チャクラ、頭頂のチャクラです。長期的にみれば、これが高位の心霊活動を刺激するでしょうが、低位《ていい》の情緒感情的《アストラル》性格の心霊活動を刺激することはないでしょう。

質問　守護霊、指導霊と覚者とは、同じですか。

答　いいえ。私は、覚者方についてガイドという言葉を使いました。覚者方は、案内者であり、守護者であり、保護者であり、現代種族の、文化文明の鼓舞者です。

しかし、霊媒を中心にした心霊術や降霊術のグループがたくさん存在しますが、霊媒を通してグループを指導している守護指導霊（ガイド）は覚者ではありません。
覚者方は、決してそのような低次元の心霊術を使いません。高位のメンタル界においてのみ、覚者方に接触することができます。〔訳注＝アストラル界の上位にメンタル界があり、その中に四つの亜界がある〕
覚者方は、アストラル界を使いませんが、世界中の大多数の霊媒《れいばい》が、交霊会の間に接触をつけるのはアストラル界です。これらの霊は、進化したものであっても、せいぜいハイアラキーの弟子であり、ほとんどの場合、霊が交信に使う霊媒自身と同じ進化レベルのものです。アストラル界にある霊存在であり、いたずらや悪さをする者もいるし、慈善心に富む者もいます。
もし霊媒《れいばい》そのものが十分に進化していれば、人を助け、向上心を起こさせるような指導をすることを仕事としている特定の霊が、高位のアストラル界から交信してくることもあります。（アストラル界には七つの亜界があり、高位の第六、第七亜界のレベルになると、高尚な慈悲深い教え等が伝えられる）
霊媒《れいばい》自身の進化レベルと、霊媒《れいばい》の周りに集うグループの質、および、霊媒《れいばい》が高位のアストラル界または低位のメンタル界に接触することができるかどうかによって、様々であります。

＊質問　伝導瞑想の間に、第三の目を通して、マイトレーヤや覚者方を見ることはできますか。

答　いいえ。

質問　高位の指導や教えを、いかにして識別したらよいですか。

答　与えられた情報の質によって分かります――それが本当に非個人的なものか、全く個人的な私事であるかによって、です。もし私事に関する忠告ならば、高位レベルからの情報ではありません。もし私事に関しない、多数の福祉に関わることならば、そうかもしれません。指導が高度であればあるほど、非個人的なものです。世界各地から多くの人々が私に便りを寄せて、彼らの守護指導霊や彼らの〝覚者方〟、ときには〝マイトレーヤ〟から受けたという〝教え〟を私に送ってきます。例外なしに、これらのメッセージは、アストラル界のいずれかの段階のものです。大部分が全くつまらないことであり、真の価値のないメッセージです。もちろん、高位のアストラル界に存在し、高度に進化した弟子たちである指導霊が、霊媒を通して非常に高度な教えを伝えてくる場合も存在します。非常に明確な最近の事例としては、「奇蹟についての教科課程《コース・イン・ミラクルズ》」と題する本です。この書は、イエス覚者によって、霊感を吹き込まれたものであり、それはイエスの概念《がいねん》であり、アイディアであり、彼の教えを包含《ほうがん》するものです。しかし、それはイエスによって直接与えられたものではなく、イエスの弟子の一人によって、高位のアストラル界において、ある霊媒《れいばい》を通じて伝えられたものです。イエス覚者は、そのような形で霊媒《れいばい》を使うことをなさいません。イエスの弟子が高位の内的次元《ないてきじげん》から霊媒《れいばい》を通して伝えてきたのであり、霊《れい》媒《ばい》自身もかなり進化した人でした。

この書は、それなりの役割を果たし、その背後にイエス覚者のアイディアと概念《がいねん》を含んでいます。これは、一般の霊媒を通して伝えられる通常の類と全く異なったものです。イエス覚者は、非常に高位の覚者であり、第六段階のイニシエートであり、救世主《キリスト》であるマイトレーヤの密接な共働者です。イエスに祈る人々すべてに対して、みぞおちのセンターからではなくハート・センターから、彼に呼び掛ける者たち全員に関わっておられます。ハート（胸、心）がハイアラキーとの連結であります。ハートを信じ、ハートを通して働きかけるものを信じることができます。しかし、みぞおちセンターを通して働きかけるものを信用することはできません。

質問　私たちの体験の中で、高次元の心霊現象と低次元の心霊現象をどうやって見分けますか。

答　経験と識別する能力と自分自身のエーテル体の構成に関する知識が必要です。

我々は、自分の中に、濃密な肉体に匹敵するエーテル体を持っています。エーテル体は、より精妙な物質からできています。自分のエーテルの覆いとチャクラそのものを非常に敏感に知覚することができるようになると、特定の体験に伴うエネルギーが、どこから来るものであり、どのチャクラを通って流れているかを識別することができます。低位の心霊活動は、すべて、エーテル界の上位にあるアストラル界で活性化し、エーテル体にあるみぞおちのチャクラを通してエネルギーが流れます。

アストラル界には七つのレベル（亜界《あかい》）がありま す。「界」とは、単に意識の状態であり、それぞれにエネルギーの流れがあります。そのレベルについて意識的に知覚できるようになると、そのエネルギーを使うことができます。人類は物質界の意識を持つので、物質界は我々にとって一つの現実です。人類は、また、アストラル（情緒的感情的）意識を持っていますから、アストラル界とそのエネルギーはみぞおちチャクラを通して流れ、我々が利用することができます。我々が「感じる」とき、感情を示すとき、アストラル界からのエネルギーを扱っているのです。

低位《ていい》の心霊《サイキック》エネルギーはすべてアストラル界から来て、みぞおちチャクラを通して流れます。ですからそのチャクラが活気づいてくると、そのエネルギーはどの界からのものかが、すぐ分かります。

すべての霊《スピリチュアル》エネルギーは、ハート（胸）、喉、アジュナ（眉間）、頭頂の各チャクラを通して流れます。ですからハートから下位のチャクラを通して流れるものは、低位の心霊《サイキック》エネルギーだということが分かります。しかし、このように識別するには、エネルギーと自分のチャクラに対する敏感さが必要であり、同時に経験と識別する能力と、囚《とら》われのない心が必要です。

質問　霊媒《れいばい》を通じて伝えられる教えやメッセージは、確かなものですか。

答　世界の霊媒《れいばい》たちは、大多数が、アストラル界のいずれかのレベルで霊交信を持ちます。それは、自己欺瞞《じこぎまん》、幻惑《げんわく》、妄想《もうそう》の世界であり、人類の想念で築かれています。肉体を持って転生していない霊存在が、たくさんアストラル界でアストラル体を持って住んでいます。その中のある者は、世に出ている霊媒を通して交信してきます。世界中の大多数の心霊会、降霊会のグループの人々は、彼らの霊媒《れいばい》を通して非常に高級な指導を受けていると信じています。しかしながら、その指導は、その他のいずれの霊交信にもみられるように、まがいものであることが多いのです。メッセージが、物質界外から来るからと言って、その正しさは保証されません。だからと言って、高位のアストラル界（第六、第七亜界）で、一般的な性格で心を高揚《こうよう》する価値ある交信をしてくる霊存在がいないわけではありません。しかし、ハイアラキーの大計画に関する堅い事実についての交信をアストラル界から得ることは決してないでしょう。覚者方は、その次元で働きかけないのです。マイトレーヤの降臨の情報が、真《まこと》であるかそうでないのか、霊媒《れいばい》も知らないし、霊媒を通して語る霊存在も知らないのです。覚者方は、大計画の真相をこれらの領域に流しません。

霊媒《れいばい》がどのように才能があっても、どれだけ経験を積んだ交霊者であっても、その指導霊がどれほど尊い存在であると主張しようとも関係ありません。そのレベルから、この種の事実は得られないでしょう。心を高揚《こうよう》させるような、広い、一般的な性質の素晴らしい教えは得られても、確かな堅い事実は得られません。

質問　アストラル界の「霊存在」が伝導瞑想について、あなたの言うことと違った提案をすることはあり得ますか。

答　あり得ます。アストラル界には沢山のいたずら好きな霊存在が居り、霊媒《れいばい》的タイプの人を通してすることもあるでしょう。彼らが交信してくることが何であろうと無視すべきです。ハイアラキーがなさるこの仕事には全く関わりがありません。

質問　このような「霊存在」が伝導瞑想のエネルギーに影響を与えることはあり得ますか。

答　いいえ、絶対ありません。これらのエネルギーはキリスト・マイトレーヤと彼のグループの覚者方の完全なコントロールの下にあります。

質問　もし「霊存在」や「知的存在物」とのコンタクトを持つ場合、それらはどこで働きますか。

答　例外なしにアストラル界です。そのようなコンタクトに注意を払うべきではありません。人は自由意志がありますが、もしそのようなコンタクトを執拗《しつよう》に維持《いじ》し続ける人がいたら、それは伝導瞑想の仕事の外で、彼ら自身で続けるように申し入れるべきです。

質問　そのような霊媒《れいばい》の交信過程と、アリス・ベイリーを通してジュワル・クール（ＤＫ）覚者によって伝えられた情報と、どう違いますか。

答　完全に異なります。低次元の心霊活動は、肉体人間《パーソナリティー》の装置を通して働きます。高次元の心霊活動は、魂の装置を通して働きます。

アリス・ベイリーは、非常に高度に進化した個人でした。イニシエートであり、魂のレベルの交信である高度の思念伝達《テレパシー》のみを使いました。（霊媒《れいばい》のように、霊の交信中、自分の意識がないのとは全く異なります）。アリス・ベイリーが書いたものは、彼女自身が書いた五冊の本を除いて、すべて高度のテレパシーによってジュワル・クール（ＤＫ）覚者が直接に伝えたものです。ＤＫ覚者が彼女に正確に口述したものであり、一言たりとも彼女はそれを変えませんでした。もし、彼女がある特定の言葉に疑問を持った時には、ＤＫ覚者は通常「これについては、あなたの判断を用いなさい。あなたの英語の方が私のよりも上手なのだから」と言われました。しかし、時には、「いや、それが私の言いたい意味なのだから、その言葉を使いなさい」と言われました。それほど正確で精密なものです。アリス・ベイリー自身のアストラル体やメンタル体の質によって、その内容は一切変色されていません。

ハイアラキーの覚者たちがこの種の教えを伝えることを欲するときは、魂の次元で機能することのできる弟子のみを使います。肉体人間《パーソナリティー》が十分に魂と調和し、一体となっている時に高度のテレパシーによる交信が可能となるのです。

それは霊媒の仕事と全く異なります。アリス・ベイリーは、仲介者であり筆記者でした。霊媒ではありません。その教えの質とそれから伝わる波動の質によって分かります。その違いを識別する能力を養うことが必要です。

質問　通常言われるテレパシー（ESPとか霊能《サイキッ》力《ク》とか霊能的感受性とか）と、あなたの師との間、またはアリス・ベイリーとジュワル・クール（DK）覚者との間のメンタル・テレパシーとに違いがあるとすれば何ですか。

答　テレパシーは人間の持つ自然の能力ですが、まだ大多数においては未開発です。ほとんどのテレパシーの接触は本能的に、でたらめに起こり、情緒的行為や感受性の結果ですが、本当のテレパシー（思念伝達）は知的《メンタル》プロセス――マインドからマインドへ――であり、コントロールされた目的を持ったものとして機能するためには、メンタル偏極《へんきょく》（意識の働きがアストラルではなく、メンタルに傾いていること）が必要です。真のメンタル（スピリチュアル、または魂の）テレパシーと、より一般的な霊能的《サイキック》感受性との間には主要な違いがあります――後者はその情報（通信）をアストラル界のいずれかのレベルから受けます。ですから受けた情報または教えは、この次元の幻惑《げんわく》的性質に支配されます（アストラル界――幻惑妄想《げんわくもうそう》の次元）。そして必ず多かれ少なかれリアリティの歪曲《わいきょく》があります。一方、真のメンタルテレパシーは二つの完全に意識し集中したマインドの間のコミュニケーションであり、コンタクトをとる媒体《ばいたい》として「マインド」の次元を使います。それは実に、魂の機能のデモンストレーションです。意図的であり即時《そくじ》的であり全然誤りのないものです。

覚者方は魂の次元からのみ働かれ、彼らの間のコミュニケーションはこの方法を使います。またこの方法を可能にするだけ十分にメンタル偏極が発達している弟子との間のコンタクトにもこれを使います。覚者と弟子との間には様々なコンタクトのレベルと関係の種類があります。たまに（そして、弟子の側には無意識に）与えられる印象から、時々刻々の絶え間ない霊的オーバーシャドウに至るまであります。これは弟子の自由意志を侵《おか》しません。憑依《ひょうい》（例えばヒトラーの場合のように）は物質性の王（闇の王）によって使われます。弟子イエスはキリスト・マイトレーヤによって深くオーバーシャドウされましたが、取り憑《つ》かれたのではありません。

質問　オーバーシャドウについてのあなたの見解と、聖書に言う悪霊の憑依《ひょうい》現象とを、対照させてください。

答　これは、硬貨の両面のようなものです。闇の《ブラック・》館《ロッジ》の達人方と光の館の覚者方がおります。イエス覚者やモリヤ覚者等、私が語っているハイアラキーの覚者方は、光の側の働き手であります。闇の側の達人方は、光の側の覚者方と同じような様々な能力を持っていますが、大きな違いは愛の欠如です。

光の覚者方は、意識のレベルで魂に働きかけ、また印象の科学に関連する様々なプロセス、アイディアやエネルギーの印象を刻むプロセスを通して弟子たちに働きかけます。最も微妙な種類のメンタルや、アストラルの印象づけからオーバーシャドウにまでまたがります。オーバーシャドウも部分的一時的なものからほとんど完全な長期的のものまであります。魂を通してメンタル体やアストラル体をオーバーシャドウするものから、肉体人間の器《うつわ》を完全に支配するものまで、様々あります。高度に進化した霊存在がその意識の幾分か（またはすべて）を、より低位の人間を通して顕《あらわ》すことができるためのプロセスです。

明らかな例はキリストによる弟子イエスのオーバーシャドウです。二千年前キリストはヒマラヤに留まられたまま、彼の意識がイエスの肉体を支配し、働かれたのです。これが大聖《アバター》や大師の顕現《けんげん》の古典的方法です。これは悪魔的憑依《ひょうい》と全く異なります。キリストが洗礼の場でイエスの肉体を完全に支配した時、イエス覚者自身（その当時は弟子であったイエス）の完全な認識と協力と承諾を得て行いました。仏陀がゴータマ王子の肉体を完全に支配された時にも、同様に王子の完全な承諾と同意と協力を得てなされました。彼らの自由意志は決して侵害されませんでした。

他方、闇の館《ブラック・ロッジ》にあってはそのようなやり方ではなく、完全な乗っ取りの手段が使われます。この惑星の低位のアストラル界において、開けっ放しになっている人間、そして同じような波動を持つ人間の肉体を支配する霊存在があります。それが悪魔の憑依です。全く無意識です。取り憑かれた側にとっては何の意識的構想もなく、もちろん、その個人の自由意志の完全な侵害です。非常に危険なものです。それを避けるためには、あなたの波動のレベルを悪魔が憑依《ひょうい》できない程、高く保つことです。

質問　いわゆる「闇の勢力」は善意の人々を騙《だま》し、彼らの意図を転覆《てんぷく》させるために、「光の勢力」を装ったり、見せかけたりしますか。もし、そうならば、騙《だま》されないためには、どうすべきですか。

答　はい、これは物質性の勢力がよくやるいたずらです。彼らは軽率な者たちを誘惑するために、しばしばハイアラキーの使う方法を真似します。騙されないための最良の防衛は自分の動機を注意深く調べて、それを純粋に利他的に保つことです。闇の勢力は、魂の光と愛が行動を支配しているところには、働きかけたり影響を与えたりすることはできません。客観性と無私の心が、魂によって鼓舞された行動とアイディアの基調です。このような場合には、人は自動的に保護されています。

質問　私がこのことを恐れることそれ自体が「闇の勢力」の活動ですか。

答　いいえ。それは一般的な恐れです。私が思うには、最良の方法は「闇の勢力」のことを完全に忘れることです――つまり、あたかも彼らは存在しないかのようにして進むことです。そうすることによって彼らに（注目の）エネルギーを与えないのです。

質問　友人が最近、集中的な内的探究の期間の後、心霊的《サイキック》攻撃の犠牲になりました。ここで一体何が起こったのでしょうか？　どうしたらそのような危険は避けられるでしょうか。深い瞑想が危険なタイプの人がいるのでしょうか。

答　特定の状況を知らないので、この質問に対しては一般的な答えしか提供できません。まず最初に、あなたの友人が正しい種類の「集中的な内的探究の後」に心霊的「攻撃」の犠牲になったということは非常に疑わしいです。むしろ、彼女は、未熟なやり方で瞑想を行い、それによって彼女自身の情緒的なバランスを乱したのではないかと思います。瞑想を通して魂のエネルギーを喚起しておきながら、それ以前と同じままでいることは不可能です。これらの高位のエネルギーに対して、いつも何らかの反応があります。

その反応は通常、次のような経過を辿《たど》ります。もし、瞑想が科学的であり、巧みに、賢く行われるならば、その人の裡に奉仕への欲求、創造への欲求が急に刺激されるでしょう。魂のエネルギーが情緒体《アストラル》に影響を与えるにつれて、一時的に感情的な混乱が訪れることもあるし、そうでないこともあります。もし選んだ瞑想の方法が不適切であったり、間違って行われた場合――つまり必要な配慮と均衡《きんこう》を考えずに――その結果は非常に不幸なことになり得ます。その人がもともと情緒的に不安定であった場合は、特にそうです。あなたの友人の場合はこの例なのだと思います。

心霊的《サイキック》攻撃は確かに起こりますが、真剣に瞑想を行っている人にはめったに起こりません。それは一般に、霊媒《れいばい》的素質のある人で、低位のアストラル界からの妨害に――波動の類似性《るいじせい》を通して――自分自身を明け渡す人に起こります。そのような危険を避ける方法は、瞑想と奉仕を通して、志向と波動率をできるだけ高く保っておくことです。

質問　私は周りにいる人々の嫉妬や嫌悪によって悪い波動を引きつけているような気がするのです。そしてこれが私を病気にしているように思うのですが、これはあり得ますか。

答　百回のうち九十九回はそのようなことはありません。人の病気のほとんどは、感情的な不均衡、魂やメンタル界、アストラル界からのエネルギーの誤った使用の結果です——つまり、それらはカルマの反応です。もちろん外的な原因による場合も少数ありますが、非常に少ないのでほとんど無視しても構わないくらいです。自分の肉体的な病気を他人のせいにしない方がより賢明であり、より正確です。目指すべきことは、アストラル体のメンタル・コントロールであり、自分の感情から超脱することであり、そうすることによって、自己のオーラの輝きを強めます。

質問　伝導瞑想を行っている間、私たちは外部からの悪い影響から自分たちを守るために特別な保護が必要ですか。それとも覚者方が私たちを保護してくださいますか。

答　伝導瞑想の間、覚者方はエネルギーのプロセスを完全にコントロールしておられます。そして伝導瞑想を行っている人は誰でもすべて、外部の源から発するいかなる影響からも完全に保護されています。しかし、覚者方は参加している人自身のアストラル（感情的）の想像や空想からその人を保護することはありません。

質問　想像《イマジネーション》と、真の内的自覚との違いは何ですか。

答　内的自覚は直観です。我々が普通に直感と呼んでいるものは、本当は霊的直観のレベルから来るものではなくマナスのレベルからきます。魂は、モナッドまたは霊《スピリット》から生ずる三つの霊的レベルのための受容器であり、モナッドの単なる反映にすぎません。我々は、実際、三重の存在なのです。このリアリティを決して忘れてはいけません。我々自身を魂として見る習慣をつけなければなりません。

内的自覚と想像の違いは意識の焦点の違いです。ほとんどの人は、アストラル（情緒感情）の次元に意識の焦点があります。つまり考えることと思うことのほとんどがアストラル（情緒感情）の次元に集中しています。みぞおちセンターを通して機能し、彼らの自覚は、感情的情緒的です。これは想像です。秘教の言葉の中に、グラマー（幻惑《げんわく》、自己欺瞞《じこぎまん》）と呼ばれる意識の状態があります。この意味は多様ですが、「ハリウッド映画界のグラマー」と言うとき、その意味が何となく感じられます。ハリウッドのグラマーという表現は、すべてが素晴らしいのだが、他方ピカピカ光る金ぴかの町と呼ばれるものを暗示します。いかにおもしろく、感情的に魅《み》せられるものであろうとも、それが現実でないことを我々は知っています。

アストラル界に起源を持つものは、リアル（実相）ではありません。我々の感情的反応は、アストラル界から来るエネルギー（想念）が我々のみぞおちのチャクラを通して流れる結果、引き起こされるのです。グラマーはアストラル界にある幻惑《げんわく》です。

人類の進化の目標はメンタル界から働くことです。アストラル界をコントロールするにはメンタルに、知的に焦点《しょうてん》が絞《しぼ》られていなければなりません。アストラル界は本来、鏡であり、静まりかえった湖であるべきで、その上に内的自覚、ブッディのレベルの霊的直観が反映されるべきものです。アストラル体が静まり純化されると、そこを通るアストラル・エネルギーの動きにもはや反応しなくなります。アストラル体が不純のままであると混乱を起こします。我々はアストラル・エネルギーの嵐の中に翻弄《ほんろう》されて、全く無責任な見当違いの、リアルでない行動に駆《か》り立てられるのです。なぜなら、アストラル界は文字通り、非リアルなものですから。覚者方にとって、アストラル界は存在しません。それは幻覚です。然るに、ブッディまたは霊的直観は内的自覚です。いずれの分野であれ、ずば抜けて創造的な人々が「想像力を使って」と言うときには、実は、直観の使用によっているのです。それは、我々が想像と呼ぶものとは全く異なったものです。想像はアストラル界から発するものであり、実は想像ではなくてむしろ幻想です。

　直観は直接の知識です——識《し》っているから識《し》っているのです。それはブッディレベルから来るのであり、いつも正しいのです。誤っていることは決してありません。それは魂から——魂の上位レベルからですが、魂を通って——来るのですから間違っていることはありません。

　人類の感情・情緒体《アストラル》が純化され、コントロールされたとき、人類はこれを使用できます。コントロールができ次第、アストラル体を通って働くエネルギーは変性されて、ハートに持ち上げられます。もちろんこれは、長い期間をかけて徐々に進むことです。ハートの反応は、いつも正しいです。どのような状況の下にあろうとも、ハートの反応を信用することができます。問題は、ほとんどの人の反応は、たとえ一部分にせよ、みぞおちからの反応（感情）も含まれています。そうするとグラマーが入ってくるのです。ですから最良の意図を持ちながら、みぞおちの活動が入ってくるため、ある程度のグラマーを反映させてしまうのです。人はグラマーの中に生きているのです。

　自分をキリストとかマイトレーヤであると思い込んでいる人を、私はたくさん知っています。彼らは私にしょっちゅう手紙をくれます。電話をかけてきます。私の家にまで来ます。彼らは、自分がその人であるという感じを抱くのです。それはグラマーです。内的自覚は全く直接的です。そのように感じたり、体験したりするのではありません。即座に識るのです。決して間違うことはありません。それは、感情的エネルギーの混ぜ合わせなしに、ハートを通して機能します。

憐憫《れんびん》の情と慈悲の心との違いは、グラマーと本当に直観的ハート＝ブッディの反応との違いです。自分のエネルギーセンター（チャクラ）に敏感であれば、感じ分けることができます。あなたのみぞおちの活動が、あなたの体験を告げている時は必ず、それはグラマーです。それが純粋にハート・センター（右側の胸にあるのがスピリチュアル・ハート・センター）からであるならば、信用できます。

第八章　魂、瞑想、奉仕

質問　瞑想を通して我々に入るエネルギーを役に立たせる必要があると言われましたが、何を意味しているのですか。

答　一人で瞑想に時を費やし、自分個人の精神的救いにのみ励む時代は過ぎました。奉仕という義務を、必要を、同時に受け入れねばなりません。

魂の特性は、奉仕することです。魂は利他的な奉仕しか知りません。ロゴス（神）の計画に奉仕するために肉体をまとって現れるのです。ですから、長い時間を瞑想に費やし、魂との接触を保持する努力をしながら、魂の目的を実行しないのでは何の意味もありません。魂はロゴスの計画を遂行しているのです。この肉体界に制限されてしまうことは、魂にとっては大きな犠牲です。もちろん、魂はこの次元において経験を積んで行きます。しかし、転生過程の背後にある本当の理由は、魂自身の犠牲的決意を通して、ロゴスの意志を遂行することです。

魂がそのエネルギーを、器《うつわ》――肉体、感情《アストラル》・情緒体、識心《メンタル》・理知体――に注ぎ込むと、これらの器《うつわ》は刺激されます。魂は、肉体人間をしっかりと捉《とら》え、それを魂自身の反映にしていこうとします。肉体人間はこれを感知し、反抗します。そこで、魂と強力な欲望の特性を持つ肉体人間との間に主導権争いが、長い間、幾つもの転生をかけて行われます。しかし、最終的に、魂が勝ちます。より上位の存在だからです。魂のエネルギーの方が強く、そして、進化の法則がその背後に働いていますから、いずれは、魂が肉体人間を己《おのれ》の反映に変えていくでしょう。しかし、それは肉体人間が観念して魂の特質を反映し始める時、初めて可能となります。そして肉体人間を通して霊的意志と霊的愛と高度のメンタル特質が顕《あらわ》され、その男女はまさに生きた魂となります。

瞑想に従事する者はすべて、意識しようがしまいが、肉体の頭脳を魂に整列させることを、肉体人間としての器《うつわ》を真我《しんが》に直列させる努力をしているのです。瞑想はそのためのものです。転生している男女を、真我に、魂に接触させ、やがてはそれと一体にさせるための、科学的方法です。瞑想の種類によってその程度は異なりますが……。

瞑想をしていながら、そのエネルギーを意図的な奉仕に使用しなければ、その結果は必ず、エーテル体のエネルギーの平衡《へいこう》に障害を起こします。チャクラが塞がれて、必然的にノイローゼや肉体次元の何らかの病気を引き起こします。より高度に進化した人々の中にノイローゼ気味の人が多いのはこのためです。魂のレベルから来るエネルギーを奉仕に使わないためにそうなるのです。彼らはそれを利己的に使っているのです。言い換《か》えれば、それを誤用するのです。

これは一つの段階です。我々は、すべてこの段階を通るのであり、非難する意図はありません。ノイローゼを避ける方法は、魂のエネルギーを正しく使うことです。ノイローゼやその他の病気（もちろん、カルマによるもの以外の病気）を避けるための最も効果的な方法です。

質問　奉仕についての話がたくさん出てきますが、それは実際何を意味するのですか。ある意味で、すべての人が奉仕しているのではありませんか。例えば農夫は我々の生存のために原料を提供してくれています。彼の動機は単に生活費を稼いで、家族に快適な生活をさせるということかも知れませんが。他の人も良い生活ができるようにということには関心がないかも知れません。しかし利己的な動機であれ、彼は食糧を提供することで人々に奉仕しているのではありませんか。

答　問題は、彼自身そして彼の家族がそれによって恩恵を受けなくても、彼は食糧を提供し続けるかということです。言い換えれば、彼は自分自身に奉仕しているのか、世界に奉仕しているのか？　奉仕とは魂の命令で遂行される利他的（非利己的）行為です。ある意味でもちろん、質問者の言うことは正しいですが、動機が重要なのです。奉仕は非自己（自己以外）のために、ただそれが必要だから行われるのであって、個人的な理由のためになされるのでは全くありません。

質問　伝導瞑想の仕事は我々をハイアラキーに案内してくれますか。メンタルに偏向極化《へんこうきょくか》するプロセスを速めますか。

答　伝導瞑想の仕事は戸口であり、それがハイアラキーに直行する径《みち》に通じています。世界にいる志向者や弟子たちがお互い同士、協力的に働くように、ハイアラキーによって計画されたプロセスの一部です。ほとんどの人が、用意が整っていようがいまいが、ハイアラキーに接近したがります――覚者に会いたがり、覚者と共に働きたがります。伝導瞑想は覚者に会うための道ではありませんが、覚者と共に働くための最も簡単な道です。

伝導瞑想で私たちが実際に行っていることは（もちろん、世界を助けることの他にですが）、クリヤ・ヨガを行っているのです。しかもそれはあなたのために実際に覚者方によってなされているのです。あなたが気付かないうちに、アストラルからメンタルへの偏向点《へんこうてん》の移行が徐々に起こっております。あなたが気付くことは、あなた自身の内面の変化であり、世の中に対する見方が変わることです。多くの人は私に言います。「私は以前よりも良い人間になったような気がします。仕事がより良くできます。私はより知的に集中でき、より表現力もつきました。多くのアイディアを総合することができます、等々」。これは皆、着実な伝導瞑想の仕事の結果です。それはただ伝導瞑想をやっているだけで起こるのです。なぜなら、すべて覚者方によってあなたのために行われているからです。これは非常に深い意味のある秘教の瞑想であり、覚者方があなたのためにエネルギーを操作してくださいます。クリヤ・ヨガの実践を二十年間続けて成し遂げることを、一年間の着実な正しい伝導瞑想でおそらく成し遂げることも可能でしょう。

メンタル偏極《へんきょく》というのは、感情界《アストラル》から識心界《メンタル》への意識の転移の結果であり、第一段階から第二段階のイニシエーションの間の期間（平均六、七回の転生を要する）にまたがり、この二つの大いなるイベントの中間点でメンタル偏極《へんきょく》が始まります。メンタルに偏極しているということは魂がメンタル界を通して働くことを可能にし、アストラル界の活動であるグラマー（自己幻惑、錯誤）を打破します。グラマーの霧がメンタル界の光によって分散されるとき、徐々に偏極《へんきょく》の転移が起こります。

多くの人は感情的過程と知的過程を混同します。「考えている」と思っている時でも、実際には感情的反応をアストラル界の想念でまとい、それを「思考」と間違えます。ですから、マインドを集中させること、すべての状況や反応において知性を活動させることは何でも、偏極《へんきょく》のプロセスを速めます。様々な種類の瞑想（但し、非常にしばしば瞑想と間違えられる消極的沈思を除く）は、この方向への最良の原動力です。それからすべての状況において、特に最も感情が掻き乱される状況の時に、自分の反応をできるだけ非個人的に客観的に正直に見つめるという勤勉な決意です。また自分の光線《レイ》の構成を理解する――したがってそれは自分のグラマーを理解することです。それから自分の生涯を人類への奉仕に捧げることであり、これは多大に自己集中の排除につながります。これらのことすべてが意識をより高度の次元へ転移させる助けとなり、ひいては魂の光を生活のすべての状況の中に持ち込むことになります。

質問　自分の進化にとって伝導瞑想だけで十分ですか、それとも精神分析を通して自分の感情を処理することも必要ですか。

答　伝導瞑想を持続的に行い、適応することによって、徐々にメンタル体への意識の偏極をもたらします。この意識の偏極《へんきょく》のみが感情の統御《とうぎょ》をもたらすのです。もちろん、自己を他へ向ける、非自己集中化させる傾向のあるあらゆる種類の奉仕は、これを援助します。特にひどいノイローゼ的状態でもない限り、精神分析は必要ないと思います。精神分析は、しばしば注目をあまりにも強く自己に集注させます。

＊質問　現在の世界の緊張のせいで私は緊張し神経質になっていますが、それに影響されたり極端な恐怖心に飲み込まれたりしたくありません。肯定的であり続けるために何をすれば役立ちますか。（２）今世界はかなり狂気の状態ですが、これは長い間続くでしょうか。（３）現在の世界状況はマイトレーヤの出現を遅らせるでしょうか。

答　（１）瞑想と無執着《むしゅうちゃく》を実践し、大義《たいぎ》のために働きなさい。（２）いいえ。（３）いいえ。

質問　奉仕をするのに伝導瞑想だけで十分ですか、それとも一緒に他の形態の奉仕も行うべきですか。

答　もしあなたが十分に伝導瞑想に捧げるならば、あなたの奉仕生活にとってはそれだけで十分でしょう。しかし救わなければならない世界があるのです。そして奉仕する方法は数えきれないほどあるのです。伝導瞑想が奉仕の全部である必要はありません。その他に何をしようが——他の形態の瞑想だろうが、奉仕だろうが、活動だろうが——伝導瞑想を行うことによって、さらに強力になることに気付くでしょう。

質問　世界が経験するすべての苦痛や苦難に対して、あまりにも敏感になりすぎることなく対処できるようになるために役立つのは、瞑想のどの側面なのですか。

答　伝導瞑想のみではなく、すべての瞑想がその道具——転生している男女——を敏感にさせることは確かです。なぜなら、それは肉体人間を魂の特質、例えば霊的感受性とか愛の特質で滲《し》み通すからです。この過程が起こるにつれて、それと一緒に培《つちか》われていくべきものは霊的無執着《むしゅうちゃく》の感覚です。それは無関心でもなく、非人間性でもありません、それは霊的特質などではなく、肉体人間の単なる分離感にすぎません。必要なのは、世界の苦痛、苦難、必要に対して敏感に直接的に最大に反応できることであり、それと同時に苦痛や苦難に対する感情的反応から離れて、人類のために行動することを可能にする霊的無執着《むしゅうちゃく》です。もし、自分が苦痛や苦難とあまりにも同一視してしまい、行動を起こすことが不可能であるならば、それは単なる感情的自己陶酔《じことうすい》にすぎません。魂はすべての苦痛や苦難を見ます。全人類の魂の体現《たいげん》であるキリストは、人類の苦痛や苦難をご覧になりますが、霊的無執着《むしゅうちゃく》を持っており、感情的反応を全く持たないので、最も強力な方法で行動することができるのです。苦痛や苦難に対する心からの愛の反応、およびあなたがそのために行動することを可能にする霊的無執着《むしゅうちゃく》と、苦痛や苦難の中にあなたを閉じ込めてしまう感情的反応との違いを区別しなければなりません。愛は能動的です。感情的反応は感傷にすぎません。自分自身の苦しみをその中に見るのでそれと同一視するのです。愛の反応はそれ自身の苦しみの感覚を持たないので、感情的に反応することなしにそれと同一認することができます。必要は、感情的反応を通ることなしに、世界の必要と自分を同一認することです。

質問　グループ活動の重要性は何ですか。そして伝導瞑想の仕事はグループ活動をどのように助けますか。

答　新しい時代《ニュー・エイジ》は集団《グループ》意識の時代であり、単にグループとして共に働くだけでなく、集団《グループ》意識の中で共に考え、感じ、探検していきます。完全な一体性です。これは人類にとって未だ知られていないものです。他方、覚者方は集団《グループ》意識のみ持っておられます。彼らの意識の中には分離した自我というものは存在しません。グループで共に働くことは、その集団《グループ》意識を開発する体験を人類に提供します。

人類そのものが、もちろん、主要な「集団《グループ》」であります。我々は、皆、そのグループの部分です。現在、我々は別々の分離した生き方をしていますが、来たるべき時代には一つのグループとして行動します。事実、もしそうしなければ、もし我々が人類の内的結合を、グループのリアリティを社会の機構《しくみ》や制度を通して実現し、表していくことができなければ自己破壊します。

いかなる種類の活動であろうと、グループで行う方がより良く進むということを知るでしょう。このことを我々は今やっと理解し始めています。私がこの仕事を公に始めた時に、最初に行うように言われたことは伝導瞑想のグループをつくることでした。それにはもちろんその理由があります。この仕事におけるすべての真に行動的なグループの基盤に伝導瞑想のグループがあります。それがエネルギーの源です。グループへの霊的滋養が覚者方から来ます——そこに力《パワー》の基盤があります。そこからいつでも汲《く》み取ることのできる泉です。すべてのグループがこれを持っているわけではありません。多くは、送られているエネルギーに漠然と反応している、これは確かです。しかし、彼らは彼らの仕事を最大の集中度でなすことができるように絶えず霊的に充電させておく強力なダイナミックなプロセスを持たないでしょう。ですから、多くは話ばかりの多いグループになりがちで、しばしば離散したり、または活動を改革したり変えたりします。これは成長の自然な過程として起きると共に、そのグループ自身のために変化する要求があるからです。しかし、すべての活動の基盤として伝導瞑想があるときには、あたかも、絶えず電源に連結しているのと同じようです。ですから必要ならばいつでも火があるのです。これが、グループが伝導瞑想を行うことの重要性の一つです。

***質問**　グループ活動への参加に関して、優先順位をどのように決めればよいでしょうか。バランスを保つのに苦労しています。

答　内的なことと外的なことのバランスをつくる

のは大切です。伝導瞑想は単に内的生活に関係するものではありません。それは物質界における奉仕の行為です。内的経験であると同時に、外的な奉仕活動の一部です。

人にはそれぞれ異なった必要条件があります――彼らの職業や暇な時間に応じて、異なったエネルギーの量、志向、時間の要求があります。自分の人生のなかで、一定の決断を、したがって、妥協をしなければなりません。弟子たちにとっての選択は様々な優先事項のあいだで、どう優先順位を決めるかの問題です。

ほとんどの人は生活費を稼がなければなりません。それが第一の優先事項です。ということは、奉仕に費やす時間を、ある程度、限定しなければならないでしょう。ですから、弟子にとっての優先はそのあいている時間の価値をいかにして最大限にするかということでしょう。伝導瞑想と広報活動の間で、どちらにより多くの時間とエネルギーを与えるかについては、ある程度、その人の光線構造、思考、関与の仕方によります。各個人の能力は異なりますから、それぞれが自分に対しての優先順位を決めなければなりません。私が、あなたに七十％の時間を伝導瞑想に費やして、三十％をその他の仕事に費やすべきだとか、あるいはその逆にすべきだなどということはできません。個人によります。彼らの仕事の性質や重要性によります。すべてが重要です。

真剣な弟子たちやグループのメンバーに私が勧めるのは、毎週三回、三時間づつ、合計九時間の伝導瞑想をするということです。ということは、もしあなたが職を持っているならば、他の奉仕活動の面――シェア・インターナショナル誌を作る活動だろうが、一般に対するアウトリーチ活動だろうが、あるいは講演会やフェアを組織することだろうが――を行うために後の四日があります。もしあなたが、奉仕の仕事以外に、社交の時間も、家族生活も持たないという覚悟があるならば、それは理想ですが、あなた次第です。覚者方は暴君ではありません。しかし、彼らは一日二十四時間、毎秒、寝ることも、食べることもなく、休むことなく働いておられます。ということは、覚者方は奉仕についてかなり高い基準をもって判断されます。

質問　新しい時代のために最も良い瞑想はどれですか。

答　この質問に対する簡単な答はありません。個人の進化の段階、光線構造、生い立ちや環境、文化的伝統などによって異なります。あらゆる種類の瞑想が、魂との接触をつけ究極的には魂との一体性を遂《と》げるための、多かれ少なかれ科学的な（瞑想によって差はありますが）方法です。新しい時代には、グループ活動が仕事と奉仕の主な方法となるでしょう。したがって集団瞑想がますます普及するでしょう。奉仕したいという強い要望を持つ者にとっては、伝導瞑想が奉仕のための最も強力で科学的な手段を提供し、同時に、その個人の成長にとって最も強力な刺激を提供します。

質問　新しい瞑想のテクニックがマイトレーヤによって与えられるでしょうか。

答　いいえ、新しい瞑想のテクニックを与えるのはマイトレーヤの役割ではないでしょう。それはちょうど、国際的な大企業の専務取締役に対して、オフィスの日常ルールを使い走りに教えることを期待するのと同じことです。瞑想のテクニックは覚者方の弟子によって教えられているし、今後もそうでしょう。時がたつにつれ、弟子たちの用意が整えば、瞑想の形態は、外的に働いておられる覚者方御自身によって与えられるでしょう。

質問　「手を置く」ことによって癒す治療法は、チャクラの整列に関連していますか。

答　はい、肉体に入るすべてのエネルギーは、チャクラを通してエーテル体に入ります。手を置くことによる治療法は、治療家の掌《てのひら》のチャクラを通して、エネルギーが患者に入ります。入るエネルギーは、治療家の進化レベルに左右されます。普通一般には、治療家のみぞおちのチャクラから流れてきます。治療家自身の生命力から来るみぞおちのチャクラのエネルギーです。しばしば、治療家自身の魂からのエネルギー、そして時には、患者自身の魂からのエネルギーが含まれて、肉体のエネルギーを補助します。

また、意識的に無意識的に、より高度な源から来る指導の下に働く治療家もおります。ハイアラキーの内的次元にいる弟子たち、そして時には覚者方が、ある特定の人を通して働かれることもありますが、必ずしも、その人はそれに気付いていません。治療の目的はいつも体液流の滞りを除き、チャクラのバランスを正すことです。

質問　人はいかにして治療の力を得るのですか。

答　七十%の人が何らかの源からくる治療のエネルギーを伝導する潜在力を持っていると信じます。通常、彼ら自身の魂からです。その潜在力を発揮し、強めるための重要な方法は瞑想と奉仕と実践です。

質問　日常の生活で否定的想念を取り除き、最も光が入るようにするには、どうすれば良いですか。

答　否定性を取り除くために最も良い方法は、奉仕し、入ってくるエネルギーを使うことです。奉仕しているうちに、あなたが仕えているところのものとの一体感が生まれ始め、自己中心から意識が他へ分散していきます。あなたが、非利己的になり、より客観的になり、視野が広くなるにつれて、それだけ多くのものとの一体感ができてきます。まず最初は、自分自身との一体感、これは易しいです。それからあなたの家族や友人との一体感、それから愛国心の形で国との一体感、それから、より客観的に地球全体との一体感、そして遂には宇宙のすべてと一体感ができてきます。これを成すにつれて、知的認識のみではなく、ハートの一体感がますます広がり、遂に自他の区別が全くなくなり、自分と宇宙とが一体であるという意識にまで広がります。そうなった時、あなたは完全です。

質問　瞑想を行っている間に、手や体が自然に、ヒンズー教の伝統で「ムドラ」と呼ばれている姿勢をとっている人が沢山います。スワミ・ムクタナンダは彼自身のこの種の体験についてかなり書いています。これらの同じ姿勢が何千年もの間、ヒンズー教徒や仏教徒、そしてまたクリスチャンの伝統の一部であったことを、瞑想を行っている人は後になるまで、全く知らないことがしばしばです。このようなことが起こったり、起こらなかったりするのはなぜですか。

答　これは面白い現象であり、私自身も何度か体験しています。瞑想の種類や瞑想を行う人の経験の度合いにもよりますが、多かれ少なかれ、瞑想中に人はその人自身の魂と接触を持ちます。意識せずして自然にムドラの姿勢がとられているときには、次の二つのうちのどれかが起こったのです。一つには、魂自体が喚起《かんき》された魂のエネルギーを「閉じ込める」か、あるいは分配することによって、その乗り舟に、瞑想の価値を強めるために印象づける、または、前世からのより古い瞑想方法のパターンが自然に繰り返されている場合。あるいは、瞑想を行う人が覚者かまたは高位のイニシエートと意識的な接触を持っている場合（これはもちろんずっと稀《まれ》なことですが）、彼らが弟子のマインドにムドラの使用を印象づけることがあります。

質問　伝導瞑想を行っている時、特定のムドラ（特定の手の組み方）を使うことは役に立ちますか。

答　いいえ。もしそれが役に立つことであるならば、すでに提案されていたでしょう。伝導瞑想のやり方をできるだけ簡単なままにしておきなさい――提供された通りに。

質問　イコン（聖画像）は瞑想の適切な対象であるかどうか、また、それらの意義について教えてください。例えば、描かれた人物の厳格な表情など。また、画家はそれらを描く時、何らかの方法で鼓舞されるのでしょうか。

答　イコンはビザンチン時代の伝統からきており、まさに瞑想、崇拝《すうはい》、祈りの対象として描かれました。これらは数世紀もの間、そのように使われてきました。厳格な表情は聖なる人物の神聖さと超俗性《ちょうぞくせい》を象徴するよう意図されています。イコンは何世紀もその様式を変えておらず（エジプトの絵画のように）、偉大なものから平凡なものまであらゆるレベルと段階のインスピレーションを受けた画家によって描かれてきました。描かれている人物が神聖であり、イコンを通して彼らに接触できると信じている人々にとってのみ、それらは瞑想において有益です。

質問　瞑想または祈りの間に本当の霊的交渉が持てるように、心から無知の覆《おお》いを取り除くにはどうすればよいのですか。

答　「無知の覆《おお》い」とは、誤った同一認（アイデンティフィケーション）の結果――つまり、自分を魂とではなく分離したパーソナリティー（肉体人間）と同一認する結果です。魂の表現（そして真の霊的交渉）の道は、いつも必ず、正しい瞑想と奉仕を通してです。

質問　「シャンティ」とは何を意味するのですか。

答　平安です。

質問　（1）マサチューセッツ州にある平和研究アカデミーによれば、世界的な規模で行われた平和の瞑想のあとの二週間、「太陽の黒点の活動」に平均三十六パーセントの減少があったと、ルーシス・トラストのニュースレターが報告しています。（2）「一九九〇年以来、暴力的行為のパターンと病気のパターンは太陽黒点の活動に関連している」という研究を、彼らは引用しています。これは本当でしょうか。あるいは願望的思考でしょうか。

答　（1）願望的思考です。世界的な規模であろうがなかろうが、平和の瞑想が、周期的な特性を持つ太陽黒点の活動に影響を及ぼすことはできません。（2）本当です。太陽黒点の活動の結果、増大したエネルギーは確かに人類のうちに緊張（そしてそれゆえ、しばしば暴力や病気）をつくります。

質問　私は七歳くらいの子供の頃に田舎に住んでいましたが、その当時、夜、個々の星々をじっと見つめると、明らかに自分が見つめていた星から一条の甘美さや愛や美が注がれるのを感じたものでした。大人になってからは、これはもう起こりません。子供たちは星々からの何らかの影響を受けるのですか。その影響は何ですか。

答　「汝よ。幼き子供たちのようにあれ」。まさにそのとおりです。星々は最も恩恵のあるエネルギー——愛と統合と美のエネルギー——を放射します。そして多くの子供たちは（そしてもちろん、ある大人たちも含めて）この〝星の塵〟に敏感です。電気で照明された都会に住んでいると、ほとんどの人々は星を眺めることさえしません。星々のエネルギーを体験することができる地域に住んでいる幸運な人々はこの高度のエネルギー放射を利用すべきです。

そして自分の進歩を星々そのものにまで速めなさい。星を見上げて、聖なるプレアデスの放射を神からの贈り物として受け入れなさい。

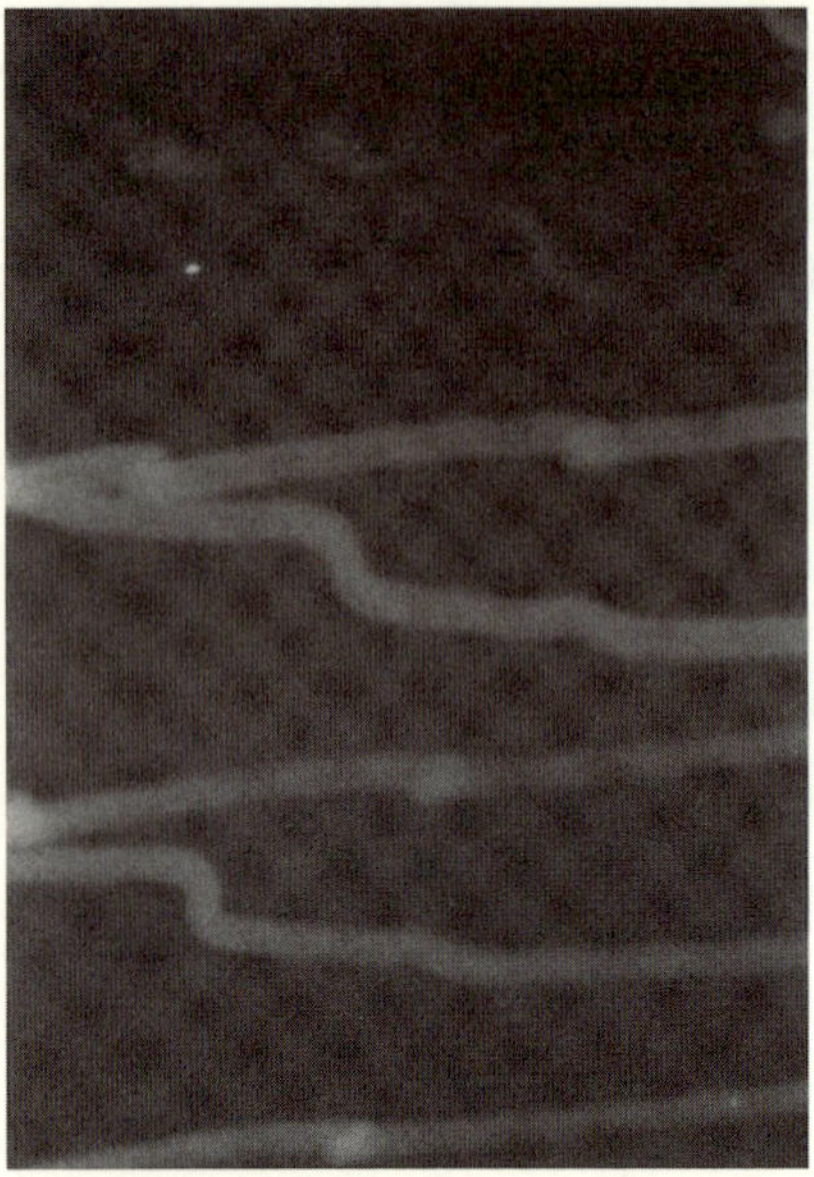

すべての講演の終わりに、ベンジャミン・クレームは彼を通して聴衆にエネルギーを送られるマイトレーヤによって、オーバーシャドウされる。多くの人々は、クレームがきらきら輝く光りの円によって囲まれたり、部屋に満ちる黄金色の輝きの中に彼が「消えてしまう」のさえ見たと報告している。これはマイトレーヤがオーバーシャドウの過程において放たれるエネルギーの結果であり、多くの人にとって、それはクレームの主張の正当性を証明するものとなる。この現象がフィルムに捉えられた。

上の写真は一組のもので、左の写真は右のものを撮る少し前に撮られた。残念なことに、カラー写真の黄金色のエネルギーはこの白黒のコピーでは失われている。

第九章　整列を保つ

〔編註＝本書は、霊的エネルギーの正しい伝導のための必須条件である肉体頭脳と魂との間の整列をいかにして保つかについての質疑応答である。一九九〇年に米国のサンフランシスコとオランダのウエルトホーベンで開かれた伝導瞑想大会／ネットワーク会議において、このテーマが詳細に検討された。この会議でのベンジャミン・クレームの基調講話は「弟子道と実践」――弟子道の真の意味と与えられた教えを実践するためのより大きな決意の必要性――に関するものであった。講話と質疑応答は、クレーム著『マイトレーヤの使命』第二巻に掲載されたが、これらの討議のうち伝導瞑想に関連する部分のみここに掲載した〕

弟子道と実践

すでに与えられた教えが実践に移されるまで新しい教えは与えられない、ということは秘教の公理であります。法であります。すでに受けた教えを実践するまで、それより高度の教えを吸収することは不可能です。多くの人々は秘教（密教）について、あたかもそれが試験を受けて学位をもらうアカデミックなテーマであるかのように考えております。全くそのようなものではありません。もちろん段位はあります。イニシエーションという段位です。しかし秘教の理論や実習を全然知らなくても、ディサイプル（ハイアラキーの弟子）としての人生を自然に直観的に生きることによって、イニシエートになることができます。

いずれの方法にしろ、実際にやらなければなりません。直観的にやることもできるし、知識を獲得してその規律と教訓を一瞬一瞬人生の中で実践することを通してやることもできます。それは日々の訓練なのです。

私の経験では、ほとんどの人が非常に生ぬるいやり方で弟子道に取り組んでいるようです。ちょっと時間の余裕ができたときに日常の生活の中にはめ込むというやり方です。平均的なディサイプルは、自分たちが他の人類とは異なった人間であるということを知りません。すべての人類に否応なしに適用され、そして影響を及ぼす規律や法則が——「原因と結果の法則」や「再生誕の法則」さえも——ディサイプルには異なった適応の仕方をします。つまり彼がそれらの法の中で働いて魂の必要に合わせてそれを操作する能力に応じて、異なった影響を持ちます。ディサイプル（ハイアラキーの弟子）が、あるいはディサイプルになる志向を持つ者が、まず最初に認めなければならないことは、自分は普通の人間であるが誓《ちか》いを立てた者であり、自分自身の進化の状況を自分自身の手のうちに握《にぎ》った者であるということです。ディサイプルは魂と共に働きその目的を遂行することを学んでいます。

その魂の目的とは、他にどのような目的があろうと、まず「犠牲《ぎせい》の法」によって導かれており、ディサイプル自身が直観的に知り得る範囲内で進化の大計画と共に働くことであり、そしてそれを自分の人生の中で実践していくことであります。彼の意識の中では大計画のほんの基本的なことしか実感を伴わないかもしれませんが、それらの側面が実感される限り、それを自分の人生の中で実践していく甲斐《かい》があるのです。しかし実際にそれを行うことは非常に稀《まれ》です。

キリスト（マイトレーヤ）とハイアラキーの覚者方を心配させるのは悪の勢力ではありません。彼らは悪の勢力に対してはむしろうまく対処できます。ハイアラキーの外的顕現《がいてきけんげん》やすべての人類の生活を霊的なものにしていくための主な障害物は物質性の勢力に関わる問題だと、ほとんどの人は考えます。確かにそのような問題は存在します。しかしその物質性に最も速やかに反応する人々の中に世界の弟子たちがおります。その他すべての人類に加えてディサイプルの持つ生得《しょうとく》の本性に深く染み込んだ物質性が人類を物質性の勢力の、悪の勢力の虜《とりこ》にさせています。

ディサイプルには二重の責任があります。彼らは普通の人間としての責任を持つ他に、さらに余分の責任があります。なぜなら彼らは真理のある側面を知っているからです。彼らは世界に存在する状況を変えるために何かをやることを自分自身に課しているのであり、そして大計画と共により賢明に働けるように自分自身の特性を変えることを決意しているのです。それなのに人々はあまりにも物質主義の中に埋もれており――世界のディサイプル（弟子）たちの大多数の中にさえも非常に染み込んでおり――この状況を直すためにほとんど何の行動もなされていません。私たちは他の人間と同様に、物質主義の中に専心没頭したままでおります。マイトレーヤと覚者方にとっての問題はそれなのです。悪の勢力が問題ではなく、世界の弟子たちの全くどうにもならない惰性《だせい》なのです。

最近私は師から知らされたのですが、世界中の伝導瞑想グループの人々が伝導瞑想中に実際に整列している時間、すなわち頭脳と魂が実際に整列しており、したがってエネルギーが伝導できる状態に保たれている時間は平均すると驚くほど少ないのです。

これはどうしてなのか。伝導瞑想が紹介されてから十年も経て（一九九〇年現在）、まだそのような始末なのはどうしてか、理由がなければなりません――私がアメリカに来はじめてから今年で十年目であり、あなたたちの中には伝導瞑想を十年やっている人々もいます。ではこれまで、あなたたちは一体何をしてきたのか。もちろんそれは意識の偏極《へんきょく》の問題です。もし意識がアストラル体に偏極していれば――そしてこれらのグループの人々の大多数がアストラル体に偏極しています――注目を一時に数分以上アジュナ・チャクラ（眉間《みけん》）に保持して、魂との整列を保っておくことがとても難しいのです。また、魂と整列している時としていない時の違いが分からないようです。自分たちは整列していると本当に思い込んでいます。今これを聞いてあなたたちは非常に驚いていると思います。あなたたちは整列ができていると想像していますが、率直に言って、ほとんどの時間、整列が保たれておりません。

整列を保っていないならば、ではあなたたちは何をしているのか。夢想の状態にいるのです。思いを巡らせているのです。注目がみぞおちのあたりを彷徨っている状態にいるのです。しかし伝導瞑想中は注目をアジュナ・チャクラに集中しておくことが大切なことをあなたたちは知っていますから、思い出したら、注目をそこへ戻すことができるはずですが、注目が落ちてしまっていることを忘れるのです。数分間で注目は落ちてしまうのです。アジュナ・チャクラに注目が本当に保たれている数分間を足していくと、一時間に――平均して――四～五分になるのです。

ある人々は一週間に一時間しか伝導瞑想をやっておりません。ということは一週間に四～五分ということになります。大した時間ではありません。「ディサイプル（弟子）の成長における伝導瞑想の役割」（第十章）で述べられたことは、一週間に実際の伝導瞑想（つまり魂との整列が保たれている時間）を四～五分しかやっていない人々には適用しません。その位の時間ではあまり、大したことはなされません。にもかかわらず、伝導瞑想を強力な奉仕の方法とするだけのことは起こるのです。一週間にたとえ一時間だけでも、そしてその間に四～五分でもあなたが本当にエネルギーの伝導をするならば、チャクラを通るこれらの霊エネルギーの力によって、あなたは同じ時間と努力をかけて他の方法によって達成できるよりもずっと強力な恩恵を受けることができます。

問題は、人はあまり努力をしないということです。彼らは努力をしていると思っています。誰もが善意です。自分たちは極めて一生懸命働いていると思い込んでいます。しかし覚者方から見れば、彼らはただ遊んでいるにすぎません。ままごとをしているのです。伝導瞑想グループにいるというままごとをしているのです。世界を助けるという遊びをしています。伝導瞑想グループは全世界を――政治的、経済的、社会的に――変容させる霊エネルギーに接触しております。しかるにほとんどの人々は一週間にほんの数分しか実際に貢献していません。それでも自分たちは非常に強力でパワフルな仕事をしていると思っています。もちろんそうなのですが、それはこれらのエネルギーが非常に強力で、パワフルなので、ほんのわずかな時間しか実際に伝導していなくてもそれだけの価値があるのです・・・・。

〔『マイトレーヤの使命』第二巻　弟子道と実践より抜粋〕

魂との整列

質問　私たちはもうかなり長い間、伝導瞑想をやっていますが、それを正しく（つまり魂との整列を保持して）やっていないことを知らされました。ということは、私たちは実際には伝導瞑想を通して奉仕していなかったのでしょうか。

答　伝導瞑想グループに加わっていることを非常にうれしく、誇りに思っている人々を私は知っています。彼らはそれについて話をし、友人たちに告げ、しばしばそれについて私にも手紙を書いてきます。ところが、彼らは実際には一週間に一時間かあるいは三十分くらいしか瞑想をしていないことが分かります。彼らは伝導瞑想の前に別のことをやって、その後にケーキを食べながらコーヒーや紅茶を飲み、友達と雑談をします。そんなやり方をしていながら、彼らは自分たちが大計画に奉仕していると思っています。それはまさにグラマーです。もし一時間のうち（平均して）五分しか実際に整列が保たれていないならば、それは本当にわずかなものです。一週間に一時間につき五分では大計画に奉仕しているとは言えません。進化の大計画に奉仕しているふりをしているだけです。

私はこのことを、思いを込めて話しているのです。なぜなら、非常に多くの人々が伝導瞑想の仕事に、非常に気軽ないい加減な態度で従事していることをよく知っているからです。毎週規則正しく参加せずに、おそらく二週間か三週間に一度、もしくは一カ月に一度しか参加しません。それでも彼らは伝導瞑想の仕事をしていると思っています。それは一週間か二週間に一度、せいぜい一時間か二時間の奉仕活動です。しかもその間に彼らが整列を保っているのは、つまり実際に伝導しているのは五分かも知れません。（なぜなら、魂との整列を保持していないならば、エネルギーの伝導はなされていないからです）私がこれを特に強調するのは、魂との整列を保っておかなければ、エネルギーの伝導をしていることにはならないということを、あなたが認識することが非常に重要だからです。エネルギーは魂を通してきますから、魂との整列がなければなりません。注目をアジュナ・チャクラ（眉間）に保たなければならない理由はそのためです。もしあなたがそうしていないならば、まわりをキョロキョロ見回したり、夕食に食べたものが胃に重くもたれているなどということを考えたりしているならば、おそらくあなたは全く整列できていないでしょう。ほとんどの人たちの集中力は非常に乏しく、それゆえに、整列も非常に弱いです。いわば救いとなることは、伝導瞑想が非常に強力であり、非常に科学的な瞑想なので、このわずか数分間でさえも、奉仕という意味で、そして個人的成長という意味で、あなたが他にやろうとする何よりもずっと価値があるということです。

しかしここで付け加えておきたいことは、日本のグループは伝導瞑想に対して、そして奉仕全般に対して全く異なった態度を持っているということです。それはおそらく、日本の国の魂が第六光線によることと、瞑想に関して日本人が持っている長い伝統のゆえでしょう。彼らは、水を得た魚のように極めて自然に伝導瞑想をします。彼らは伝導瞑想が好きであり、上手です。彼らは伝導瞑想中に実際の整列を保っている平均時間について、世界記録を保持しています。世界の平均伝導時間――整列が保たれている時間――は一時間につき五分か六分くらいです。もちろん、もっと長く保てる人々もおります。日本には、一時間のうち五十五分伝導する（つまり整列を保っている）人々がおり、ほとんどの人が一時間のうち十分くらい整列を保っています。日本のグループの平均は一時間につき、十五分から二十分くらいです。これが本当の伝導瞑想です。

質問　魂との真の整列ができているかどうかを確信することはできますか。

答　魂との真の整列ができていることを確信する方法は一つです。それは意識のメンタル体への偏極《へんきょく》です。もしあなたの意識がメンタル体に偏極していなければ、魂と整列を保つことはより困難なことが分かるでしょう。真の整列とは、メンタル界かそれより高位の界に意識がいつも偏極《へんきょく》しており、集中されている結果生じるものです。人類は今その意識の座――つまり意識が働く一般的なレベル――をアストラル（感情情緒）界からメンタル界に徐々に持ち上げていく過程を通っています。最初のレムリア根本種族の期間六百万年の間、人類の意識は物質界に集中されていました。今日の世界には物質界の意識のみを持つ人間は誰もいないと思います。私たちは物質界の意識を持っていますから、その界は私たちにとってリアリティ（現実性）があります。しかしそれが私たちの意識の座ではありません。

人類の大多数にとって、意識の座はアストラル（感情）界に移りました。その移行は千二百万年間続いたアトランティス根本種族の時代に達成されました。アトランティス種族がアストラル体を完成するのに非常に長い期間かかりました。彼らは非常に効果的にその器を完成させたので、今日の人類の大多数がまだアストラル界に意識の偏極があります。普通の人間にとってアストラル体が最も強力な体です。我々は第五根本種族、アーリアン種族のメンバーです。（これはヒトラーのアーリアン人種の理念とは全く関係ありません）。我々の進化の目標はメンタル体を完成させることです。それはメンタル界にある四つの亜界すべてに意識を保つことができるようになるとき完成します。〔編注＝メンタル界には四つの亜界があり、アストラル界には七つの亜界がある〕。あなたがメンタル界の四つの亜界《あかい》すべてに意識の偏極《へんきょく》を達成して、意識をメンタル界の最高位であるコーザル界にまで持ち上げた時に、霊的偏極《へんきょく》が始まります。

　イニシエーションの面から言うと、アストラル偏極《へんきょく》、したがって意識がアストラル界に集中するのはおよそ第一段階と第二段階のイニシエーションの中間位まで——つまり私が1.5段階と呼んでいる時点まで——続きます。この数字は、人の進化の段階について話すときその正確さを定義するために、便宜上《べんぎじょう》、私の師と私の間で合意された表現方法です。そのように測ると非常に精密な段階、つまり意識のレベル、を知ることができます。およそ1.5段階でアストラル体からメンタル体へ意識の偏極《へんきょく》の移行が始まります。もしあなたの進化の段階が1.5であるならば、あなたの意識は時々ある程度メンタル体に移る時がありますが、しかし偏極はまだアストラル体にあると言えるでしょう。アストラル体とメンタル体の間を揺《ゆ》れ動く期間がかなり長く続いて1.6段階に辿《たど》り着くまで続きます。それから、その人は、まだメンタル偏極《へんきょく》が始まったばかりではありますが、メンタル体に意識の偏極《へんきょく》があると告げられます。今日の世界のリーダーの大多数がおよそ1.6段階か1.7段階であるということは興味深いことです。大多数が1.6段階くらいのところにおり、したがってメンタル体への偏極《へんきょく》が始まりつつあるところにおります。彼らは人類種族全体からみれば、明らかにずっと高度に進化しておりますが、覚者方の観点からみれば、まだ弟子道に入って初歩の段階におります。

　1.6段階くらいから、あなたはより強力な方法で世の中で機能し始めることができます。メンタル偏極《へんきょく》を達成するや否や、つまりメンタル界で賢明に働くことができるようになるや否や、あなたの影響力は、パワーは、そして世界への貢献力は増大します。「百倍化する」とジュワル・クール覚者は言われました。アストラル偏極とメンタル偏極の間にそのような違いがありますから、あなたが1.5段階から1.6段階に進むことによって、世の中で百倍ものパワーと影響力を持つことができるのです。それほどメンタル界はアストラル界に比べてより強力なのです。

　メンタル偏極が完成されるのに第二段階から第三段階のイニシエーションの半ば（2.5段階くらい）まで続きます。それから偏極はメンタル界から魂のレベルに移行します。そうすると魂との真の整列は完了します。しばらくのあいだ揺れ動くかも知れませんが、やがて安定した霊的偏極が達成されます。そうなった時、その人間はいつでも自動的に魂と整列が保たれています。整列を保持するために何の努力もいりません。私たちはいま意識を物質界やアストラル界に保つのに何の努力も必要としません。というのは、それが私たちにとって自然だからです。しかしメンタル界に意識を保とうとするときのみ、問題があるのです。そしてほとんどの人間にとって霊的《スピリチュアル》界は単なるアイディア（理念）でしかありません。瞑想の間にちょっと触れる感じがするものでしかありません。

　ですから、いかにすれば真の整列を確信することができるか。メンタル偏極を持つようになりなさい。そしてもちろん究極的に霊的に偏極することです。言い換えれば、（真の）イニシエート（第三段階）になりなさい。

質問　伝導瞑想中に自分が実際に魂との整列を保っているかどうか見分けるにはどうすればよいですか。どうすれば知ることができますか。

答　見分けることはできないかも知れません。アストラル偏極が非常に強く、感情体が非常に興奮しており、そのために注目の集中が妨げられやすい人々は、整列とは何かを発見するための集中力を持っていないという可能性が大きいでしょう。パーソナリティーと魂の間の整列は、注目を眉間のアジュナ・チャクラに保っておけるようになる時に起こるのです。アジュナ・チャクラは方向づけるセンターです。やがてそれはそれ以下のチャクラすべてを統合するチャクラになります。

もしあなたがまだアストラル偏極《へんきょく》が非常に強いならば、注目を保持する力をあまりもたないでしょう。整列を認知することは、そして進化におけるその他のことほとんどすべてが、集注力《しゅうちゅうりょく》に関連します。集注力がなければ、人はあまり学ぶことができません。子供に何かを教えても、子供が注目を向けなければ何も学びません。人は自分が注目を向けるところのことだけを学ぶのです。どんな仕事をやるにしろ、もしそれを非常によく学びたいと思うならば、時間とエネルギーを最も有効に使いたいと思うならば、注目を完全にそれに集中するでしょう。他のことはすべて差し置いて、完全に集中し注目を向けるでしょう。

誰かがあなたに話しかけるとき、そしてあなたがその人の言っていることを（ただ礼儀正しく聞きながら他のことを考えているのではなく）本当に知りたいと欲するならば、その人に注意を向けなければなりません。注意を向けるとき、聞くことができます――そして通常それをよく覚えています。同様にして、チャクラを認知することに関しても、あなたが魂と整列しているかどうかを感じるのは、あなたがそこに起こっていることに注意を向けるときです。伝導瞑想の間に、ハイアラキーからのエネルギーが種々のチャクラを通過しているのです。もしあなたの注目がアジュナ・チャクラに保たれていれば、アンタカラーナと呼ばれる光の橋を使って肉体の頭脳と魂との間に整列が自動的にできます。

もしあなたが現在の転生以前に何らかの瞑想をやった経験がなかったならば、いま伝導瞑想をやっていないでしょう。あなたたちすべてが以前の転生で、過去四～五回の転生かも知れませんが、瞑想をずいぶんやっており、かなりの程度までアンタカラーナ（光の橋）が形成されているのです。その橋はエネルギーでつくられており、魂と肉体の頭脳をつなぎます。それを通して、魂と頭脳の間の整列が保たれるのです。あなたがアジュナ・チャクラに注意を向けるや否や、その回路を活性化させるのです。もしあなたが自分に起こっていることに注意を向けなければ、それに気付くことはできません。認識を持ちません。人生のすべてが、進化の過程全体が、徐々に認識を増大させていく過程です。認識の道具を徐々に完成させていくことです。伝導瞑想においては、それはエネルギーが世界へ送られていくための道具です。同様にして、それは真我《しんが》が己《おのれ》自身を顕示することができるための、物質界で顕現《けんげん》することができるための道具です。それが奉仕の特性だからです。

質問　整列のための、そして自分が整列しているかどうか知るための基本的ルールというものは何かありますか。あるいはそれは光線構造や肉体の敏感さなどによって異なりますか。

答　確かに肉体の敏感さによって異なります。木や石でできていると思われるような、エーテル体を通って流れるエネルギーに極めて鈍感な肉体を持つ人々がいます。誰でもがエーテル体の存在を知っているわけではありません。彼らは、すべての者がエーテル体を持つということを聞き、知識としては知っておりますが、経験からはそれに気付いていません。これはメンタル体やパーソナリティーや光線ではなくて、肉体の問題が大きいのです。部分的には（あくまでも一部ですが）実際の進化レベルによることもありますが、このような（伝導瞑想の）グループの中では通常そうではありません。なぜならほとんどが多かれ少なかれ同じようなレベルにいるからです。木か鉱石のタイプの肉体を持つために、肉体の経験に対して文字通り鈍感であり、したがって肉体頭脳に記録されない場合がほとんどです。彼らの肉体の感覚とコンピューターシステムである彼らの頭脳がその感覚を記録する力の間に何らかの分離があります。進化のレベルを意味するのではありません。

整列のための基本的なルールがあるか。第一のルールは注目することです。注意をアジュナ・チャクラに保つために集中した努力をしなさい。ひとりでに起こるのではありません。伝導瞑想を通して効果的な仕事をする意志があるならば、そしてこのようにして覚者方のためのより良い道具になりたいと思うならば、あなたは意志の力を発揮しなければなりません。必要な努力をしなさい。実践しなさい。注目をアジュナ・チャクラに保ちなさい。四六時中いつもそこに保つ訓練をしなさい。そして注目を妨げたり、気を散らしたりしないことです。肯定的なメンタルな集中が必要です。

質問　伝導瞑想中、私たちは物質界を感じながら肉体に入ってくるエネルギーに注意を向けるべきでしょうか。それとも、ただアジュナ・チャクラに集中して、肉体でエネルギーを感じることに煩わされないようにすべきでしょうか。

答　それはあなたの肉体のタイプによります。ある人々は物質界の、エーテル体のエネルギーを非常に強く経験します。また、何らかの仕方でエネルギーを経験していながら、エネルギーを実際に感じないという人々もいます。これらの人々に物質界でのエネルギーに集中するようにと言うことは無益でしょう。なぜなら、彼らはそこではエネルギーを経験していないのですから。もしあなたがエネルギーを肉体で鮮明に強く経験し、しかも注目がアジュナ・チャクラに集中されているならば、エネルギーに注意を向けていなくとも、気付くことができるはずなのです。

私自身は、エーテル体のチャクラに入ってくる様々なエネルギーの経験を完全に自覚しています。私はエネルギーの違いや、特定のエネルギーが混ざり合っている状態を区別します。私はマイトレーヤによってオーバーシャドウされており、彼は宇宙のトライアングル（三角組）のエネルギーを放たれます。そしてそれらを様々な界層に下ろしたり、上げたりします。統合の大聖はあるレベルにおり、平和の霊は違ったレベルに、仏陀はまた違ったレベルにいます。マイトレーヤがエネルギーを上げたり下げたりしておられるのを私は観察します。すべての人々がそれを観察すべきだとは言いませんが、もしあなたが自分のエーテル体が経験していることを観察するならば、あなたはやがて、各々独特な様々なタイプのエネルギーの違いを区別し始めることができます。伝導が始まるときに、私は入ってくるエネルギーが宇宙のトライアングルのものか、種々の光線エネルギーかを告げますから、あなた方はそれぞれの違いを区別することを学ぶことができます。しかしながら、エネルギーを区別できなくても、有効に伝導することはもちろん可能です。

質問　私は伝導瞑想中に整列ができているかどうか分からないのです。どうやら一時間につき数分しか整列が保たれていないようです。何かが欠けているのですか。

答　欠けているものは注目です。それから認識です。あなたの注目をアジュナ・チャクラに保持して実際に起こっていることに、エネルギーが送られていくにつれてあなたが経験しているところのものに注意を払いなさい。この（アジュナ）チャクラの活動に気付くようになるでしょう。他のチャクラの活動にも気付くようになるかも知れません。エネルギーがチャクラを通って流れるにつれてエネルギーの振動が、一種の圧迫感が感じられます。チャクラが拡張するのですが、拡張するのに慣れていないので、抵抗があります。あなたが伝導瞑想に参加するたびに、チャクラはその前よりもさらに拡張されます。エネルギーはチャクラの活動を刺激し、世界に放射されます。ですからそのエネルギーが実際にチャクラを通して流れていくのが認識できるように努力すべきです。

整列が保たれていない時、あなたの注目が落ちている時でも（必然的に起こることなのですが）、まだエネルギーは感じられるかも知れません。ですからあなたは、まだ整列が保たれていると思うかも知れません。しかし百のうち九十九回までが、単にエネルギーがチャクラを通過したあとの振動の余韻《よいん》を感じているにすぎません。整列が保たれている間は、チャクラを通過するダイナミックな動きがあります。しかし整列がなくなると同時に、エネルギーはもはやあなたを通して送られておりません。エネルギーは魂の界から来ます。ですから、整列が保たれずに、つまり魂の界との接触ができていなければ、あなたはエネルギーを受け取ることはできません。

これは注意を向けることによってのみできることを知らなければなりません。チャクラを通過するダイナミックなエネルギーの流れと、エネルギーが通過したあとの振動の単なる余韻との間の違いを認識する努力をしなさい。

質問　魂との整列が保たれて、エネルギーを正しく伝導しているかどうかを認知するためには、私たちはエーテル体に敏感にならなければいけないと言われるのですか。

答　それが前提条件です。濃密な物質はその基礎となるエーテル物質からきます。チャクラは濃密な肉体にあるのではなく、エーテル体に存在します。ですからチャクラを認知できるようになりたいならば、そしてエネルギーの出入りや異なったタイプのエネルギーに――すべて異なった感覚がありますから――より敏感になりたければ、あなたはエーテル体を認知できるようにならなければなりません。

質問　もし伝導瞑想中にチャクラを感知できないとすれば、私たちは多分エネルギーを正しく伝導していないと言えるでしょうか。

答　あなたが整列を保っており、チャクラを通るエネルギーの流れを体験しているならば、正しく伝導していることが分かるでしょう。エネルギーの鼓動を実際に感じるのです。しかしもしチャクラに気付かないならば、実際に整列が保たれていない、したがってエネルギーを伝導していないと言えるかも知れません。注目はみぞおちのチャクラの方に落ちているかも知れません。多くの人はこのみぞおちのチャクラも感じません。しかしほとんどの人がアストラル体に偏極《へんきょく》していますから、それが彼らの通常の意識の座であり、したがって注目が自然にそこに向けられています。ですからそれを感じる必要もありません。

しかしこのみぞおちのチャクラも感じることができるようになります。これは非常に強力なチャクラであり、分配センターです。そしてそれを通して太陽からのエネルギーを吸収して、毎日自分自身を充電することができます。（エネルギーを浪費しないように）そのチャクラを閉じることもできるし、科学的にそれを操作することもできます。このチャクラに気付くようになると、それを自由に閉じたり開いたりすることができるようになります。しかしまず初めに、それをエーテル体にある機能的な単位として認知できるようにならなければなりません。そうすればそれは閉じることも開くことも、あなたの意志で操作できるでしょう。

質問　頭の中で思いを巡らせているのに、アジュナ・チャクラに集中していると勘違いすることはあり得ますか。

答　あり得るどころか、いつもそれが起こっています。だから一時間のうち本当のエネルギー伝導を三～四分しかしていないというようなことになるのです。アジュナ・チャクラに注意を向けていると思っているが、実際には思いを巡らせているのです。黙考や夢想はアストラル体の活動です。夢想は正しい伝導瞑想にとっての、いや、いかなる種類の瞑想にとっても、主要な障害の一つです。非常に多くの人々が夢想を瞑想と間違えて、彼らがその状態の中で経験するアストラルの空想を、魂からのもの、あるいは覚者方から、または大天使からのメッセージだと信じ込みます――しかしそれは単に潜在意識的な黙想にすぎません。

夢想、黙想など、そのような空想的な経験に浸《ひた》ることは正しい思考を抑制します。現在の人類（アーリアン種族）はメンタル体を活用することを学ばなければなりません。私たちはその表面をわずかに引っ掻いただけです。ですから、意識をアストラル界の沼地から引き上げてマインドの光の中に持ち上げなければなりません。魂はマインドを通して働くことができるのです。あなたの心（マインド）と意志を結集させなさい。そしてこれらのアストラル的なグラマーの空想や夢想に対して、意志の力を使ってその源で枯渇《こかつ》させなさい。

質問　伝導瞑想中に私たちがしてはならない知的活動を正確に定義してください。心象したり、注目したりすることのできるシンボルのようなものはありますか。

答　心象したり、注目すべきシンボルなどはありません。あなたが伝導瞑想中にやってもよい知的活動は、魂との整列を全く妨げないレベルのものならば何でもよいのです。しかしいかなるレベルであろうと、それが整列の妨げになることに気が付くことと思います。理想的には、絶えず整列を保っていることができて、話をしたり書きものをしたり何をしていても完全な整列を続けることができるようになることです。本能的に、自然に整列を維持できているようになるべきです。しかしそのような注目を持つ人はほとんどいませんから、メンタル体の活動を制約しなければなりません。それはあなたがアジュナ・チャクラに注目を保つとき自動的に起こります。もしオーム（ＯＭ）を思うならば、その他に何かを一緒に考えることはあまりできません。オームを考えると、それまであなたが考えていたことはすべて直ちに静まるのが分かるでしょう。あなたの注目は整列します。そしてまた注目が下の方に落ちたら、やり直すのです。猿のようにクルクルと回転する私たちの頭が活発になると、注目はまた落ちるのです。それに気付いたら、オームを心のうちで唱えます。または単に思います。そうするとしばらくの間、おそらく数秒間あるいはそれ以上、一分位かもしれませんが、あなたは突然静かなシーンとした、落ち着いた、より幸せな状態に入り、メンタル体の活動の中止された状態にいるのが分かるでしょう。

整列するためにすべてのメンタル活動を取り除く必要はありませんが、ほとんどの人にとってそれは整列の妨げになります。なぜなら二重に注目を保つことはできないからです。

質問　伝導瞑想中に肉体の苦痛をどのようにして処理すればよいですか。

答　楽な、真っ直ぐな椅子を探しなさい。そして必要ならばクッションを使いなさい。

もしあなたが本当に整列していれば、肉体の感覚にあまり気が付かないでしょう。肉体がなくなってしまったかのように感じるでしょう。ほとんど息もしないでしょう。伝導瞑想を正しく行う時、長時間、息をしていないように思えます。呼吸は、ほとんど感知できないくらいわずかに、肉体を支えるために行っているようであり、突然思い出したように大きく息を吸い込みます。

伝導瞑想中に気を散らせるようなことを種々やりながら、それで整列が保てると思っている人々がいます。絶えず途切れることのない整列を魂と肉体の頭脳の間に保っている人でなければ、それは大いに関係があるのです。もし絶えず整列しているならば、じっと座って注意を集中する必要はありません。自動的にできているのですから。しかしそのような整列を保てるようになるまでは、気を散らすようなことをするのは妨げになります。

伝導瞑想は真剣に行わなければなりません。注意を向けて集中しなければなりません。もし集中しないならば、起こっているところのことに気付かないでしょう——肉体が楽でないということには気付くようですが。要は集中し、エネルギーを認知できるようになることを学ぶことです。注目の集中を成し遂げて、努力しようとしなかろうと、あるいは身体が楽であろうとなかろうと、自動的に整列できるようになることです。

質問　伝導瞑想を途中でやめて、歩き回ったりして整列を助けるように努めて、それからまた続けるということは良い考えでしょうか。

答　じっと座って、整列を保とうと努めても長い間整列を保つことはできないのです。立ち上がって、歩き回ったり、水を飲んだり、喋《しゃべ》ったり、ちょっと逆立ちをしたりすることで、整列を助けることができると思いますか。そのように集中と注目を妨げておいて、整列をより良くする助けになると思いますか。もちろんできません。

質問　伝導瞑想の間、注目をアジュナ・チャクラに保っておくために、心象や創造的な空想を利用することは〝OK〟でしょうか。例えば、そのチャクラに光とか何かを想像することなど。

答　それをしても〝OK〟（まあ差し支えない）ではありますが、そのような必要があるべきではありません。そうしようとしてあまり努力しすぎることがかえって頭脳と魂の間の整列を保つための障害となるかもしれません。

質問　伝導瞑想を行う時、アジュナ・チャクラ（眉間）と頭頂のチャクラ（および松果腺《しょうかせん》）をつなぐことを心象するのは役に立ちますか（あるいはそうすることは適切ですか）。

答　いいえ。人々がいかに単純さを嫌うか、そして簡単な方法をなぜいつも複雑にしようとするか、本当に不思議です。伝導瞑想はハイアラキーの覚者によって編《あ》み出されたものです。覚者はそれをどのようにして行うべきかを最もよく知っておられることを信頼しなければならないと思います。どうぞお願いですから、そのような心象などしないで、教えられたとおりに単純なままにしておいてください。

質問　注目が下に落ちていても、時には眉間のアジュナ・チャクラにある種の感覚を感じることがあるが、それは感覚の名残であるとあなたは言われました。その違いをどうやって見分けるのですか。また、この名残の感覚はどのくらいの間続くのですか、その間もエネルギーの伝導はできているのですか。

答　あなたの目はどこを見ていますか。あなたの目はチャクラを通して（その先を）見ているか、そしてその場合は整列しているのですが、そうではないかのどちらかです。みぞおちの太陽叢《たいようそう》に集注《しゅうちゅう》していると一種の否定的なものになります。注目をアジュナ・チャクラにおいて、意図的に太陽叢《たいようそう》を注目することができます。

それは注目を実際に太陽叢《たいようそう》に落とすこととは違います。もしアジュナ・チャクラに注目を保っていれば、どんなことも行えるのです。しかし、私がいま話しているのは実際に太陽叢《たいようそう》に注目が落ちて、アストラル界の否定的エネルギーの中に留まることについてです。アジュナ・チャクラに注目しているか、太陽叢《たいようそう》に注目しているか、自分で分かるはずです。それは感覚です。ただ感じるはずです。あなたの感覚はアジュナ・チャクラにあるか他にあるかです。

質問　自己実現協会にはババジの写真が掲《かか》げてあります。その目は見えなくなる位に上を向いています。彼は私たちが今やるように言われているそのことをしているのですか。その位にまで目を上に向けろということですか。

答　もしあなたがババジに会ったことがあるなら、ババジの目はそんなに上にはないことに気付くでしょう。彼は普通にあなたを見て、「今日は」と言うでしょう。あれは、彼が瞑想中の姿です。彼の注目が頭頂にあるのです。

頭頂に注目を置くときは、目は上の方になければなりません。しかし、伝導瞑想中は眉間のアジュナ・チャクラに置かねばなりません。あのように高くではありません。そしてそこにずっと保っていることを学ばなければなりません。もちろんもっと高く保つことができるのですが、あなた方はそれもする必要はありません。

質問　一年間私は文字通り目を内的に上に向ける努力をしました。そしてその結果、肉体的に目に悪い結果を及ぼしました。私の場合にはこれは良くないことかもしれません。

答　注目を上に上げるのではなく、思考が重要です。やらねばならないのは注目を上に保つことです。それは緊張であってはなりません。硬直したやり方でやるのでは、目が痛くなります。しかしリラックスしたやり方でやれば、自然に上方に引き上げられてそこに留まります。あなたは非常に緊張してやっていたのだと思います。

質問　目を開けて瞑想してもよいですか。

答　それは勧めません。目を閉じて瞑想するのさえ難しいのに、目を開けていれば、目から入ってくるあらゆる経験を持ち込んでしまいます——光や動きや人々や草や、自分の周りのあらゆるものの感覚を取り込むことになるのです。瞑想はそれらすべてから自分を切り離し内側に入ることです。

それは魂と対峙《たいじ》することです。もし先ず周りの環境のすべてを切り離してしまえば、魂との接触はそれだけやり易くなるのです。だから、目を閉じて行うのです。

質問　ムクタナンダ師は整列している時は、アジュナ・チャクラに青い真珠の球を見るようにと言っています。ズーフィー教では黒い光を見ると言っています。

答　その必要はありません。いろんな種類の可能性を付け加えることができます。多くの教師たちが自分たちの教師たちから、つまり伝統から、やり易いようにそうしてきました。アジュナ・チャクラに注目を保持するために何かを見る必要はありません。ただ単に注目を上げるだけです。チャクラを心象する必要はありません。水晶の玉だとか、黒い光だとか、真珠だとかを心象することは可能です。それはチャクラを心象するための助けにすぎません。

しかし伝導瞑想においては、すべての仕事を覚者たちがなさるのです。私たちは魂を喚起《かんき》するのではありません。仕事は、私たちのチャクラにエネルギーを流される覚者方によってなされます。彼らがそうできるように、私たちはただ注目をそこに保っておくことだけです。チャクラを、あるいはチャクラの中に何かを心象する必要さえありません。これらは二つの異なった機能です。彼らは伝導瞑想をしているのではありません。彼らは弟子たちに魂に接触することを教えているのです。それは私たちが携わっていることではありません。私たちは覚者方が私たちを通してエネルギーを送れるように、正しくチャクラを使っているのです。それには集注することだけが必要なのです。それだけです。

質問　私たちの多くは非常に強力にみぞおちに焦点化しているので、注目を眉間に上げてそこに保つことが困難なことに思われます。瞑想の時以外にも日常生活の中で眉間に注目を保つ意識的な努力をすることは、長期的には、整列することの助けになりますか。

答　アジュナ・チャクラから働きかけることを学ばねばなりません。大半の人々はみぞおちから働きかけています。それは意識の偏極《へんきょく》の問題です。あなたの進化段階が1.5か1.6より以下であるならば、アストラル体に偏極《へんきょく》しています。それはあなたの意識がアストラル界にあることを意味しています。これがあなたの行うことすべてを条件づけます。あなたの意識がメンタル界に偏極《へんきょく》していれば、それが肉体的反応を条件づけます。あなたが肉体にじっと座っているように命じれば肉体はそれに従うでしょう。あなたが肉体を忘れても、それはじっと座ったままで、筋肉はあなたをまっすぐに保っているでしょう。しかしあなたがアストラル的性質に落ち込むならば――苦痛や痛みを嫌がり、快適さを求める肉体の要求に反応するのはアストラル的欲望ですから――問題なのです。じっと座っていることができないのです。

この国（アメリカ）では、もちろん日本や他の至るところで起こることですが、この内的静けさ、集中力を破る大きな要素はテレビのコマーシャルです。注目を保つ時間は、子供から大人まで、非常にわずかです。注意力は小さな断片に分断されています。何を見ていようとも数分で突然コマーシャルが飛び込んできます。音楽や早口のおしゃべりなどで注目は完全に損なわれます。そして五分後に物語の続きに引き戻されます。そして再び没頭してアストラル性質は満足します。しかし、このテレビ・コマーシャルで絶えず注目を移し変化させることは、集中力を非常に破壊するものであると思います。コマーシャルのあるテレビを見るのをやめなさい。そしていつも注目をアジュナ・チャクラに保つようにしなさい。

質問　伝導瞑想の間、アジュナ・チャクラに注目を保つことによって頭脳と魂との間に整列をつくるのだと言われますが、日常生活の中で眉間に注目を向けることで同じ整列をつくることになるのでしょうか。

答　はい。間違いなく同じ整列がつくられ、維持されます。それがアンタカラーナです。

質問　もし私たちが伝導瞑想中に平均して数分間しか実際に注目を保っていないとして、グループの平均的な進化の速度というのはありますか。例えば五年間毎に1.1から1.2に上がるとか。

答　人によって様々です。例えば、二、三年で1.4から1.55または1.6に進んだ人たちがいます。同じ期間に、1.3から1.35に進んだだけの人たちもいます。非常に個人差があります。ジュワル・クール覚者はこう言われました、「誰でもが世界に提供することのできる最大の奉仕はメンタル的に偏極《へんきょく》することである」と。アストラル偏極《へんきょく》、そしてそれに伴うアストラル界の変色から移転して、アストラル界の靄《もや》を取り払い、それを突き抜けて物事をメンタル界から見るようになることです。魂はメンタル体を通してでなければ、本当に人生を照らし、それをありのままに見ることはできません。これが起こるためにはメンタル偏極《へんきょく》している必要があります。アストラル偏極していているならば、魂はこのように機能することができません。ここでメンタル的志向が必要になります。志向しなければなりません。一旦メンタル偏極《へんきょく》が達成され、メンタル界が意識の焦点になれば、魂はメンタル体を通して働くことができ非常に速い進化が可能になります1.0から1.5まで進むには非常に長い時間がかかりますが、1.5から2.0までは、ほとんどの人がずっと速く進みます。メンタル偏極《へんきょく》が達成されると、魂はメンタル体を本当に使うことができ、そのエネルギーをメンタル体を通して注ぐことができます。それはとてつもない光です。メンタル的啓発はアストラル的な霧を消散します。霧の中にいる間はそれが見えません。それが問題なのです。霧の中にいて、それが霧であることにさえ気が付かないのです。霧から抜け出すまでは、その違いを認識することはできません。最近1.5から1.6に進んだ人は皆、（それはメンタル偏極《へんきょく》の始まりにすぎませんが）人生が違って見えると言うでしょう。彼らは全体的に無執着になっています。彼らが感情的な葛藤《かっとう》を経験しないということではありません。感情や恐怖、憎しみなどを持たないのではなく、彼らはそれに対処することができるのです。彼らはそれをありのままに見ることができ、それのために右往左往することがないのです。

質問　私たちは伝導瞑想の間、一時間に二、三分しか整列していないのだとしたら、小さなグループでは実際にトライアングル（三角形）が形成されるのは非常にわずかな時間になります。もしそうであれば、一人で伝導瞑想してもほとんど価値は違わないのではないですか。一人でも実際に覚者方の注意を引きつけることができるのですか。効果はあるのですか。

答　確かに覚者方の注意を引きつけることはできます。大祈願を使えばエネルギーは流れます。しかしトライアングル（三角構成）がないので、それは同じものではありません。トライアングルはすべてのエネルギーを強化し、より安全なものにします。トライアングルに形成されたグループを通して、同じ数の別々の個人を通してよりも、より多くのエネルギーを安全に送ることができます。

質問　しかし皆異なった時間に整列しているのであれば、トライアングルはつくられるのですか。

答　あなたはとても悲観的ですね。驚くかもしれませんが、整列は同時に起こるのです——数分間時々起こるだけでも十分なのです。そこが大切なところです。これらのエネルギーは非常に強力なので、これはあなたが行うことのできる最も重要なことです。

質問　オーバーシャドウの間、あなたは頭頂のチャクラに集中するようにと言いますが、私の注目はアジュナ・チャクラに戻ってきてしまいます。そのほうがエネルギーを強く感じるのですが・・・。

答　注目が落ちているだけです。なぜなら頭頂に注目を保つことはより困難なことだからです。

質問　頭頂のチャクラに注目を保つための安全策はありますか。

答　はい、あります。アジュナ・チャクラに注目を置くのは安全なことです。次第にそこが通常の注目の場所になるべきです。アジュナ・チャクラはすべての活動を方向づけるセンターです。頭頂に注目を保つのは私が出席しているオーバーシャドウの間だけにするべきです。ほとんどの人にとって頭頂に注目を保つのは安全なことではありません。私がここにいる時に頭頂に注目を保ったとしても、それをそのまま続けるべきではありません。アジュナ・チャクラが安全なセンターです。

OM《オーム》を思うとは

質問　オーム（OM）を思うということがどうしてもつかめないのですが、具体的にはオームを心の中で見る（OMという字を心に描く）のですか。

答　オームを見るのではなく、思うのです。それは思考であり、メンタル界におけるOM《オーム》の響きを使うのです。書かれた文字としてOM《オーム》を見るのではありません。音を出しているのではありませんが、それはOM《オーム》の音なのです。メンタル界に一つの音を創っているのです。

質問　OM《オーム》を思うということは、つまりOM《オーム》の音を思うのですか。

答　他の思考を思うように、OM《オーム》を思うのです。OM《オーム》思考を思うのであり、書かれたOM《オーム》ではありません。

質問　OM《オーム》が頭蓋骨全体に響くように思うのか、あるいは注目を置いているそのチャクラに留まるように思うのか、と質問したほうが良いでしょうか。

答　心（マインド）の中であるべきです。あなたの思考活動が行われるところ――つまりそれはあなたの頭脳でしょう。OM《オーム》を思うのです。あなたの名前がジョンだとする。ジョンを思うのです。あるいはアリスとか、ヴェラとか、他の思考と同じような思考なのです。

質問　しかし……もしただ言葉を思うならば、例えば「本」とか「空」という言葉を思うように、ですか。

答　同じように思うのです。しかし思うその言葉自体が異なるのです。それが重要なのです。「オーム（OM）」は偉大なマントラ（言霊）です。

質問　どうやら私たちがやっているよりも良いやり方があるに違いないと思うのですが、音が聞こえるようにその言葉を思う方法が・・・。

答 オームの音を聞くのではなく、それを思うのです。聞くことと思うことは二つの異なったものです。即座にやることもできるし、ゆっくりとやることもできますが、しかしあくまでも思考なのです。他の思考と違いはありません。ただ、その思考の、言葉の持つ響きが心（マインド）の中に与える影響が異なるだけです。それがあなたの注目をアジュナ・チャクラに持って来させるのです。それは振動です。もしあなたが声に出して「オーム（OM）」と唱えると、それは一定のレベルで振動します。もし声に出さずに心の中で唱えると、また他のレベルで振動します。もしそれをただ思うならば、それは一番高位の（メンタル界）レベルで振動するのです。

質問 自分の頭の中に内的な音、つまり内的にOM（オーム）の響きを受信することができる能力はオーバーシャドウと関係ありますか。

答 いいえ、関係ありません。

質問 （1）伝導瞑想中に、アジュナ・チャクラに集中しているとき、ある一定のリズムで呼吸することは良いことですか。（2）そうすることによって、よりよく集中できますか。

答 （1）伝導瞑想の間は、呼吸を規制しようとしないほうが、あるいは呼吸に全然注意を向けないほうが良いでしょう。実際、もし注目が本当にアジュナ・チャクラに保持されていれば、呼吸は長い間ほとんど止まっているようであり、時々、突然大きく吸引し始めるのに気付くでしょう。いずれにしろ、呼吸は軽く、浅く、音を立てないようにすべきです。呼吸法の実践などをしてはいけません。（2）いいえ、単に呼吸に注目しているにすぎません。

質問 オーム（OM）と息をどのように調和させるのですか。

答 オーム（OM）を呼吸に関連させて使うのではありません。ただ単にOM《オーム》を考えるだけです。息をしていようがいなかろうが、いつでもOM《オーム》を思うことができます。「吐く息と共にとか、吸う息と共に」などというような問題ではありません。ただ単に、あなたが自分の注目がもはやアジュナ・チャクラにないと気が付いたときに、OM《オーム》を思うだけです。OM《オーム》がメンタル体で振動するとき、あなたの注目がアジュナ・チャクラに戻ってきます。

質問　オームを送り出すのですか。

答　送るのではありません。ただ考えるのです、思うのです。みなさんが想像するよりもずっと簡単なのです。呼吸法などを一切やるべきではありません。呼吸がその自然のリズムに従うに任せるのです。それはだんだん遅くなり、やがてほとんど消えてしまうでしょう。呼吸が遅くなるにつれて、あなたの思考がゆっくりとなっていきます。本当に心が集中するとき、呼吸はシーンとしているでしょう――肉体を保つだけの最小限の息をしています。何の思考もありません。あなたは思考のさらに奥へ行くのです。

呼吸と思考

質問　呼吸が遅くなるとき、突然パニックの感じが、ちょっと窒息のような感じがあるのですが。

答　呼吸が非常に遅くなるならば、息を吸い込まなければならない時点が来るでしょう。しかしパニックを起こすべきではありません。恐れることはありません。ただ息を吸えばよいのです。簡単です。自分に思い出させる必要はありません。息が遅くなるのは本能的なものであり、あなたがそれを支配するのではありません。また息を吸うときも、別にあなたがそれを支配するのではありません。あなたの肉体が告げるのです。肉体はそれ自体の知能を持っています。酸素が必要な時を知っています。そうすると息を吸い込みます。ですから呼吸のことなど忘れなさい。

質問　呼吸が遅くなるのは、注目のせいですか、つまり注目が呼吸から、アジュナ・チャクラにいくからですか。

答　アジュナ・チャクラに注目を集中するにつれて、あなたのメンタル体の活動がゆっくりしてきます。確かに速まることもあります。しかしもしあなたがそれを正しく行うならば、心（マインド）の中に浮かぶ思考がますます少なくなるのが分かるでしょう。思考が遅くなるにつれて、呼吸が遅くなり、そしてその逆が起こります。ヨガの行者が思考をコントロールするために行う主要な練習の一つは呼吸をコントロールすることであるのはそのためです。なぜなら思考と息は同じ源から来ます。もしあなたが本当にアジュナ・チャクラに注目を集中するならば、そしてオーム（ＯＭ）を使ってそこに保っておくならば、思考はないでしょう。したがって、息もありません。それからまた息を吸い込むと、思考が始まります。そうしたらまたオームを唱えて、全過程が繰り返されます。

質問　思考と息はどの源から来るのですか。

答　その源を探してごらんなさい。「私」という思考を見つめなさい。心（マインド）の中に浮かぶ思考の一つ一つについて、自分に問いなさい――あれを思ったのは誰か、と。「私がそれを思ったのだ」と言うでしょう。それからさらに押し進めて「私は誰か？」そしてこの私の感覚を辿《たど》っていきなさい。あなたがこれをするにつれて、その「私」の源にどんどん逆上っていくにつれて、あなたの思考はゆっくりとなり、息も遅くなるでしょう。両方とも同じ源から来ているのが分かるでしょう。それらがどこから来るのか、あなた自身で体験しなさい。

質問　それはマイトレーヤの言われたことに関連しているのですか。「息をすることと考えることの間に空間がある。『そこにわたしは在る』」

答　はい、そうです。だからマイトレーヤはその空間を利用することができるのです。要するに、私たちが息と呼ぶところのものは宇宙の鼓動です。全創造が息をしているのであり、私たちはそれから分離した存在ではありません。私たちの息は、私たちが見ることのできるすべてを創造したあの偉大なる鼓動の、この（私たちの）レベルにおける鼓動なのです。あの偉大なる吐息が宇宙を、全創造物を創造しました。〝何もなかった、そしてそれからすべてがあった〟のです。そしてまた吸息があります。それに伴ってすべてがその源に戻るのです。創造の外へ出ていく運動と戻ってくる運動があります。つまり退化と進化です。私たちの息はその呼吸に密接に関連しています。

　私が話していることは息の源を見つけること、「私」という思考、つまり最初の思考の源を見つけることについてです。「私」という思考の存在する前にあなたが存在するのです。しかしあなたが「私」を考えるや否や、あなたは自分自身を本来のあなたから分離させるのです。あなたが誰なのかを見つけなさい。「私」という思考を持つのは誰かを見つけなさい。この「私」を考えているのは誰か、ということです。真我《しんが》としての己《おのれ》の感覚を会得しなさい。そうすると私たちが息と呼ぶところのもの、私たちを宇宙につなげているこの活動、そしてあの「私」についての思考、これらがすべて同じ源から来るのが分かるでしょう。創造がある。あなたはその創造物か、あるいはそれを顕現《けんげん》させているものなのか、どちらかです。「私」という思考の奥へ行きなさい。息の先へ行きなさい。そうするとあなたは真我としての自分自身を知るでしょう。それは創造物を超えるところのものであり、初めに息をさせたもの、息を吐かせた起因であります。吐く息と吸う息を止める時、そこにはただ起因があるのみです。あなたがその起因なのです。それを体験しなさい。

伝導瞑想とマイトレーヤの出現に関する活動

質問　伝導瞑想の仕事はマイトレーヤの出現に関連する活動の中の優先事項ですか。

答　それは優先事項の一つですが、唯一の優先事項ではありません。伝導瞑想の価値は、それが世界に与える影響において類をみない奉仕の場を弟子たちに提供することです。同時に、それはあなた方がいつでも引き出すことのできるエネルギーとパワー(力)の泉、偉大な貯水池をあなた方に提供します。それはあなた方を支えます。私の経験からみて、最も活動的なグループ、最も有益なグループは、その基盤に良い、強力な伝導瞑想の活動があるグループです。

同時に、奉仕の分野としての伝導瞑想の仕事が、人々の進化を引き止めるカルマの重荷の多くを焼却してくれます。進化を妨げる主な障害はカルマです。あなた方の肩からカルマの重荷を軽減してくれるものは、それがいかに困難であろうとも、歓迎されるべきです。障害物は、あなたがカルマの重荷を克服し、あなた自身をそれから解放し、解消して、急速に進化させるための(カルマ的な)機会です。伝導瞑想は伝導瞑想グループの仕事の中では優先事項です。しかし第一の優先事項は広報の仕事、つまりマイトレーヤの降臨の事実を伝える仕事です。

人々はしばしば私に尋ねます。「飢える人々に食物を与えることなど、別の種類の仕事を行っている他のグループに参加することによって、降臨の事実を伝える私たちの仕事への集中度を薄めることは勧められることですか」と。飢えの原因を取り扱うグループは非常にたくさんあります。貧困に関わるグループがたくさん世界に存在します。強力で多かれ少なかれ効果的な機関がたくさん世界中でそのために働いています。

しかしながら、マイトレーヤの臨在を伝える仕事に従事している――マイトレーヤが世界におられることを信じ、そのために行動している――グループは世界中にこのグループしかありません。ハイアラキーが外的に顕現しつつあることやマイトレーヤがこの世におられることを絶対に信じずに、ハイアラキーの仕事に関係しているグループはたくさん存在します。彼らは異なった方法で働いています――主観的におそらくそれ程強烈ではなく、いま実際に起こっていることに応えるということには、それ程関心を持っていません。彼らはよりアカデミックなタイプの秘教的な仕事をやっており、情報を広めたり、いわゆる〝秘教学校〟なるものについて語ったり、考えたりしています。それらはすべて、同じハイアラキーの源から発しています。彼らはすべて多かれ少なかれハイアラキーのエネルギーを受けています。彼らの表現の違いは単に、パーソナリティーや光線表現の違いにすぎません。

しかし、私たちは、世界にマイトレーヤが、キリストが存在するという事実を意図的に知らせている唯一のグループです。他のグループは――政治、経済、社会、宗教などあらゆる分野にたくさんのグループが存在します――すべて、準備の仕事をしているのですが、それを意識していません。なぜならば、彼らはそうであることを知らないからです。彼らはより無意識的な方法でこの仕事をやっています。ハイアラキーの出現を可能にするような変化を起こしながら世界を準備する仕事をやっています。

では、あなたはどの程度、他の種の仕事に従事すべきか、それはあなた次第です。もしあなたが私のアドバイスを聞き入れるなら、あなたの時間とエネルギーをあまり薄めないようにしなさい。あなた方は何もかもすべてをやることはできません。個人が、あるいはグループが、一夜にして世界を変えることはできません。あなた方は自分たちがやるべきだと知っている仕事をやることです。それは降臨の情報を伝える仕事です。そのためにこのグループは形成されています。あなた方がここにいるのはそのためです。もしこのグループが単に、飢えた何百万の人々について語るために形成されたのならば、もしくは、オックスファムなどの飢餓救済グループで働くためのものならば、様々な系統に沿った素晴らしい奉仕の機会があるでしょう。しかし、私たちがやっている仕事をやっているグループが他にあるでしょうか。他にないのならば、マイトレーヤの降臨の事実を伝える仕事にあなた方の時間とエネルギーと努力を注ぐことが必要だということは常識ではないでしょうか。

***質問**　幾つかの伝導瞑想グループで〝健全な議論〟が行われています。学習会や〝秘教的な話し合いの会〟を持つことが大切だと考える人々がおり、また世界の状況と日々の大衆への情報提供が特にこの時期に注目を必要としていると考える人々もいます。このことについてアドバイスをいただけますか。

答　今は危機と緊張の時代であり、再臨のために活動しているすべてのグループの揺るぎない注目と専念が必要です。幾つかのグループは、マイトレーヤと彼の計画について大衆に知らせることをやめて、「自己教育のための学習会」というグラマーに落ち込んでいます。彼らはマイトレーヤの出現がまだまだ先だと思い、急いで大衆に知らせる必要はないと思い込んでいるようです。彼らは間違っています——彼らの働きは不十分と見なされるでしょう。

質問　あなたは大宣言の日についてのアイディアを発表する必要はないと思います。（1）なぜなら伝導瞑想をする者にとって、マイトレーヤの出現はあまり重要性を持たないと思います。私たちの目的は光の伝導者として、人類にただ利他的な奉仕を続け、それを広めることであるべきです。大宣言のアイディアを発表することは伝導瞑想をする者たちの心に期待感を植え付け、無意識にマイトレーヤを期待する危険につながります。そうすれば、利他的な奉仕であるべき伝導瞑想は人類のためではなく自分自身のためになり、伝導瞑想の純粋性を破壊しかねません。（2）あるいはこの発表は伝導瞑想者を試すためになされたのですか。

答　この質問者は、マイトレーヤの臨在と出現を知らせるという私の仕事の背後にある目的、そして伝導瞑想とそのイベントとの関係を完全に誤解しているようです。

私が講演をしたり、書物を書いたりするのは、まさにできるだけ広範囲に人々の期待感を創造するためであります。伝導瞑想者にとって危険であるどころか、この期待がより意識的であればあるほど、伝導瞑想やその他の形態の奉仕への強力な原動力となるのです。私の任務は伝導瞑想者だけではなく、話を聞いてくれる人々すべてに大宣言の日のことについて知らせることです。またこの情報がどうして人類への利他的奉仕を行う妨げになるのか分かりません。伝導瞑想を行う者は自分たちを、何か人類一般とはかけ離れたエリート的グループとして考えるべきではありません。すべての者がマイトレーヤの指導と教えを必要としており、彼の出現は私たちすべてにとって重要です。『伝導瞑想の純粋性を破壊する』ものはこれを行う人々の感情的なグラマーと分離主義的な傾向のみです。（2）マイトレーヤの出現についての私の発表は全く真剣な目的を持ってなされており、人を試すためなどではありません。

質問　マイトレーヤの大宣言の後は、短期的に見て、伝導瞑想の実際的な恩恵は何でしょうか。

答　伝導瞑想は単にマイトレーヤの大宣言をもたらすためのエネルギーの分配の方法というだけではありません。ハイアラキーのエネルギーを、人類大衆が吸収し、使用できるレベルで入手分配する長期的なプロセスです。同時に、その仕事に携わる者たちをイニシエーションの門に連れていくプロセスでもあります。ハイアラキーの覚者たちと協力して世界に奉仕する方法の一つであり、同時に、それに参加する人々にとってはとてつもない実際的な恩恵のある自己開発のヨガなのです。

＊質問　大宣言の後の伝導瞑想グループの役割は

何ですか。

答　伝導瞑想は、この生涯、次の生涯、そしてあなたがこの方法で奉仕したいと望む限りいつまでも続けることができる活動です。人々がこれを興味深い奉仕の方法であると見なす限りにおいて、より多くの人々がグループに加わり、より大きなグループができるでしょう。

エネルギーの伝導は、進化の過程において基本的なものです。至るところで、より進化したグループがより進化していないグループにエネルギーを伝導しており、宇宙の高位のレベルから最も低いレベルまでそれが起こっています。宇宙のすべては、上位の界から受けたエネルギーへの反応の中で進化します。

滋賀におけるシェア・ジャパン　ネットワーク研修会での伝導瞑想会

第十章　弟子の進化における伝導瞑想の役割
——その底に横たわる目的

〔編注＝本章に収められた以下の記事は、一九八七年に米国とオランダで開かれたネットワーク会議におけるベンジャミン・クレームの基調講演の記録である。会議の参加者はすべて合衆国、カナダおよびヨーロッパにおける伝導瞑想グループのレギュラーメンバーであった。会議中に出された関連質問と答も編集し掲載した。伝導瞑想の仕事は過去六年間に世界中に広まり、この仕事に従事する人々の数も日毎に増している。そのような背景の中で、今また新しい情報がクレームの師によって提供されたことは興味深い。弟子たちの許容量および発達に合わせて、ハイアラキーがさらに次の段階の教えや情報を弟子たちに授けられる——まさにその良い例であろう〕

講話

つい最近まで、私は伝導瞑想について語ったり、書いたりするときに、大体においてその奉仕の面を強調してきました。伝導瞑想は確かに世界に対する奉仕の行為です。しかし伝導瞑想には奉仕以上のものがあります。伝導瞑想を行う個人の変容を来すことなしに、これらの偉大なる霊エネルギーを伝導することは不可能です。エネルギーがメンバーのチャクラを通る時に、様々なチャクラ、特にハートと喉と頭頂のチャクラを刺激し、その活動を高めます。それゆえに、伝導瞑想は、今日誰にでも開かれている個人的な成長の手段として、おそらく最も有効な方法です。温室で促成栽培されるようなものです。しかしながら、誰にでも適しているわけではありません。しかし、この刺激を受ける用意のある人々にとっては、急速な進化を遂《と》げる最高の方法です。伝導瞑想を一年間、正しく、持続して行うことによって、通常の瞑想を十年から十五年行って成し遂げるのと同じくらいの進化をなし得ます。ですから、これは進化の過程において、とてつもない刺激です。

　これまでほとんどの瞑想は、少なくとも初期の段階においては、その瞑想をこなし、厳しい戒律や必要条件を実行することのできる特定のグループに与えられ、それから段々世界に公に解放されてきました。これらが様々な形態の瞑想として、徐々にその位置を世界に築き、世界中で習慣的に使われています。その各々がそれぞれに人を魂との接触に導くテクニックを提供します。瞑想はそのためのものなのです。今日まで、覚者方は、人類の中のやや高度に進化した一団を対象として、転生している肉体人間としての彼らが魂との接触をつけ、魂との間に光の回路であるアンタカラーナを築くところまで導くことに関心を持ってきました。

　今は全く新しい過程が始まっています。ご承知のように、新しいエネルギーが世界に入ってきております――儀式的秩序または組織の第七光線と、そして統合に向けて作用する宝瓶宮《アクエリアス》のエネルギーです。宝瓶宮《アクエリアス》のエネルギーはグループ構成の中でのみ感知することができ、それを理解し使用することが可能です。

　これまでは、個人の弟子の霊的開発に強調が置かれてきました。これは、過去二千年以上も支配してきた献身または理想主義の第六光線の特質である個人化の促進による必然的結果でした。今やこの光線は後退し、転生の外に出て行きつつあり、我々はますます第七光線に影響されています。これが（その光線の組織的な特質ゆえに）グループ活動を刺激します。何にもまして、宝瓶宮《アクエリアス》のエネルギーが我々の生活にぶつかってくるにつれて、グループ活動を刺激します。

もう一つの大きな要素は霊的ハイアラキーの覚者方の外的顕現《がいてきけんげん》です。（これらは別個のものではなく一緒に働きます）。ご承知のように、ハイアラキーは何千年もの間、世界の山脈や砂漠の中にある彼らの隠遁地において、隠れた存在として働いてきました。彼らは今、大勢で世界に戻って来つつあります。現在、十二人（二〇一五年現在では十四人）の覚者方がすでに世界に出ておられ、その数は徐々に増し、次の二十年くらいの間に、およそ四十人の覚者方が世界で公に働かれるでしょう。これはもちろん全く特異なことであり、我々の生活により強力なエネルギーをもたらし、人類にとって全く新しい可能性を開きます。特に、世界の弟子たち、志向者たちにとってそうであり、またハイアラキーにとっても、神の愛の顕《あらわ》される中心であるハイアラキーと神の知の顕《あらわ》される中心である人類を融合させるという永い間の計画にとって、そうであります。

これはやがて、神の意志の明らかなる中心であるシャンバラを含んだ三つの主要センターの融合につながるでしょう。現在のところ、次の二千五百年にかけて、ハイアラキーの覚者方は彼らの中心《センター》と人類の中心《センター》を徐々に融合させることに向かって働くでしょう。

アクエリアス（宝瓶宮）の周期のための世界教師としてのキリスト・マイトレーヤの主要な仕事は、最初の二つの扉、第一段階と第二段階のイニシエーション、を通して人類をハイアラキーに導くことです。これは長期にわたる計画であり、これを成し遂げるためのステップはある程度始められています。

弟子に関しては、覚者方は弟子たち自身の許容量に合わせて強力にそして明確に働きかけます。どのような情報も形態もテクニックも、それらを安全に適用し、理解することができる者たちには制限されることなく与えられます。身近な将来必要とされる教えやテクニックが覚者方によってどの程度提供されるかという条件は、私たち自身がつくります。

伝導瞑想は二つの王国、つまり神（魂）の王国であるハイアラキーと人間王国との間に整列状態をつくり出す重要な形態であります。なぜならこれは、この二つのグループの活動を結びつけるテクニックであるからです。ご承知のように、伝導瞑想はハイアラキーがグループを通してエネルギーを放出する手段であり、そして同時に、それによってカルマ的な調節ができるために、覚者方がこれらのグループに対して通常では不可能なほどより密接に働きかけることができるのです。

今まで覚者方は、様々なグループがそれぞれに覚者の印象づけに応じることのできる限度内でのみ、働きかけてきました。それぞれのグループは自分たちあるいは自分たちの魂から発動する仕事をし、あるいはハイアラキーの印象に反応して、あるいは直接にハイアラキーの監督の下で、仕事をします。古参の弟子たちは、もちろんハイアラキーの直接の監督の下で働き、さらに彼らの多くは魂の影響に反応する様々なグループを通して、あるいは覚者方のやや微かな影響の下に反応するグループを通して働きます。

覚者方は世界にいる弟子たちとより近しい関係を、一緒に仕事ができる関係を築くことをしきりに願っています。覚者方は出現するにつれて、実際に活動をしている弟子たちからあまり遠くにかけ離れた存在ではなく、彼らと共に最も密接に意識的に協力して働くことを望んでいます。もちろんそのような密接な関係を築くには時間がかかります。伝導瞑想はこのための出発点として与えられました。それは伝導瞑想グループの男女が単に自分たちと魂との関係を築くだけではなく、グループ伝導を通してグループの魂を創造するように導きます。そしてそのグループソール（魂）を通して覚者方は働きかけることができます。

伝導瞑想はグループが彼らのグループソールを形成するための最も良い方法です。それは意識的に初めからそうしようとしてできるものではなく、グループの中の個人が相互に関連し合う活動から起こるものなのです。

伝導瞑想は、実際に魂のレベルで起こることですから、徐々に活動の分野が提供され、その中でグループの統合が生まれます。グループソールというものはグループの中に何人いようとも各個人の光線構造の合計ではありません。それはグループを構成するフォース（エネルギー）の統合であり、合成です。それは様々な魂の光線、そしてもちろん種々のパーソナリティー、メンタル体、アストラル体、肉体の光線を持つ人々で構成されています。伝導瞑想によって形成されたその統合から、新しい、明確な特色が（音色のようなものが）徐々に生まれ、覚者はそれを刺激し、それを通して働きかけます。これがそのグループを、単に個人的基盤だけではなく、グループ基盤で覚者に関係づけます。

覚者方がグループを通してエネルギーを伝導するときに、いつも二つの目的を持って行います。彼らのエネルギーを配分するという奉仕と、もう一つは(そしてこれは覚者方にとって同様に重要なことですが)、グループ内の個人の特質を、そのグループによって特定の目的を与えられ融合された魂の光線の特質に、徐々に変容していくことです。このようにして、グループはハイアラキーの仕事のための強力な前哨隊《ぜんしょうたい》となります。覚者方は各々が担当している大計画の特定の領域の一部として、そのグループを刺激し、ある一定の仕事を行うように印象づけることによって、そのグループを利用することができます。

進化の大計画はシャンバラから発せられ、仏陀によってハイアラキーにもたらされ、キリストとマヌとマハチョハンによってその概要《がいよう》が描かれ、それから各々の覚者が、直観的に自分が開発展開することができると知っている領域を担当します。そしてもちろん、各々が自分の光線構造に適した領域を選びます。そして自分のグループを通して大計画の中の特定の側面を成就することを試みます。

これは一方通行の過程ではありません。グループ自身の働きが覚者の企画の変換や発展をしばしば刺激します。例えば、私の師は、彼が全く計画していなかった仕事をやっています。彼は、これらのたくさんの質問に答えたり、本を書いたり、たくさんのイニシエートの進化の段階や光線構造を教えたりとか、そんなことをやる計画を全く持っていませんでした。しかしながら、世界中にいる私と共に働くグループの人々が、それを私から呼び起こしたのです。世界中のグループが私から一定の反応を呼び起こし、それが覚者からの反応をもたらし、そしてそれが覚者の仕事を開発し、条件づけてきたのです。これはとてつもない出来事なのです。覚者方はこのようにして働くことを望んでいます。おそらく彼らにとって全く退屈なつまらない仕事であるに違いないにも関わらず、彼らは尽きることのない時間とエネルギーと熱意を持っているようです。

シェア・インターナショナル誌のために、イニシエートの光線構造を準備していたときのことを、私は思い出します。私は決まりの良い数として六百人のイニシエートを載せたかったのです。それまでに五百七十八人できていました。あまり覚えやすい数字ではありません。光線構造を調べていない名前がまだたくさんのリストに残っており、その中にはかなり高度なイニシエートもいると私は思っていました。雑誌を出版する時が近づいてきており、私は全部で六百人まで調べていただこうと心に決めていました。そんなある日、覚者は、全く突然、私に言われました。「君がこの奉仕の分野をわたしに提供してくれたことを本当に有難く思う、感謝するよ。何もすることがなく、とても退屈で、指をくるくるまわしながら座っているのだから。これらの光線構造を調べる仕事を与えてくれて、本当に君に感謝するよ。わたしはこのことをとてもうれしく思う」。私は何か企みがあると勘づきました。すると急に調子が変わって、「もう光線構造を一つも聞くな！　わたしが許可するまでは駄目だ。それは今から数カ月先だ」と言われました。私は、「だけど、いま五百七十八人できていて、まだ他にこんなにたくさんあるんです」と言いました。彼は「いや、もうお終いだ、駄目だ。二、三カ月たったらまた聞いてもよいが、わたしはもうたくさんだ！」と言われました。私は言いました、「でも、この人は第三段階だと思うし、これは第四段階かも知れない、本当にいいのがまだあるんですから」。彼は、「いや、駄目だ。もうお終いだ」。「だけど、お願いします。ちょうど決まりの良い数にしてください、まだこんなにたくさんあるんですから」。「よかろう、それではこれとそれ、それだけだ」。というわけで、シェア・インターナショナル誌（一九八三年十二月・一九八四年一月合併号）に載せられたリスト〔編注〕は五百八十名となったのです。

覚者はとても親切で、彼の時間を寛大に与えてくださるので、このようにして仕事が行われていきます。あのリストは、世界にこれまで一度も与えられたことのなかった情報を提供しました。それは全く新しい領域の情報であり、学徒にとっては、実に興味深いものです。マハトマ・ガンジーやヒトラーやジュリアス・シーザーなど、誰だろうが、それらの人々の進化の段階を見るならば、自分たち自身の進化について正しい釣り合いの中で考えることができます。それはものすごく面白いものであり、非常に多くの人々のために役立っていると思います。

このようにして、グループの人々自身が覚者から、彼が予想していなかった仕事を引き出すことができるのです。もちろん、覚者の側にそれをするつもりがなければ、それをする価値や目的が見えなければなさらないでしょう。

〔編注〕リスト＝このイニシエートのリストはその後さらに加えられた名前も含めて、クレーム著『マイトレーヤの使命』第一巻（一九八六年）、『マイトレーヤの使命』第二巻（一九九三年）にそれぞれ新しい名前が追加され掲載、出版された。その後、『マイトレーヤの使命』第三巻（一九九七年、二〇〇九年の第二版）には、新しいリストと共に第一巻と第二巻に掲載されたリストも含めて一緒に掲載された。

伝導瞑想は私たちに奉仕し成長する分野を提供すると共に、覚者方自身にも表現の分野を提供し、それを通して彼らは働き、人間王国と霊王国とを近づけます。伝導瞑想の底に横たわる目的は、それに関連するグループがイニシエーションの門を通り抜けるのを導くことなのです。イニシエーションを通して、二つの王国は一緒になり、そしてすでに述べたように、新しい時代のキリストの主要な目的は人類を霊王国の中に導くことであります。

覚者方がアトランティス文明以後、九万五千年の後に初めて再び世界の中に戻って来られるのは、人類が今や霊王国に入る用意があるからなのです。（惑星のロゴスがサナット・クマラとしてシャンバラに顕現されて以来）千八百五十万年の後、人類はやっと霊王国へのステップを踏む用意ができ、そして「世界の弟子」となるのです。人類はやっとのこと、成年に達しつつあり、神性への最初の歩みを成し遂げつつあります。これは人類の成長の中のとてつもない出来事であり、これがハイアラキーの外的顕現の背後にあります。

ジュワル・クール覚者は（アリス・ベイリーを通して）、新しい時代のヨガとなるラヤ・ヨガの特殊な形態について述べられました。ラヤ・ヨガとはエネルギーのヨガです。この特殊な形態のラヤ・ヨガはすでに実際に知られています。伝導瞑想と呼ばれます。

伝導瞑想はエネルギーのヨガであるラヤ・ヨガと奉仕のヨガであるカルマ・ヨガ、この二つのヨガの融合です。進化の最も強力な形態であるこれら二つを的確に結合します。何らかの奉仕の形態に強力に従事することほど、人を進化の道に沿って非常に速やかに進ませるものはありません。それがカルマ・ヨガです。

もう一つの同様に重要な梃子《てこ》は瞑想です。瞑想はあなたを魂との接触に導き、やがて魂の王国であるハイアラキーとの接触に導きます。奉仕と瞑想というこれら二つの組み合わせは、あなた方を進化の道に沿って押し進め、弟子道に、イニシエーションの道に連れていき、そしてやがて覚者道へと連れていく最も強力な方法です。

覚者方は自分たちの仕事を「大いなる奉仕」と呼ばれます。彼らは奉仕するためにのみ、この惑星におられるのです。奉仕を彼らの仕事となし、彼らの存在の理由とされたのです。彼らは顕《あらわ》された宇宙全体の中に、これよりも重要なことは存在しないことを知っているからです。

宇宙が存在することそれ自体、その背後に立たれるあの大意識の奉仕の活動のおかげで、宇宙は顕現《けんげん》したのです。私たちがこの惑星に存在するのは、創造主ロゴスの心の中の想念として存在するのであり、それはロゴス御自身が太陽系のロゴスの進化計画に仕えておられるからです。私たちはあの偉大なる計画の一部です。太陽系のロゴスが、奉仕を御自身の活動のすべてであり終結であると見ておられるのならば、その御方の微かな反映としての私たちの存在理由は奉仕であるに違いないと思います。それ以外ではあり得ません。奉仕を通して私たちは進化し、(私たちがその部分をなしているところの)ロゴスとのアイデンティティー(同認)を、完全なロゴス的意識の中で認識するようになります。

瞑想と奉仕の結合がその手段を提供します。伝導瞑想はこの最も強力な進化の梃子《てこ》――エネルギーのヨガであるラヤ・ヨガと奉仕のヨガであるカルマ・ヨガ――を合わせたものです。この仕事に携わる人々を進化の最後のステージ、つまりイニシエーションの道に沿って急速に押しやります。

伝導瞑想の仕事を、自分の生活の中の非常に大切な部分として考え、それに対して時間とエネルギーを費やしている人々の大多数が、意識しようがしまいが、すでに第一段階のイニシエーションを受けている人々です。そうでなければ、伝導瞑想のグループにいないでしょう。このような形で奉仕しようという願いを持たないでしょう。

一般にグループ活動に加わってくる人々のほとんどが、自分自身を観察するための活動とか、自分たちについて語ったり、自分たちについて学んだりすることのできる活動に惹かれます。自分自身を知り、自分を向上させ、あれこれの能力を開発することに関心を持っています。いわゆるニューエイジのグループの中に〝チャネリング〟が流行っています。伝導瞑想はこのようなパーソナリティーに関する興味本位の者のための場ではありません。表面的には、ただ何もしないで座っているだけのような仕事です。

何も起こっているように見えません。いずれにしろ、それについて後で「今夜、何が起こったか知っている？　私の過去世が何であったかを知ったのよ」などと語ることができるようなものではありません。家に帰ってそんなことを言うことはできないのです。あなたは過去世でクレオパトラだったとか、お姫さまだったなどと言ってくれる人はいないのです。あなたはただ座って、霊エネルギーがあなたを通して流れるのを可能にしているのにすぎないのです。これが貴重な仕事だということを理解しかねる人はたくさんいるでしょう。

ですから、もしあなたが伝導瞑想をやっているのなら、それが世界に提供する奉仕のゆえにやっているに違いありません。ですから、あなたがそれを持続的に徹底してやっているならば、第一段階のイニシエーションをすでに受けていることはほとんど確実でしょう。そうでなければ、この仕事に興味を持たないでしょう。

ですから、ほとんどの人がイニシエーションの門を一回は通り抜けたと言えるでしょう。キリスト・マイトレーヤはメッセージの第二十一信で言われています。「あなたがたの用意ができたとき、あなたがたが二つの門を通り抜け、光輝《かがや》いてわたしの前に立つとき、あのお方の御前にお連れしよう」。これは、第三段階のイニシエーションに導くことを意味します。

キリスト・マイトレーヤの最も重要な任務の一つは、「幼き者たちの養育者」と呼ばれている仕事であります。それは最初の二つのイニシエーションを受けた者たちを霊的に育み、彼らを第三段階のイニシエーションのために準備することです。

人は実際にイニシエーター（イニシエーションを司る方）――最初の二つの段階のイニシエーターはキリスト、そして第三段階およびさらに高段階のイニシエーションを司る方は世界の主――の御前に立つ前に、すでにイニシエートなのです。そうでなければ、その人のチャクラはイニシエーションの笏《しゃく》から流れ入る火のエネルギーに耐えることはできません。

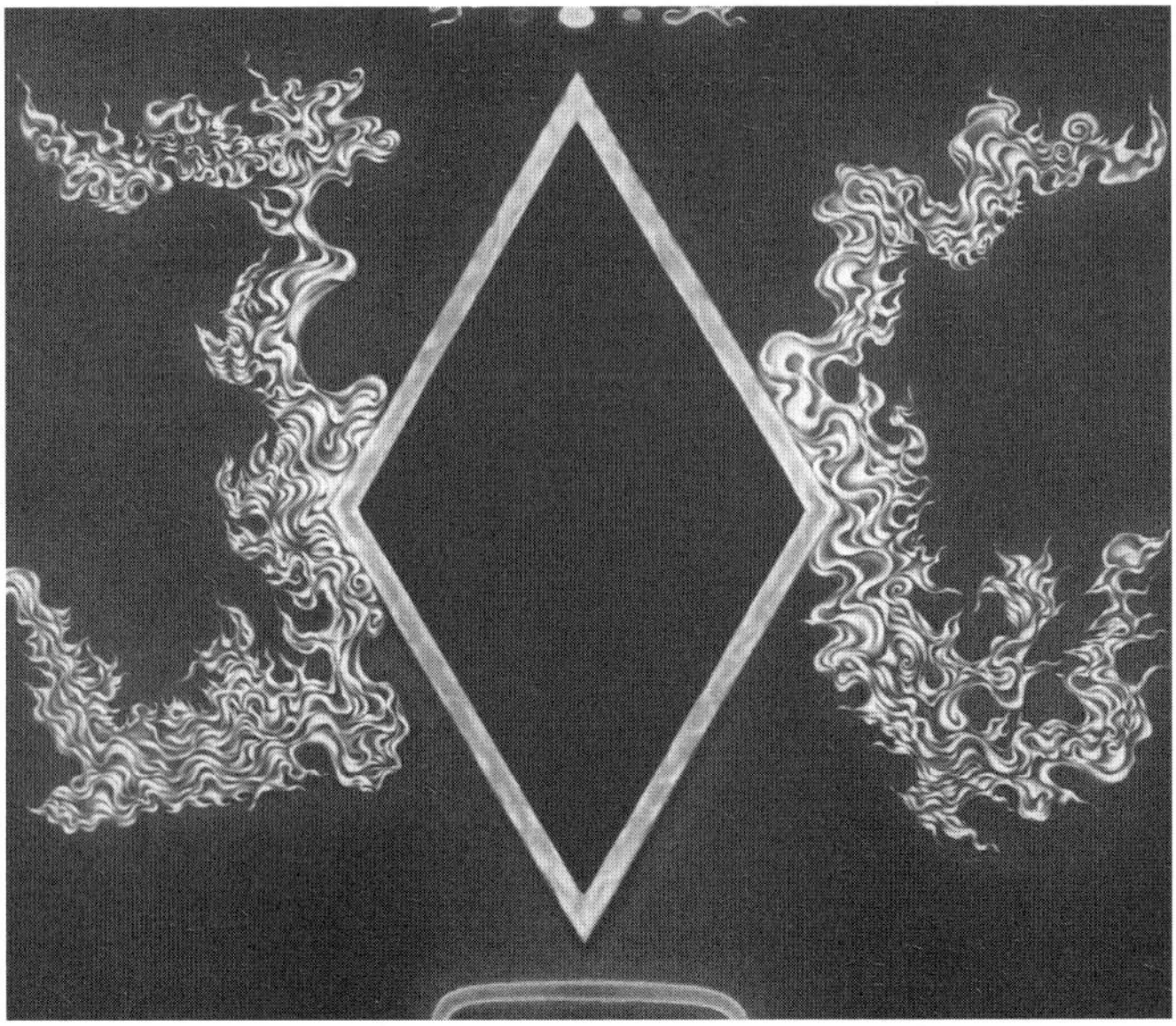

炎のダイアモンド（ベンジャミン・クレーム画　1977年）

最初の二段階のイニシエーションの時には、キリストによって「小笏」と呼ばれるものが使われ、第三段階とそれ以上のイニシエーションには「炎のダイアモンド」と呼ばれる笏《しゃく》が使われ、それは「中心なる霊太陽」のエネルギーで充電され、イニシエートのチャクラを通して世界の主、サナット・クマラによって集中され放出されます。

　ですから、キリストの主要な任務は世界の志向者や弟子たちを刺激して、彼らが彼の前で門を二回通り抜けて最初の二つのイニシエーションを受け、そして世界の主御自身の御前にて第三段階のイニシエーションを受け、聖なる存在となるのを助けることです。

　覚者方がイニシエーションについて考えたり、誰かをイニシエートと呼ぶ時には、第三段階のイニシエーションを受けた者のことを指します。最初の二つの段階は実際、準備的なものであり、肉体と情緒《アストラル》体と識心体《メンタル》とが同じ波動で振動する統合されたパーソナリティーをつくっていき、統合した総体となる過程なのです。それが出来上がると、第三段階のイニシエーションが可能となります。ですから、キリストの任務はグループを養育することです。個人のように見えますが、実際はグループを育んでいるのです。なぜなら一人一人の個人の背後に必ずグループがあるからです。覚者方はグループを見ます。私たちは個人を見ます。

覚者方は世界に降臨するにあたって、実際お互いに見知り合い、共に働くグループの形成を刺激しております。そして彼らの活動から、特定の率で振動するグループの魂が創り出され、それを覚者方は刺激します。伝導瞑想と奉仕を通してグループの魂そのものが生み出す振動は、覚者方によって、そしてやがてマイトレーヤ御自身によって刺激され、役立たせられるのです。

「幼き者たちの養育者」はもちろん二つのレベルで起こっています。第二段階のイニシエーションをすでに受けた者たちはマイトレーヤによって直接に刺激されます。第一段階と第二段階の間にいる者たちも今日オーバーシャドウの過程によって霊的養育を受けています。私がグループからグループへと歩き回り、マイトレーヤが私をオーバーシャドウすると、それはグループのオーバーシャドウになります。このようにしてマイトレーヤは彼らのために、普通ではできないことをすることができます。エネルギーがある程度まで「下げられる」ので、養育のための仕事が安全に行えるのです。マイトレーヤはどっちみち私をオーバーシャドウなさるので、ついでに始められた実験です。

覚者方がなさることはすべて、その活動の派生物がたくさんあり、その仕事はより多くの活動、彼らの目的の表現、を生みます。

ですから、伝導瞑想の底に横たわる目的はその仕事に従事するグループをイニシエーションの門へ導くことです。手段と刺激を提供することです。先ず第一に、チャクラを通過するエネルギーによる刺激があります。人々が伝導瞑想の仕事に参加するにつれて、彼らのチャクラは非常に強力に刺激されます。

私たち自身がその刺激の度合を条件づけます。奉仕と活動によって、私たちは徐々にチャクラにダイナミズムを発達させ、覚者方がより多く与えることを可能にします――「持てる者たちにより多く与えられん」です。これは、あなたが金持ちならばさらにもっと金を得るということを意味するのではありません。もしあなたのチャクラが開いて、活発に振動し、輝いているならば、あなたは実際により多くのエネルギーを受けるということを意味するのです。というのは、あなたは磁力的にそれを引きつけるし、安全に受けることができるからです。ですからあなたが伝導瞑想グループに参加することによって、覚者方とあなた自身に仕事の分野を提供することになるのです。その中で与えられる刺激はあなたの奉仕する能力に正確に、科学的に比例します。覚者方がエネルギーを提供し、あなたがそれを役立たせるにつれて、伝導瞑想に参加するたびにより多くのエネルギーを磁力的にあなたに引きつけます。もちろん、それは継続したものでなければなりません。非常にダイナミックな過程であり、堅実に規則的に行われなければなりません。

伝導瞑想を行うたびに、あなたはより多くのより高度のエネルギーを受ける能力を徐々に発達させ、異なったエネルギーに対する感性を伸ばしていきます。

現在、ハイアラキーの中で行われている大きな実験の一つは種々のアシュラムを相互に関係させることです。ご承知のように、三つの主要な部門、マヌの部門、キリストの部門、マハチョハンの部門があり、それから様々な従属光線の部門があります。いつもハイアラキーにとって問題なのは、洗練されたやり方で働くことのできるグループを見つけることです。例えば、モリヤ覚者は第一光線上にあり、クート・フーミ覚者は第二光線上にありますが、実際に彼らは一つの光線上にあると言えるでしょう。彼らはいつも一緒に働きます。何世紀もの間彼らはそうしてきたのであり、次の二千五百年間も一緒に働き続けるでしょう。彼らが一緒に働くのは、第一光線と第二光線との間に密接な関係があるからです。愛の覚者方と意志の覚者方は最も密接な関係で、最大の調和の中で、同じ目的を持って働き、働く方法は異なりますが、彼らは内的な必要を認知し、その必要に反応し、そしてそれに合わせて働きます。

　外界においては、それと同じような状況を弟子たちの中につくり出すことを、覚者方は求めています。ハイアラキーは一つの総体であります。七つの主要アシュラムがあり、各々に六つの従属アシュラムがあり、したがって全部で四十九あります。やがてそれらの四十九のアシュラムが密接な調和の中に共に働き、相互に依存し合いながら密接な関係になることを目指しています。各々が他のすべてとの関連の中で、それぞれの光線の特徴で大計画に貢献するというやり方で働きます。別々にではなく一緒にです。私たち自身もそのような相互に関連しあった関係に向かって働く時を、覚者方は予見されます。ですから、ハイアラキーの中で実験が行われており、伝導瞑想のグループは、彼らがどの光線上にあろうとも、自分たち以外の光線を扱う機会を与えられているのです。

　これをすべての伝導瞑想グループについて言えるかどうか分かりませんが、少なくとも私が一緒に働くグループではそうです。この実験が一九七四年以来、つまり私の師の要請で初めてロンドンで伝導瞑想グループが形成された時以来行われています。

　伝導瞑想中に、各伝導瞑想グループは自分たちの光線構造とは異質の光線を扱う機会を、つまりそれが彼らを通して伝導される機会を与えられます。個人の光線構造は様々ですが、ほとんどのグループは、引力的魅力によって、大体同じ魂の光線に沿う傾向があります。また、それぞれの国の光線がその国におけるグループの支配的光線を決定するようです。それは偶然でもなく、いい加減に起こるものでもありません。

　この仕事においては、マイトレーヤと覚者方の降臨のメッセージの特殊性、その統合的な吸引力のために、グループはあらゆる光線のタイプの人々を引きつけます。私が一緒に働くグループは、そのメッセージに何らかの形で応えた人々です。この仕事により魅力を感じるような光線構造を持つ人々を引きつける傾向があります。例えば、一般に政治や経済や科学の分野に従事するような人々をあまりたくさん引きつけません。形而上的《けいじじょう》傾向を持つグループから、またはそうでなくても、形而上的《けいじじょう》抽象的《ちゅうしょう》分野に何らかの関心を持つ人々が引きつけられてくる傾向があります。人々がこの仕事に引きつけられるのは、キリスト・マイトレーヤの降臨が彼らの想像を捕らえたからです。彼らの魂が応えたのです。彼らの直観が、これが本当であると、または本当であるに違いないと反応して、彼らはこの仕事に引きつけられるのです。それによって彼らはエネルギーに接触し、そしてそれを様々な方法で役に立たせます。

伝導瞑想グループのメンバーのほとんどは第一段階と第二段階のイニシエーションの間におり、キリストの御前に行き、真の洗礼である第二段階のイニシエーションを受ける準備をしています。これはメンタル（知的）偏極《へんきょく》――意識が通常メンタル界、識心のレベルで働くこと――の成果です。つまり、メンタル偏極を通して、マインド（識心）のレベルからアストラル界の精霊《エレメンタル》を十分に支配し、それらがアストラル的情緒的特質を支配する力を弱めていくと、第二段階のイニシエーションは可能となります。私たちは感情の活動によって、強力な情緒体《アストラル》を通してアストラル界からエネルギーを引き寄せます。アストラル体はおよそ千二百万年にわたってアトランティス根本種族が発達させ、完成させたものであり、それはあまりにも強力なので現在人類の大多数はそれに支配されています。そのとてつもない力ゆえに、人類はその感情的特性の奴隷になっています。それはやがて統御されなければなりません。それは微小なアストラル・エレメンタルの生活活動からつくり出されます。私たちの肉体が物質エレメンタルの活動からつくり出されるのと同じなのです。これらは微小なデーヴァ界の生命であり、彼らが私たちの肉体、感情体、メンタル体を構成しています。これらは物質です。私たちのメンタル体ですら、メンタル界の物質でつくられています。その物質は各界のエレメンタル（精霊）によってつくられます。これらのエレメンタルが私たちを支配するか、私たちが彼らを支配するかです。もちろんやがては、絶対的な進化の圧力によって、すべての進化の周期そのものを在らしめる偉大なる宇宙的磁力の引力によって、私たちはこの問題に直面せざるを得ない段階まで連れてこられます。肉体のエレメンタルを支配して第一段階のイニシエーションを受け、それからアストラルのエレメンタルを支配して第二段階のイニシエーションを受けるのです。

伝導瞑想は文字通り神々からの贈り物です。これを通して、私たちは以前の周期に比べると比較にならないほどの速さで、アストラルの器《うつわ》（感情体）を支配することができるようになります。アストラル体を支配するのに伝導瞑想より強力な方法を私は知りません。覚者方は科学（エネルギーの科学）的方法で働かれるので、メンタル体への偏極が可能となる条件をつくり出すのです。意識のメンタル体への偏極は第一段階と第二段階のイニシエーションの半ば頃から徐々に始まります。第一段階から第二段階へ進むのに平均六～七回の転生がかかります。そのうちのほとんどは第一段階を通過して1.5まで進むのにかかります。ですから自分が半分までできたことを知っている人、1.5くらいにいる人は、もしまだ若い人ならば、おそらくこの一生で第二段階のイニシエーションを受けることが可能でしょう。意識のメンタル体への偏極が起こり始めるや否や、すべての過程が非常に速まります。伝導瞑想の仕事に携わっているグループに関連して、非常に重要な計画があります。彼らは自分たちが想像するよりもずっと早くキリスト・マイトレーヤに会うでしょう。マイトレーヤが世界の前に公に出現するという意味で言っているのではありません――それはいずれにしても起こりつつありますが――もっと個人的な意味で、です。伝導瞑想に従事している人々の中で、今1.4～1.5ぐらいの段階にいる者たちは、この人生においてマイトレーヤの前に出て第二段階のイニシエーションを受けることはほとんど確実でしょう。今のこの時に伝導瞑想が与えられたのはこのことを可能にするためであり、世界への刺激剤として働くことのできる非常に強力なグループをマイトレーヤと覚者方に提供するためです。それによって世界全体の進化の過程が速められます。ジュワル・クール覚者はこう言われました――あなたたちが世界のために行うことのできる最も重要なことはアストラル体をコントロールして、メンタル体への偏極《へんきょく》を達成することである、と。あなたのアストラル的感情活動の影響で世界のエーテルの大海を濁らせないことです。私たちの感情活動が世界のエーテル（霊気）を汚らしい茶褐色の煙霧《えんむ》に変色させてしまうのです。ですからできるだけ多くのグループを速やかにキリスト・マイトレーヤの前に連れて行き第二段階のイニシエーションを受けさせることが計画です。伝導瞑想の底に横たわる目的です。そして、非常に間近に、伝導瞑想グループの中の用意の整った人々が大勢マイトレーヤの前に出て、イニシエーションの笏《しゃく》からエネルギーを受けるでしょう。マイトレーヤがこのオーバーシャドウの過程を通して非常に強力に働かれるのはその理由があるからです。彼らを霊的に育むためです。かくして、グループの霊的養育というこの実験があるのです。通常ならば、マイトレーヤは第二段階のイニシエーションを受けた人々のみを養育されるのですが、彼はいま実験的に、私を通して、この会議に出席しているあなた方だけではなく、伝導瞑想の仕事に携わっている世界中のすべてのグループを、彼の前に立つことができる段階まで連れていこうとしています。そうすることによって、本当に強力な活動的な働き手を養成していきます。ハイアラキーによって信頼される本当に活動的な働き手になるためには、第二段階のイニシエーションを受けていなければなりません。賢明に客観的に、アストラルのグラマー（眩惑《げんわく》）の妨害なしに働けるようになることが必要です。大計画のために客観的な良い働きをなすためには、人は第二段階かそれに近いところまで進化している必要があります。
覚者方は皆がその障害を通過することを願っています。なぜならそれは非常に大きい障害だからです。すべてのイニシエーションの中で、最も難しいイニシエーションなのです。だからあなた方がそれを乗り越えるのを助けるために、非常に多くの助けが提供されるのです。
この人生の間にイニシエーションを受けるという約束と機会をあなた方の前に提示するように、私は言いつかりました。さあ、頑張りなさい！

〈編註〉光線とイニシェーションに関する詳細は、クレーム著『マイトレーヤの使命』第一巻および第二巻を参照されたい。

質問　弟子の側から見た進化の過程、特に第一段階と第二段階のイニシエーションの間の過程を描写してください。

答　弟子とは進化の旅路を意識的に辿《たど》っている人のことを指します。人類すべてが進化しているということは言うまでもありません。初期の動物人間から今日の我々の段階まで進化したのです。数えきれない永劫《えいごう》の間、多かれ少なかれ無意識のうちに、その過程は進行してきました。個々の魂は、進化そのものの磁力によって進化の中に押し流されて、繰り返し、繰り返し転生してきました。他方、弟子は、非常に特定の目標につながるこの過程の中で非常に意識的な役割を受け持ちます。人類大衆は終点が、目標が——少なくともこの惑星に関連する限り——あるということすら実際に知りません。弟子とは、目標があることを知り、非常に意識的方法で自分の進化をさらに進めようと努力する者であります。その目標とは、もちろん完全の域に達すること、つまりこの惑星に転生してくる必要性からの解放です。弟子はその目標に到着するために、喜んで、意識的に必要な規律に服従します——弟子《ディサイプル》（Disciple）とは規律のとれた《ディシプリンド》（Disciplined）者という意味なのですから。
進化の過程を明確に刻む印である大きな危機点が

五つあります。これが覚者道、つまり大いなる解放までの五つのイニシエーションです。その後は、もはやこの惑星に転生してくる必要はありません。この五つの大いなる意識の拡大——イニシエーションとは意識の拡大なのですから——は、動物人間から完全に解放された覚者となるまでの進化の旅路のわずか最後の幾つかの転生で起こります。人が最初のイニシエーションを受ける準備ができるまでに、文字通り何千何万回の転生体験が必要なのです。魂はその乗り舟がその段階に近づいているのを見ると、つまり第一段階のイニシエーションまであと四～五回の転生というところまで来ると、その器、つまり物質界の肉体人間を何らかの形の瞑想に接触させます。

最初のときは、非常にわずかなものであるかもしれません——瞑想について話を聞き、ちょっと試してみる、またはほんの少しの時間をそれに費やすというくらいかもしれません。やがてある一生では相当な時間を何らかの形の瞑想に費やすでしょう。瞑想を求めるのは肉体人間なのではありません。魂自体の衝動によってこの過程へと強いられるのです。この意味において、人の最初の師は魂です。

瞑想をより真剣に行う人生を幾つか通って、その人が第一段階のイニシエーションのための準備ができると、覚者が割り込んでこられ、その人を指導し、試み、このとてつもない最初の意識の拡大のために準備します。

現在、転生している（肉体で生まれている）人間の中に、第一段階をすでに通過した者はおおよそ八十五万人おります。（もちろん、その体験を通った者で転生の外にあるものはたくさんおります）。世界の人口五十億（一九八九年現在）のうち、これはあまりたくさんとは言えません。第二段階のイニシエーションを通った者は二十四万人しか転生していません。第三段階は二千～三千人です。第四段階のイニシエーションを受けた者は現在世界に四百五十人しかおりません。非常に少ない数です。今日、興味深いことは、進化の過程がとてつもなく速められていることです。今数百万の人々が第一段階のイニシエーションの瀬戸際におります。だからこそ、ハイアラキーの覚者方が、数えきれない永い時を経て初めて、日常の世界に戻られるのです――弟子たちが覚者方を世界に磁力的に引きつけているのです。

見習い中の弟子は、覚者のアシュラムの外辺で覚者によって監視され、試みられます。彼が試験にパスして、準備ができたとき、イニシエーションの門をくぐり、ハイアラキーの中に入り、弟子となります。それが、もう後戻りすることのできない旅路の始まりです。弟子の背後で漕いできた舟は焼かれます。彼は何回もの転生を無駄にして、進化を遅らせることはできますが、進化の潮の流れに逆らって、後に戻ることはもうできません。

そうして彼の魂と肉体人間との間で大きな戦いが闘われる期間がそれに続きます。物質界の肉体人間は、パーソナリティーの欲望の人生と魂の霊的な人生との間の所有権争いの戦場となります。それはかなり時間がかかるかもしれませんが、究極的に、魂が勝利します。なぜなら魂の方が強いからです。

その戦いは何回もの転生にわたって続けられます。第一段階から第二段階のイニシエーションまでに、平均六~七回の転生がかかります。その弟子にとって、初めは非常に苦しい闘いであり、苦痛を伴うものです。自分があらゆる面で――知的に、感情的に、肉体的に――刺激されていることに気付きます。彼の三つの体(メンタル体、アストラル体、肉体)はかつてなかったほど刺激されます。戦いは三つの戦線で同時に闘われなければなりません。自分が肉体戦線に攻撃してくる敵に対処していると思っていると、いつの間にか感情戦線に侵略されているのに気付きます。自分のパーソナリティーの全力を使って、敵の攻撃に立ち向かっていると、今度はメンタル界とそして再び肉体界で、背後から攻撃をかけてくる勢力を知ります。ついに、彼はその闘いに全く消耗しきって、降伏します。

そうすると、彼は受け入れられた弟子となり、覚者の監督と訓練の下で、覚者のアシュラムの中心により近い所で働きます。その時初めて、彼は自分が独りではないことを、自分が思っていたように独りぼっちだったのではないことを知り、実際、肉体界ではそのメンバーに出会ったことはないが一つのグループの一員であったことを知ります。彼は、初めは覚者ではなく、覚者の弟子の監督の下に働きます。彼が第一段階と第二段階の丁度半分ぐらいに達するまで、戦争はますます激しく猛威をふるい続けます。

突然、彼は長いトンネルの終わりにかすかな光を見ます。肉体が自分の意志に従っていることに気付きます。そして最も御《ぎょ》しにくい体である情緒体《アストラル》を、少なくとも百回のうち二〜三回は統御することができるようになります。これで非常に勇気づけられます。先が見えてくるのです。まだまだ闘争ではありますが、もし努力を続けていくならば、希望があることを知ります。

そうすると、彼は、何らかのグループ活動で他の人々と接触ができるように導かれます。その人々も彼と全く同じ体験を、同じ困難を持っているのを知り、これが、自分の無知やグラマー（眩惑《げんわく》）や錯覚から抜け出して、世界とリアリティ（現実）と己自身をあるがままに見るようになる過程であることを認識します。

これらすべてを可能にするために、世界に瞑想というものが与えられたのです。魂がその反映である肉体人間との関連でこの状況をつくるのを可能にするための接触反応のプロセスです。魂がその器《うつわ》であるメンタル体、アストラル体、肉体をますますしっかりと握り、それを魂自体のより純粋な反映にさせていきます。その目的は器をそれ自体の完璧な反映となすことです。それを魂は、肉体、アストラル体、メンタル体のそれぞれの振動率を刺激することによって行い、三つの体が、多かれ少なかれ同じ波動で振動するようになるまでにもっていきます。

魂はべつに急ぎません。それは時間という観念で考えることさえしないので、永劫《えいごう》の時があります。戦いがあまりにも長く続いているように感じるのは、肉体人間としての男女だけです。私たちにとっては、これらの肉体、アストラル体、メンタル体のコントロールから決して解放されることがないように思えるのです。そのコントロールが魂としての、霊的存在としての私たち自身を完全に表現し、本来の姿である霊的知性や愛や意志を顕示し、輝き出させるのを妨げているのです。やがてその段階に到達できる時、第三番目の偉大なる意識の拡大、第三段階のイニシエーションを受けることができます。これが進化のプロセスにおける分水界であります。覚者方の観点からすれば、この第三段階のイニシエーションが最初のイニシエーションです。覚者方から見れば、最初の二段階はこの最初の真の魂のイニシエーションのための準備段階にすぎません。第三段階でその人間は、初めて真に魂の入った存在となり、したがって真に神聖なる存在となります。それまでは、神性は存在するが、まだ潜在しており、可能性にすぎません。二つの要素がこれをもたらします——何らかの形態の瞑想が肉体人間にその魂との接触をつけさせるのであり、もう一つは奉仕、何らかの形の非利己的奉仕です。

質問　カルマ・ヨガとラヤ・ヨガについて、もう少し詳しく説明してくださいませんか。

答　カルマ・ヨガは奉仕のヨガです。大きなカルマ（因果）の重荷を肩に担いで、あるいは巨大な橇《そり》に満載してデコボコした道の上を引っ張りながら、人生を過ごすことを想像してみてください。一生懸命引っ張って行くのですが、至るところでほんの小さな轍《わだち》の穴にさえはまり込んでしまうのです。その都度、あなたはぐらつき、その下に入り込んでは押し上げて、また引っ張り始めます。それを繰り返し、繰り返し、一生続けるのです。あなたの過去の過ちをすべて引きずっていくのです。単に過去世からのものだけではなく、昨日の、先週の、昨年の、そしてあなたが子供の頃からの間違った行動すべてです。

そのすべてが私たちのカルマなのです。私たちが始動させた動き、蒔《ま》いた種、すべてです。すべての原因のすべての結果が私たちのカルマです。それを解決しなければなりません。カルマの結び目を解きほぐさなければなりません。そうしてやがて私たちは全く個人的なカルマを持たない覚者になるのです。それが進化の過程の目標です。

カルマの法則が、カルマ・ヨガの点からは、「奉仕の法則」になります。奉仕の法則は、私たちが永い転生の間に蓄積してきた悪いカルマを解消する機会を私たちに与えてくれます。カルマ・ヨガとは、できる限り冷静に、執着なしに世界に奉仕することであり、そうすることによって、やがてこのカルマから離れることができます。あたかも大きな天秤《てんびん》を持っていて、一方には私たちの過去の過ち、私たちの不完全さの結果というべきものが山積みされ、もう一方には私たちの奉仕活動が積まれます。ですからバランスを取るためには、奉仕の方の皿にもっともっとたくさん積み上げなければなりません。そうして徐々にカルマの荷とのバランスができると、それは取り消されます。両者のバランスが達成されるまで奉仕を積み上げることによって、奉仕がカルマを解消します。焼き尽くします。それがカルマ・ヨガです。

ラヤ・ヨガはチャクラのエネルギーのヨガです。このヨガは宇宙のエネルギーの操作の基礎にあるヨガですが、私たちがここで言っている意味では、覚者方がグループを通して伝導されるエネルギーの操作であり、彼らは高度に科学的方法で私たちのチャクラを通してエネルギーを伝導します。伝導瞑想の仕事の場合、覚者方がこの非常に秘教的なオカルトのヨガを私たちのために行ってくださいます。覚者方はエネルギーの科学の大家であり、専門家であります。彼らは一日二十四時間絶え間なく惑星の外の源からくるエネルギーを伝導し、変換しております。(人類にとって害になるかもしれないエネルギーから我々を保護してくれています)

そのような高度な科学者たちが私たちの瞑想を監督してくださることを想像できますか。伝導瞑想を行う人々はすべて、十二歳の子供でもできる非常に簡単な奉仕の分野に入るのであり、しかもエネルギーが非常に科学的にチャクラを通して送られるので、進化の道に沿って最も急速な向上が可能なのです。伝導瞑想が今のこの時期に世界に紹介されたのは、そのような強力なエネルギーを扱うことのできる弟子たちが今やっとグループをつくり、グループ形成で意識的に働くようになったからです。

やがて徐々に私たちが覚者方を助けてこれらのエネルギーを操作するようになり、そのようにして、覚者方の時間とエネルギーを節約します。

質問　自分たちの進化を自分自身の手に握ることができるのを知ったのですが、これは世界に対する奉仕の中で完全に利他的に働くことと同じように、世界のために良いことなのですか——霊的な意味で。

答　はい、そう思います。何事においても、自分自身の手で、意識的に働くことは、方向性も目的もなしに行うことよりも、ずっと目的性があり、よりよく導かれます。そうすると意志の刺激がそのプロセスの中に入ってきます。イニシエーションに向かっていく駆り立てる力、推進力を与えるためには意志が必要です。どのような種類であろうとも、奉仕は徐々にあなたをイニシエーションの門に連れていきます。ラヤ・ヨガ、つまり精密な科学的ヨガのプロセスは（それが伝導瞑想ですが）、あなたを前進させる奉仕に方向性と力を提供します。

伝導瞑想に関してしばしば出される質問ですが、人々はこの仕事の成果に気付かないのです。伝導瞑想の成果は見えませんから、本当に自分たちが世界のために役立つ仕事をしているのだろうかと疑問に思います。ただ奉仕しているというだけで、それが世界の役に立っているということを信じなければならないのです。伝導瞑想の成果を見て、「何々のイベントは私のせいだ。それは私が昨夜あの素晴らしい伝導瞑想に参加したからだ」などと言うことはできないのです。伝導瞑想の仕事にそのような因果関係を期待することはできません。しかしあなたが見ることができるものはあなた自身の裡に起こる変化です。そして、この人生で第二段階のイニシエーションを受ける――そしてアストラル体を統御する――ことができるかもしれないと知ることで、それ自体が伝導瞑想のグループに参加するのを推進する力になるはずです。

質問 愛のエネルギーが正しく使用されなければ、それは肉体にどのように顕《あらわ》れますか。

答 もし魂のエネルギー――その特質は知であり、愛であり、意志であります――が正しく使われなければ、肉体の病気として、情緒的障害として、あるいは精神的不安として顕《あらわ》れます。もしあなたが正しい瞑想――私は伝導瞑想のことのみを言っているのではありません――と、そして正しい奉仕を行うならば、すべてが正常に正しく進行するでしょう。病気になりませんし、たとえなったとしても、それはカルマ的なものであり、過去からのものであり、それにあなたは対処しなければなりません。弟子道には二種類の病気があります。魂のエネルギーの誤用あるいは無使用の結果起こる肉体的、情緒的、精神的病気と、もう一つは特にイニシエーションの行路の最終段階に見られるものであり、単にその人のカルマの荷を終わらせるための病気です。

例えば、非常によく知られたイニシエートであるH・P・ブラヴァツキーとアリス・ベイリーを例にとってみましょう。それぞれに第四段階と第三段階のイニシエートでありました。彼女たちは生涯のうちかなりの期間、病気でした。ブラヴァツキーの生涯の最後の十二年ほどは、彼女はいくつもの病気に同時に冒《おか》されていました。しかしこれらの病気にもかかわらず、彼女はハイアラキーの主要な先達の弟子としての仕事をし、覚者方と共に働き、世界に非常に貴重な膨大な情報を与える仕事をし続けました。アリス・ベイリーも同様です。これらの病気は魂のエネルギーの誤用の結果ではありません。それどころか、この二人のイニシエートほど、魂のエネルギーを正しく、科学的に、そして彼女たちの魂の目的に沿って使った者はいないでしょう。彼女たちはどちらも完全に魂の融合《ゆうごう》した人間でした。彼女たちの場合、病気はカルマの負債を支払って、過去のカルマを完全に取り除いて、解放のイニシエーションの門に導くためでした。

より低位の弟子たちの場合、病気は大部分が魂のエネルギーの無使用か誤用の結果です。それは彼らの中で〝腐ってしまい〟、ノイローゼになるのです。魂との接触がつけられるや否や、あなたは非常に強力なフォース（エネルギー）と接触を持つことになります。これらのフォースを奉仕に使用しなければ、それはあなたの肉体、情緒体《アストラル》、識心体《メンタル》を破壊するでしょう。これが弟子たちの病気――主に、心理的、神経的、情緒的病気――の理由です。正しい、科学的な瞑想とそれによって喚起されたエネルギーを正しく奉仕に使用することによって、肉体、情緒体、識心体《メンタル》はその目的を正しく遂行《すいこう》することができ、努力なしにこれらの三つの体の健康は維持されます。

その転換点は第一段階と第二段階のイニシエーションの中間、1.5です。主な緊張感は1.3と1.6の間に起こります。その人はアストラル界のグラマーに気付き始めます。それまで自分が人生に対して抱いた反応はすべてアストラル（感情）的であり、グラマーであり、したがって非現実のものであることに気付きます。第一段階のイニシエーションまではずっとそうであったのです。人が完全にグラマーの中に浸りきっている間は、それが全く見えないので、その人にとって何の問題もないのです。なぜなら反応は自動的であり、アストラル的、感情的反応であり、完全にそれと自分を同一認しており、それが本物であるとして受け入れているからです。しかし1.3から1.5あるいは1.6くらいになると、よりメンタル界から反応するようになります。なぜなら魂の影響がだんだんに強くなっていくからです。

メンタル体を通して、魂の光がグラマーの上に投射されて、これらの反応が非現実であることを示し始めます。その時点までは、その人は自分のグラマーや錯覚、人生に対する非現実の反応に十分満足していました。しかし自分の感情的反応が非現実のものであり、それは「自分」ではないことを知ると、苦痛になり、苦難が始まります。衝動的な反応はこれらの反応について、それを取り除くために何かをしてみようとすることです。そうするとそれは苦悩を、グラマーの力をさらに増加させます。グラマーを取り除くために努力をすればするほど、それを強めてしまいます。グラマーを見つめて、それを変えようとせずに、我々の反応の非現実性を認識する術を学ばなければなりません。それをただ見て、それに対して何のエネルギーも与えないと、それは栄養分を欠いて死に絶えます。その過程は1.3と1.6の間で最も強烈であり、感情体は絶えず魂によって刺激されますので非常に困難な時期です。伝導瞑想はこの過程を通過するのに役立ちます。なぜなら、伝導瞑想においてあなたは意識の偏極をアストラル体からメンタル体に徐々に移していくからです。

質問　伝導瞑想がメンタル（知的）偏極をもたらすことができるのは、どういう訳なのか説明してください。

答　あなたをますます高度な霊的緊張の状態に導くことによって、これが行われます。その高度な緊張状態の中で、伝導瞑想の仕事をするだけで、あなたのチャクラは霊エネルギーによって充電され、そしてあなたの肉体、情緒体《アストラル》、識心体《メンタル》のそれぞれが刺激され活気づけられます。アストラル界からあらゆる汚物が表面に持ち上げられ、捨て去られ、そして絶えず著しい霊的緊張の状態の中にいるようになります。ただし、あなたが伝導瞑想を規則的に徹底して行う場合のみ、これが起こります。その霊的緊張が魂の注目を引きつけるのです。魂の器である肉体人間がエネルギーで満ちると、魂はそれを通して働くことができ、それを活気づけ〝しっかり捕まえ〟、それによってますます霊的緊張を増していきます。ですから霊エネルギーの流入があるたびに、それは魂にとってその器をさらにしっかりと握る機会となるのです。魂がこれをすればするほど、その人の意識はより一層メンタル体へ偏極《へんきょく》していきます。なぜなら、メンタル体を通して働きかける魂の光を通して、アストラル体が統御されるからです。アストラル体が徐々に統御されると、メンタル体への意識の移行が始まります。そしてアストラル体が十分に統御されると、第二段階のイニシエーションを受けることができます。

人生において絶え間なく霊的緊張を創りそして維持していく過程で――この維持するということが重要なのですが――魂のエネルギーがその器である肉体人間を通して真に働くことを可能にするのです。そしてその人の志向はアストラル的感情的ではなくなり、ますますメンタル的になり、やがて真に霊的（スピリチュアル）人間になっていきます。そうすると直観が働くようになり、魂の光を通して、マインドを通して、メンタル体を通して、アストラル界をつくり上げているグラマー（眩惑《げんわく》）と錯覚の全領域が徐々に消散され、統御されていきます。そうすると、あなたは第二段階のイニシエーションを受けるほどに澄んできます。メンタル体への偏極の過程は1.5段階から始まり、第二段階と第三段階の半ばまで続きます。ですからメンタル体への偏極は2.5段階まで完成したものとはなりません。そうして霊的偏極と呼ばれる段階が始まります。そうすると霊的緊張は非常に完全になるので、魂そのものが意識の働く焦点となります。

質問　第一段階から第二段階に到達するまでの平均が六～七回の転生であったとすると、伝導瞑想が私たちの生活の中に普及するようになると、平均回数はどのくらいになると思いますか。

答　それを予測するのは不可能ですが、著しく短縮されることは確かでしょう。各々の弟子が自分の進化のスピードを速めることに貢献します。それはいつもその人が携える霊的緊張の度合に関連しています。この惑星の中に生み出された霊的緊張がハイアラキーを世界に呼び戻すのであり、また彼らが世界に戻って来られる理由なのです。覚者方が世界に戻って来られるからこそ、弟子たちの進化を速めるためにラヤ・ヨガの特殊形態である伝導瞑想が特に企画されたのです。覚者方はとてつもないフォースく力〉を振り回します。この方々の霊的フォースは全く尋常なものではありません。一人の覚者が、彼の周りにいる者たちすべてを活気づけ動員してしまうのです。そのような方が四十人も戻って来られ、それと共にマイトレーヤが世界に公に働かれるようになり、そして第四段階のイニシエートの数も〈一九八七年現在は世界に約四百五十人〉さらに多くなり、その他の各段階のイニシエートの数もそれぞれに増加する時、世界に創りあげられる霊的緊張とフォース〈エネルギー〉は想像を越えるものになるでしょう。その中で人々は第一段階から第二段階へ五回、四回、三回、あるいは二回の転生で、そしてやがては一回の転生のうちに、到達することが可能となるでしょう。この時代のうちにそれが起こるかどうかは知りませんが、しかし短くなることは確かでしょう。

＊質問　グループ内で光線構造を築くための必要条件は何ですか。人々がグループを去ったりグループに加わったりするとき、グループの光線構造という観点からは何が起こりますか。

答　様々な光線の人々が加入し、グループと一緒に働くようになるとき、徐々に彼らの光線——彼らの影響力——がグループにしるしを刻むようになります。これは魂レベル、パーソナリティーレベル、メンタルレベルかもしれませんし、アストラルレベルや物質レベルの場合もあります。しかし、魂、パーソナリティー、メンタルのレベルでは、加入する人の成熟度〈進化のレベル〉に応じて、グループに深い影響が及ぶことになります。成熟していれば、彼らはグループに印を刻むことになります。時間はかかるかもしれませんが、グループを明確に変えることになるでしょう。このようにして、グループのパーソナリティー構造は常に変化します。それは流動的な状況であり、私がそれについて話せば、実際以上に固定しているように思えます。それは非常に流動的であり、加入するすべてのグループメンバーが何らかの形でグループに影響を与えるものと想像することができます。

***質問**　グループが光線構造を築くには一定の人数がいなければなりませんか。

答　「一定の人数」と言うと、ここで使う言葉としては明確すぎます。十分に進化した人が三人いれば、それで十分でしょう。通常、私が伝導瞑想の部屋に入ってそこに六人しかいなければ、私は「定足数にさえも達していませんね」と言います。私の師は、定足数をおよそ七人と考えております。深刻なことではないのですが、七人より少ないと、師はいつも「おや、定足数さえもいないのか？」と言われます。少なくとも七人いなければならないということではありません。先ほども述べたように、十分に進化していれば、三人でも十分だからです。それは質によります。数よりも質に関係します。

本当に秘教的なグループにおいては、人数はいつも、最大というよりむしろ最小に保たれています。世にある外的なグループは、政治グループなどのように最大の人数を追求します。可能であれば、何百人、何千人、何百万人という支持者を集めたがります。宗教もそうです。しかし、大計画に関する限り、本当に秘教的なグループは、十分に、そして適切に働く三人、七人、あるいは十二人といったところです。この点で、十二人は、一緒に働くには非常によい人数です。巨大である必要はありません。世界中に十二人のグループがたくさんあればいいわけです。

***質問**　グループの光線構造は、グループを通っているエネルギーにどのように影響を与えますか。

答　話が逆です。グループを通ったエネルギーは、グループの光線構造やその他のものにどのように影響を与えるか、ということです。あなたがエネルギーに影響を与えるのではなく、エネルギーがあなたに影響を与えます。私たちはエネルギーの宇宙に住んでおり、エネルギー以外のものは何も存在しません。エネルギーは思考に従います。そのため、覚者方が操作して、様々な国や様々なグループへとその光線に応じて送ることが可能になるし、実際に送られているのです。国々が多様であるのは、異なった光線がそうした国々を通して、弟子の場合は魂レベルで、その他の場合はパーソナリティーレベルで作用しているからです。人々がエネルギーの特質を変えることはありません。エネルギーを使用したり誤用したりすることはありますが、それを何か別のものに変えるわけではありません。

光線がオランダをオランダたらしめ、フランスをフランスたらしめます。光線がそれぞれの国に特定の趣と特質を与えます。どの生涯においても、光線が私たちに特定の特質と属性を与えます。光線は生涯によって変わるかもしれません。ただし、魂の光線は非常に長い間、同じままです。国の場合も同様です。国は、何百年もの間一つの光線に支配され、それから別の光線の流入とともに、ゆっくりと変わることがあります。例えば、日本のような国は何世紀もの間、パーソナリティーレベルでは第七光線に支配されていました。今、日本のパーソナリティーは第四光線です。そして、その第四光線は徐々に支配権を握っており、第七光線のあまりに大きな現れを締め出し始めています。しかし、日本に長いこと住んでいれば、第七光線が非常に強力に存在していること、何世紀もの間存在してきたこと、そして今後もかなり長い間影響力を持ち続けるであろうことを知るでしょう。

質問　グループソール（魂）が形成されると、グループが第二段階のイニシエーションを受ける能力を助けたり、そのスピードを速めるのは、どうしてですか。

答　グループはその活動の活発さによって、霊的緊張を創り出すので、それが必然的にエネルギーを引きつけ、そのエネルギーがグループソール（魂）を形成し、特定の音色を響かせます。物質界においては、それはグループの性格によって醸《かも》しだされる音調のようなものです。魂のレベルでは、そのグループの霊的目的の強さを通して出される音色であり、それが、グループを構成する様々な個人の魂の間につくられる関係を通して、もう一つの別個の実在物（存在）を徐々に創ります。それがグループソールです。そのグループの魂のフォースの統合、合成です。

グループの中の人々は皆同じ光線上の魂を持っているわけではありませんが、にもかかわらず、彼らは「グループソール」と呼ばれる実在物を創ります。そのグループソールが、物質界におけるグループとの関係において、各人の属するアシュラムのグループのような働きをします。アシュラムはすべて、核＝覚者＝の周りに集められた個人で構成されており、そして覚者が、彼の引力作用によって、異なった光線の様々な弟子たちを引きつけます。覚者が自分に引きつけることができ、近くに寄ることを許す者たちです。（弟子は、そのアシュラムの仕事を妨げないようになるまで、ある期間、周辺に留めておかれます）。そうして、その弟子が一定の波動を維持しそれを安定させておくことができるようになると、ますますグループの内部近くに、そしてやがて覚者のより近くに連れてこられます。そうして覚者とかなり密接に働き、覚者にとって非常に役立つ存在となります。しかし弟子が意識的に知っておかなければならない最も大切なことは、自分がその魂のグループのメンバーであり、そのグループのエネルギーをいつでも引き出すことができるということです。

このようにして、伝導瞑想の仕事を通してグループソールが創られるとき、彼らは新しいアシュラムを形成するのではなく、一つの小さな準アシュラムのようなものなのです。おそらく様々な異なったアシュラムから、異なった魂が寄ってきて、全く異なった実在物（魂）を創ります。それは各個人の魂を通して様々なアシュラムにつながっており、そしてそれはおそらく数種の、あるいはすべての光線と共に働きます。ハイアラキーの今日の目標は、各グループが可能な限りすべての光線を、少なくとも自分たちの光線に沿ったものではないものをも、利用することができるように育成することです。ですから、種々のアシュラムの間に相互関係があるのです。伝導瞑想を通してグループソールが創られる時、そのようなことが起こります。つまり、グループがそれを維持していくために利用することのできる実在物（魂）を持つことになります。あなたが自分自身の属するアシュラムからエネルギーを引き出すことができるように、伝導瞑想のグループソールからエネルギーを引き出せます。

エネルギー伝導は実際に魂の界で起こっています。ハイアラキーが創っているのは、偉大なる光のネットワーク（網）であり、惑星全体にまたがる光の線です。ありとあらゆる種類の瞑想を行う人々はこの中に組み込まれますが、伝導瞑想のグループにおいては特にみんな魂の界でつながっています。

マイトレーヤは私をオーバーシャドウしていく過程を通して、相互に連結したネットワークを築いており、それを通して、すべてのグループを強化することができます。やがて、グループの中の多くの者たちが第二段階のイニシエーションを受けると、マイトレーヤはこの光の線に沿って直接にこれらのグループの人々を強化し育むことができるようになります。そうすれば、もう私を通す必要はなくなります。魂の界に築かれるこれらの光の網を通して、あなたたちは直接にマイトレーヤの霊的育みを受けるでしょう。

質問　伝導瞑想グループがグループソール（魂）を形成するようになるためには、グループの最低必要人数というものはありますか。

答　伝導瞑想の仕事のためには三人いればグループになりますが、グループソールの点からは、七人ぐらいから魂として開花し始めるでしょう。七人いれば、メンバー間の相互作用の度合の活発さによって、まず初めにグループの光線構造が形成され、やがてグループの魂が形成されるでしょう。光線構造はグループの各メンバーの光線構造の統合です。単にそれらを合計したものではなく統合、合成したものです。グループソールはグループとしての彼らの仕事の活発さの結果として生じるのです。仕事が真剣に強力に行われなければ、グループソールはできません。

＊質問　グループがグループソールを外的に、そして内的に発達し始めていることをどのような方法で認知することができますか。覚者方の観点からは、グループソールを発達させ始めているグループとまだそうしていないグループの違いは何でしょうか。

答　これは非常に流動的なものです。あなたはそれに大いに注目しているようですが、私はそうしないようにしています。グループソールは、人々が行うことすべてにおいて魂を前面に出す能力を通して発達する霊的な状況です。ですから、例えば十二人のグループ、七人のグループ、あるいは3三人のグループでさえも、彼らが行うことすべてにおいてそうすることができるならば、彼らの魂の様相が、彼らが行うすべてにおいて主導的な様相になります。

マイトレーヤはこう言われます。「わたしはあなたがたと共に在り、あなたがたの裡に在る。わたしであるものを、あなたがたを通して表すことを願う、そのためにわたしはやってきた」と。彼が言おうとしていることは、私たち自身の霊的な本質、つまり魂に対して彼が刺激を与えられるということです。彼は人々の魂の様相を通して働かれますので、人々が魂を自分たちの前面に出して働くようになり、活動のすべてが魂のレベルからやってくるにつれて、マイトレーヤが彼らを通して働くことを可能にしていることになります。

この話をするについて、あなたがどのような手段を使うべきかを指示したくはありません。すべての人が自分なりの方法を見つけます。しかし、その方法には多かれ少なかれあなたの魂のエネルギーが吹き込まれるでしょう。このことを認識しなければなりません。ご存じのように、この仕事をするにあたっては、私たちがすることの何が正しくて何が間違っているのかを魂が指示できるようにすることが大事です。あなたの魂が気付いているとき、マイトレーヤのエネルギーが入る余地をつくることになります。

　世界の人々に影響を与えるのはそれなのです。人々がシェア・インターナショナル誌を見たり、シェア・インターナショナルのことを考えたりするとき、彼らは必ずしも言葉に表すことができないような一定の響きを持った人々のことを思い浮かべます。基本的に無害であり、人類に対する口にされない、考えられることもない、自然にわき起こる愛を持った人々のことを思い浮かべます。これが、実際に表れているものであり、もし人々が反応するとすれば、それを見るのです。ですから、この仕事について何も知らなくとも、それを提示している人々を彼らは愛するのです。彼らは何かを感知するのです。彼らは私たちの中にある魂を感知するのです。私たちがキリストと呼ぶものは、私たちの中にある魂です。マイトレーヤは生命の魂様相の体現者であり、それが彼をキリストたらしめているものです。この仕事を行うにあたってはマイトレーヤが見られるようにしなければなりません。それによって、すべてのグループの中にある魂の特質が発達することになります。彼は「わたしをあなたがたの心の裡に受け入れ、世にわたしを示しなさい」と言われます。その特質がグループのますます多くの人々によって表されるとき、そのグループはグループソールと呼ばれるものを形成します。ですから、それは固定したものではありません。それは魂の内的な特質であり、それが実際に表れること、マイトレーヤがそれを通して働くことは、あなたによって可能になります。それは、資料などを使うパーソナリティーのどんな表現よりも重要です。

　それは存在の状態であり、その存在の状態がこの仕事において重きをなすものであり、人々が見るものです。人々がひどく閉鎖的でない限り――それに絶対に反応しない特定の原理主義的なグループのことを私は思い浮かべることができます――、たいていの人は実際に反応します。たいていの人は、エソテリシズム（秘教）とは一切関わりたくないと思っている場合でも反応します。その話を知りたくない、一切関わりたくないと思っていても、それを行っている人々のことは好きにならずに、尊敬せずに、はたまた愛さずにはいられないのです。

質問　伝導瞑想の時間が長く続くかどうか、あなたには分かりますか。

答　弟子道の最初の規律の一つは時間を忘れることです。これは非常に重要な基本です。時計を捨ててしまうべきです。通常、伝導瞑想の時に私は一切時計を見ません。エネルギー伝導が自然に終わるまで、ただ続けるのみです。それが法です。あなたはハイアラキーと共に働いているのか、いないのか、そのどちらかであり、中途半端はありません。覚者方は真剣なのだということを認識しなければなりません。私たちは本当に真剣ではないのです。自分たちをハイアラキーの弟子であると考えたがる人々の多くは呑気なのです。軽い気持です。伝導瞑想を一時間もやれば、なにか凄いように考えます。「私たちは伝導瞑想グループなんです。一時間やって、それからお茶とケーキをいただきながら話をします」──こんなことでは真剣ではありません。

伝導瞑想を行うならば、エネルギーの流れが続いている限り座り続ける覚悟がなければなりません。それは一時間かもしれませんが、しかしおそらく三時間のほうに近いでしょう。あるいは四時間、五時間かもしれません。ハイアラキーに協力する覚悟が必要であり、なんとなく自分の忙しい、あるいは怠けた生活、個人的な生活に、その仕事を合わせるのではないのです。もしあなたがハイアラキーの弟子になろうとするならば、あなたの怠けた生活をハイアラキーとの関係の中で調整していかなければならないのです。弟子（Disciple）であるということはそれを意味するのです。鍛錬ができている、規律がとれている（Disciplined）ことです。

仕事のリズムをつくり、それを保持するのです。そうすると、あなたは真に規律のとれた仕事をするようになります。時間的観点からいえば、「私はこれを毎日しよう」と決め、そして時計を見ては、「ああ、まだこれをしていなかった」とか「さあ、これをやった」というようなことではありません。それは規律がとれているということではありません。規律、鍛錬とは、適切な時間に適切な場所にいる用意があるということです。それは奉仕でもあります。規律（Discipline）と奉仕とは大体同じようなことを意味します。

質問　私たちが第二段階のイニシエーションを受けるというような約束が、なぜ与えられたのですか。エリート意識を持ったり傲慢になったりする人々が出たりして、かえって逆効果があるのではないですか。

答　確かにその危険はあります。しかし私は、一定の節度と客観性を持つ人々を相手にこの話をしているのだと思います。そうでなければ、このような奉仕の仕事に携わらないでしょう。

このインフォメーションが提供された理由は、グループを啓発し、彼らの希望と志向を持ち上げ、彼らの仕事に焦点を与えるためです。その目的はハイアラキーの仕事に関して、彼らの長期的な計画や仕事の方法についてより深い見識を与え、そして現在、1.5段階あたりにいる人々を勇気づけるためです。この人生において、キリストの御前に出て第二段階のイニシエーションを受けることができそうだということを知ることはものすごく活気づけられるアイディアです。誰でもがというわけではありませんが——ある人々はそれについて全く何もしないでしょう——しかし、伝導瞑想に興味を持っているほとんどの人々は、これを知ることは活気の出る、啓発され、勇気づけられることと思うでしょう。それが、この情報が提供された目的です。知らせて、勇気づけ、刺激することです。

質問　伝導瞑想を一週間に一度、一時間ぐらいしかやっていない人の場合はどうですか。それでも意識のメンタル体への偏極《へんきょく》および第二段階のイニシエーションは可能ですか。

答　私は、伝導瞑想を真剣にやっている人々、そしてすでに1.5段階ぐらいのところにいる人々に向けて話をしているのです。一週間に一時間では非常に強烈なリズムとはいえません。それ以上が必要だと思います。

質問　なぜ、もっと大勢の第二段階、第三段階のイニシエートが伝導瞑想のグループに加わらないのですか。

答　この仕事にはグラマーがないので（しかし何からでもグラマーをつくり出す人々はいると思いますが）、少なくとも第一段階、そしておそらく第二段階のイニシエーションを受けた人々のみを引きつけます。だからといって、伝導瞑想に携《たずさ》わっているグループの中にグラマーは無いということではありません。すべてのグループの中にグラマーがたくさんあります。しかし伝導瞑想のグループの中にいるという事実は、彼らが、全体的にみて、平均的なニューエイジ・グループやオカルト・グループの持つ通常のグラマーを追求しているのではないと言えます。全く真摯《しんし》に奉仕をしようとしている人々です。そうでなければ、これをしないでしょう。しかしその動機は様々でしょう。おそらく何らかの度合の霊的野心はあるでしょう。自分をよく見つめてみると、少なくとも動機のある部分に、個人の向上があることに気付くでしょう。しかしもし私が伝導瞑想グループに参加する条件として完全にグラマーから解放されていることを要求したら、世界中に伝導瞑想グループは存在しないでしょう。

　伝導瞑想のグループに、なぜもっと第二段階や第三段階のイニシエートがいないのか。それは第二段階や第三段階のイニシエーションに到達した人々はおそらく他の仕事をしており、必ずしも伝導瞑想を含みません。にもかかわらず、彼らが正式に伝導瞑想グループにいようがいまいが、そのようなレベルの人々は誰でも、非常に強力な目的性を持ったやり方でエネルギーを伝導しています。なぜなら、それが現実《リアリティ》の特質なのですから。私たちはエネルギーの宇宙に住んでいるのです。第二段階または第三段階のイニシエートは政治や経済の分野、あるいは科学や教育の分野で働いているかもしれません。伝導瞑想という秘教的な仕事は沢山の活動の分野の一つにすぎないのです。

毛沢東とウィンストン・チャーチルはどちらも第三段階のイニシエートでありましたが、伝導瞑想について聞いたこともなく、それが何であるかも知りませんでしたし、おそらく関心もなかったでしょう。にもかかわらず、彼らは彼らの特殊な魂のエネルギーの伝導者でした。チャーチルの場合は第二光線の魂が彼の行動の背後にありました。毛沢東の場合は第一光線の魂がその背後にありました。（彼の光線構造は魂が一、パーソナリティー一、メンタル体一、アストラル体二、肉体一でした）。もし毛沢東やチャーチルに、彼らが第三段階のイニシエートかどうか尋ねたとしたら、「それは何のことだい」と言っただろうと思います。彼らは秘教的なことには全く関心がなかったのです。

質問　グループのメンバーの中に進化のレベルの差が少しある場合でも、イニシエーションを同時に受けるのですか。グループの全部が同じ日にイニシエーションの扉をくぐるために、他の人々よりも少し余計に進化している人は、遅い者が追いつくのを待たなければならないのですか。

答　イニシエーションへのあの扉は、もちろん象徴的な扉です。イニシエーションの敷居とは、その人の在り方なのです。実際に扉があって、あなたはその外に立って仲間が辿《たど》り着くのを待っているとかいうようなものではありません。肉体・物質界の外には、時間というものはありません。そしてイニシエーションは肉体の外で起こるのです。来たるべき時代には、マイトレーヤが世界に顕現《けんげん》されておりますから、物質界においてもイニシエーションが行われるようになるので、そのときには、あなたの仲間が扉の前であなたを待っているということも起こるでしょう。

人は用意が整うにつれて、その時々に、イニシエーションを受けます。そしてこれは、オカルト的（隠れた神秘的）意味において、その人の用意が整うことです。キリストと、そして何にもまして世界の主であるサナット・クマラが、その人がイニシエーションのために完璧に用意が整っていると見届けると、それが起こります。世界の主に相談がなされなければなりません。もし彼が「いや、まだだ」と言えば、また戻されます。これに関して試験的に行うことは一切ありません。その人は完全に用意が整っていなければなりません、そうでなければ死にます。ですから、イニシエーションの笏のエネルギーの衝《しょう》撃《げき》にその人のチャクラが耐《た》えられるかどうかを、彼らは知っておられます。彼らは専門家ですから。

エネルギーはキリスト御自身のチャクラを通して、それからあと二人の覚者方のチャクラを通して流され、キリストによって方向づけられます。イニシエートはそのトライアングル（三角形）の中央に立ち、そしてイニシエートを通して彼らによってエネルギーが循環《じゅんかん》され、それから集注《しゅうちゅう》されます。そこで偉大なるエネルギーの火が築きあげられ、イニシエートの波動はとてつもなく高められます。しかしその前にその人はすでにその段階に達していたのです。だからこれが起こるのを可能にしたのです。イニシエーションのエネルギーは、彼をさらにその先へと押し進めます。ですから、質問に対する答えは、いいえ、です。

あなたの用意が整い、そして天体の星々の影響が適切である時、あなたはイニシエーションを受けることができます。もしあなたの用意が整っていても、天体の影響が整っていなければ、それがちょうど適当な位置になるまで、あなたは待たなければなりません。あなたの用意が整った時はまだ用意の整っていなかった人でも、その人の用意が整った時、幸いに天体の影響も適切であった場合、その人はあなたよりも先にイニシエーションを受けるかもしれません。これは非常に複雑なものです。個人個人でイニシエーションを受けるのですが、それはグループ・イニシエーションなのです。お互い同士知らなくても、グループとしてイニシエーションの扉をくぐるのです。人々は個人的なこととしてしか見ませんが、ハイアラキーの観点から見れば、それはグループ・イニシエーションです。

来たるべき時代の違いは、グループが実際に物質界でそれを受けることでしょう。キリストが国から国へと訪れ、様々な形態の仕事を通して——伝導瞑想だけが唯一の形態ではありません——この偉大なる達成のための準備を整えた人々をグループ形成で、イニシエーションを授けられるでしょう。

質問　たくさんの伝導瞑想グループが存在しますが、私たちは全体として一つの伝導瞑想グループなのではありませんか。

答　はい、それは本当です。覚者の観点から見れば、私と共に働く者たちはすべて、それは世界中の多くの国々にたくさんいますが、一つのグループを形成します。なぜなら彼らは同じ活動をしており、ハイアラキーのこの特殊の試みに、実験に、いや一つの計画のために、自分たちを役立たせているからです。そして私の師が、私を通してそれを遂行していく責任を背負われたのです。今、私を通して、彼は、そしてマイトレーヤはそれ以上に、世界中のグループを刺激しており、彼ら全体として、来たるべき時代にマイトレーヤと直接にそして密接に働くことのできる内界のグループをつくっています。彼らがどこに住んでいようと、このグループがマイトレーヤのために先駆隊を構成します。彼のために道を整えるだけではなく、ある意味で世界の中で彼の仕事を行い、彼のエネルギーの代表者的存在となって働きます。彼らを通して、マイトレーヤは世界を変えることができるのです。「わたしであるところのものを、あなたがたを通して表わすことを願う——わたしはあなたがたと共にあり、あなたがたの中にある」

● 著者紹介

BENJAMIN CREME（ベンジャミン・クレーム）

スコットランド生まれの画家で秘教学徒でもあるベンジャミン・クレームは、1974年以来、人類史上最大の出来事に対して世界の準備を整えるために、彼の師である覚者の訓練監督の下で公の活動を続けている。世界各地で幅広くこの希望のニュースを伝える講演を行う傍ら、世界中のテレビ、ラジオ、ドキュメンタリーなどにも出演。

彼の著書は多くの言語に翻訳発行されている。また、世界70余カ国に購読者を持つ国際月刊誌『シェア・インターナショナル』の編集長でもある

● 訳者紹介

石川道子（いしかわ　みちこ）

東京に生まれる。最終学歴はアメリカのイェール大学大学院修士号。国際政治学、特に第三世界開発問題の研究。後に、アメリカで新しい教育形態の実験的プログラムの開発および運営に従事する。1981年以来、ベンジャミン・クレームの共働者の一人として日米を中心に世界のネットワークの中で奉仕活動を続けている。クレームの著書を中心に編集、翻訳、出版の活動、さらに国際月刊誌『シェア・インターナショナル』日本語版の監修責任、他も務めている。

伝導瞑想——**21世紀のヨガ**（Transmission—a Meditation for the New Age）

2016年2月1日　改訂四版　第１刷発行　　定価：本体2000円+税

筆記　ベンジャミン・クレーム
訳　石川道子
発行者　石川道子
発行所　有限会社シェア・ジャパン出版
〒500-8817　岐阜市八ツ梅町3-10　所ビル1F
電話／ファクス　058-214-6779・042-799-0275
振替　00100-8-150964
印刷所　四橋印刷株式会社

ISBN978-4-916108-21-0　C0014　¥2000E

『世界教師《マイトレーヤ》と覚者方《かくしゃがた》の降臨《こうりん》』

ベンジャミン・クレーム著／石川道子訳

ベンジャミン・クレームはこの最初の著書で、いま明けようとしている新しい時代《ニューエージ》の世界教師マイトレーヤ（キリスト）の出現に関する背景と関連情報を提供している。あらゆる宗教グループによって様々な名称で待望されてきたマイトレーヤは、われわれが多くのイデオロギー派閥の間で協力を創造するのを助け、世界の善意と分かち合いを喚起し、広い範囲にわたる政治、社会、経済、環境面の改革を鼓舞するためにやって来られる。ベンジャミン・クレームは、過去2000年間で最も深遠な出来事をその正しい歴史的、秘教的な文脈の中でとらえ、世界教師の存在が世界の諸々の制度機構および平均的な人の両方に対してどのような影響を与えるかを描写している。クレームは智恵の覚者とのテレパシーによる接触を通して、魂と輪廻転生、死の恐怖、テレパシー、瞑想、核エネルギー、古代の文明、UFO、開発途上国世界の問題、新経済秩序、反《アンチ》キリスト、“最後の審判”などについて洞察を提供している。

初版1979年、改訂版1998年／2014年　B6判／378頁

『大いなる接近 ――人類史上最大の出来事――』

ベンジャミン・クレーム著／石川道子訳

この予言的な書は、われわれの混沌とした世界の問題に焦点を当て、世界教師マイトレーヤと一緒に98,000年ぶりに世界に公に戻って来ようとしている完璧なる方々の一団、つまり智恵の覚者方の影響の下で徐々に変化していく世界を描いている。

本書が網羅している話題には、困惑のアメリカ、民族紛争、犯罪と暴力、環境と汚染、遺伝子工学、科学と宗教、光の特性、健康と治療、教育、奇跡、魂と転生などがある。

この書は途方もない智恵の統合であり、未来にサーチライトを投射して、明確なビジョンをもって、われわれが達成する最高の業績と、前方に横たわる驚嘆すべき科学的発見を明らかにする。戦争は過去のものとなり、すべての人間の必要が満たされる世界がわれわれに示されている。

初版2001年、B6判／448頁

シェア・ジャパン出版　〒500−8817　岐阜市八ツ梅町3-10　所ビル1F
電話／ファクス　：058-214-6779・042-799-0275

『マイトレーヤの使命　第Ⅰ巻』

ベンジャミン・クレーム著／石川道子訳

世界教師マイトレーヤの出現と教えについて説明した三部作の最初の作品である。人間の意識が着実に成熟するにつれて、今や古代の「神秘」の多くが明かされようとしている。本書は、進化の旅路を歩む人類にとっての手引書と見なすことができる。キリストの新しい教えから瞑想やカルマに至るまで、死後の生命と輪廻転生《りんねてんしょう》から治療や社会変革、イニシエーションと奉仕の役割から七種光線、そしてレオナルド・ダ・ヴィンチやモーツァルトからサティア・サイババに至るまで、この本が網羅する範囲は広大である。本書は世界教師マイトレーヤの仕事のために、そしてすべての者にとっての新しいより良い生活の創造のために、背景状況を説明して道を整えている。本書は力強い希望のメッセージである。

再改訂版2016年、A5判／432頁

『マイトレーヤの使命　第Ⅱ巻』

ベンジャミン・クレーム著／石川道子訳

この心を鼓舞し温めてくれる本は、黄金時代の入口にあって苦悩している世界に新たな希望と手引きを提供している。本書は世界教師マイトレーヤの教えを、外的な実際的レベルと内的な霊的レベルの両方において提示している。世界の出来事についての比類なく正確な予報は国際的なメディアを驚嘆させ、奇跡的な顕現《けんげん》は何千もの人々に希望とインスピレーションをもたらしている。本書はベンジャミン・クレームの覚者との一連の独特なインタビューも収録しており、それは人類が直面する最大の問題の幾つかに光を当てるものである。

本書はとてつもなく広い範囲を網羅している。マイトレーヤの教え、意識の成長、新しい統治形態、商業至上主義と市場のフォース、分かち合いの原則、新しい時代、壁のない学校、光のテクノロジー、ミステリーサークル、真我《しんが》、テレパシー、病気と死、エネルギーと思考、伝導瞑想、魂の目的などである。また、「恐怖心の克服」や「奉仕への呼び掛け」に関するベンジャミン・クレームの啓発的な講話の内容を編集したものも含まれている。

改訂版1998年、A5判／768頁

『マイトレーヤの使命　第Ⅲ巻』

ベンジャミン・クレーム著／石川道子訳

ベンジャミン・クレームは心踊るような未来のビジョンを提供する。世界教師マイトレーヤとその弟子たち、つまり智恵の覚者方が公に導きを与えてくれるため、人類はその神聖な潜在能力に値するような文明を創造するだろう。平和が確立され、世界の資源の分かち合いが普通のことになり、環境を維持することが最優先事項になるだろう。新しい教育は魂の事実と意識の進化について教えるだろう。世界の都市は偉大な美のセンターへと変容するだろう。

この本は広範囲な話題に関してこうした貴重な智恵を提供する。それには将来に向けたマイトレーヤの最優先事項や、「21世紀の挑戦」についての智恵の覚者とのインタビューも含まれている。カルマと輪廻転生、人類の起源、瞑想と奉仕、進化の大計画、不朽の智恵の教えの基本的な概念などが本書で探求されている。画家でもあるベンジャミン・クレームが——レオナルド・ダ・ヴィンチ、ミケランジェロ、レンブラントといった——10人の巨匠を、秘教的で霊的な観点から評論する興味深い講話の内容が収録されている。

本書は『マイトレーヤの使命』シリーズの最初の二冊のように、深遠な霊的真理と、今日最も頭の痛い問題に対する実際的な解決策とを組み合わせている。本書はまさしく、「この世界がかつて見たこともないような文明の創造を始める」用意の出来た人類にとって、希望のメッセージとなっている。

改訂二版2009年、A5判／720頁

マイトレーヤからのメッセージ
『いのちの水を運ぶ者』

ベンジャミン・クレーム伝／石川道子訳

マイトレーヤは御自身の出現に向けた準備期に、1977年から1982年まで、ロンドンでのベンジャミン・クレームの公開講演会のときに、彼を通して140信のメッセージを伝えた。使用された方法はメンタル・オーバーシャドウと、それによって確立されたテレパシー（思念伝達）であった。

分かち合い、協力、和合を訴えるマイトレーヤのメッセージは、読者に対して、彼の再臨のニュースを広め、そして豊かな世界で貧困や飢餓のために苦しんでいる何百万もの人々の救済に緊急に取り組むことを鼓舞する。マイトレーヤはメッセージ第11信で次のように述べている。

「あなたがたを取り巻く問題を切り抜ける道は、あなたがたの心の裡なる神のまことの声に再び耳を傾けることであり、この世の豊かな産物を世界中すべての兄弟姉妹たちと分かち合うことである。これをあなたがたに示すことがわたしの計画である……」

マイトレーヤのことばは、世界が変化するこの重大な時期において、智恵、希望、救済の独特な源泉となっており、声に出して読むとき、こうした深遠だが単純なメッセージは彼のエネルギーと祝福を喚起する。

改訂初版1999年、B6判／448頁

『いのちの法則』（マイトレーヤの教え）

ベンジャミン・クレーム著／石川道子訳

かつての世界教師の教えは、その存在がある程度知られるようになる以前に与えられたものについてはその断片すらも伝わっていない。キリスト、仏陀、クリシュナの教えは、のちの信奉者の目から見たものしか伝わっていない。計り知れないほど高位の存在者の見解や洞察の一端が伝えられたのは今回が初めてであり、われわれは前途に広がる進化の旅路を理解できるようになった。世界教師はそのような旅路の概略《がいりゃく》を描くためにやって来られた。大師から受ける印象は、その知識と認識の広がりや深さには限りがないということ、大師は想像を絶するほど寛容で賢明であるということ、そして驚くほど謙虚であるということである。

本書を読んで内奥《ないおう》の変化を経験しない人はいないであろう。世界の事象に対する途方もなく透徹した洞察に大きな関心を抱く人もいるだろうし、自己実現の秘訣の明示、体得された真理についての簡潔な描写に啓示を受ける人もいるだろう。“いのちの法則”を理解することを願うすべての人にとって、こうした精妙で含蓄《がんちく》の深い洞察を通していのちの本源へと導かれ、山の頂きへと伸び広がる単純な道へと導かれるであろう。すべての生命の本質的な一体性が、明瞭で味わいのある方法で強調されている。われわれの生活を支配する法則がこれほどまで自然で伸びやかに見えたことはこれまで一度もなかったように思われる。

初版2005年、B6判／400頁

『協力の術《すべ》』

ベンジャミン・クレーム著／石川道子訳

本書は現代の最も切迫した問題と、不朽の智恵の教えの観点から見たその問題の解決策について論じている。この教えは数千年もの間、外的世界の根底にあるフォース（エネルギー）を明らかにしてきた。ベンジャミン・クレームはこうした教えを現代へとよみがえらせ、世界教師マイトレーヤと智恵の覚者方の一団の間近に迫った出現のために道を整えている。マイトレーヤはこのますます高まっている認識をわれわれの中に鼓舞しようとされるだろう。

本書は、大昔からの競争の中にがんじがらめになり、古くて役に立たない方法でそれらの問題を解決しようとしている世界を見る。問題解決の答え――協力――は、われわれの手の中にある。すべての生命の根底にある和合の大切さをますます認識することを通して、正義と自由と平和の世界への道を示す。

本書で扱う話題には、協力の必要性、アメリカ合衆国と競争、有機体と組織体、奉仕の機会、失うことへの恐れ、カルマ、愛、勇気と無執着、グラマーの克服、覚者方の教え方、多様性の中の和合、合意、信頼などが含まれる。

初版2002年、B6判／358頁

『生きる術《すべ》』

ベンジャミン・クレーム著／石川道子訳

二人の智恵の覚者方、つまりジュワル・クール覚者と、とりわけベンジャミン・クレーム自身の師である覚者の著作に刺激を受けて、本書の第一部は、絵画や音楽のような芸術の一形態として「生きる」という経験が考察されている。高度な表現レベルに達するには、特定の基本的原則についての知識と遵守が必要とされる。生きるという芸術《アート》（術）においては、原因と結果の大法則とそれに関連した再生誕の法則を理解してこそ、われわれは他者に害を与えない落ち着いた生活を実現し、それが個人的な幸せや、正しい人間関係、すべての人間にとっての、進化の旅路における正しい道へとつながっていく。

第二部「相対立する二極」と第三部「イリュージョン（錯覚）」では、人間が自分の内面においても外的な生活においても、限りなく続くように思われる苦闘を経験するのは、人間が進化計画の中で独特な位置――霊と物質が出合う地点――にあるからだと示唆される。イリュージョンの霧を脱出して、自分自身の二つの様相を一つの完全なる全体へと統合させる手段は、ますます無執着になり客観的な自己認識を高めながら、人生そのものを生きることにある。

初版2006年、B6判／352頁

『全人類のための世界教師 ——重大な惑星的出来事——』

ベンジャミン・クレーム著／石川道子訳

98,000年の時を経て可能となった偉大な教師方の出現と、この惑星的に重大な出来事から派生する多くの効果、彼らが人類に示す将来にわたる計画、優先事項や勧告について本書は明らかにする。

巨大な宇宙のアバターとして、世界教師マイトレーヤは二つの行動路線の間の単純な選択を示すだろう——その彼の助言を無視して現在の生活様式を続け自己破壊に陥るか、勧告を喜んで受け入れて、平和で幸せな将来を保証する分かち合いと正義のシステムを開始し、その結果として人間の内的神性に基づいた文明を創造するか……。

初版2007年、B6判／224頁

『多様性の中の和合 ——新しい時代の政治形態——』

ベンジャミン・クレーム著／石川道子訳

本書は、あらゆる男女や子供の未来についてである。それは地球自体の未来にも関わる。人類は今、岐路に立っており、大きな決断をしなければならないと、クレームは語る。その大きな決断とは、われわれが前進し、すべての者が自由で、社会的正義が支配する輝かしい文明を築くか、あるいは現在のように分裂と競争に満ちたあり方を続け、惑星地球のあらゆる生命の最後を見るのかについての決断である。

クレームは、地球の霊ハイアラキーのために、すべての人類の安寧のための大計画について言及している。われわれすべてにとっての前進の道は、われわれの本質的な多様性を犠牲にすることなく、同様に本質的な和合を認識することであることを、諸国家の果たす様々な役割を示しながら明らかにしている。

初版2012年（初版）B６判／270頁

『人類の目覚め』

ベンジャミン・クレーム著／石川道子訳

世界教師マイトレーヤが公に御自身を人類の前に現して、全人類に同時に語りかける日、「大宣言の日」における人類の体験がどんなものであるかを、クレームの師である覚者が感動的に描かれる。「その特別の日に思考が放送されるのを、以前に聞いたことのある人間はどこにもいないだろう。彼らの神性への呼び掛けを、彼らが地上に存在することへのチャレンジを聞いたことはかつてないだろう。そのひとときの間、各人が、それぞれに厳粛に、独りで、自分の人生の目的と意味を知り、幼年時代の恵みを、自我欲に汚されていない志向の純粋さを、新たに経験するだろう。これらの貴重な数分のあいだ、人間は大生命（いのち）のリアリティ（実相）に完全に参加することの歓びを新たに知り、遠い過去の記憶のように、お互いがつながり合っていることを感じるだろう……突然、人間は今までの自分たちの人生が薄っぺらなものであり、人生を貴重なものにするすべてのこと――同胞愛や正義、創造性や愛――が大多数の者にとって欠けていることを知るだろう……慎ましい感謝と良きものへの切望のうちに、人間の涙が静かに流れるだろう。その時以後、新しい神聖の気がこの地球全体に漲るだろう。人はしばらくの間、忍び足で歩くだろう」――本文より

初版2008年、Ｂ６判／252頁

叡知の種

『覚者は語る』

ベンジャミン・クレーム伝／石川道子訳

人類は舞台の背後から、高度に進化した光明ある一団によって導かれている。これらは智恵の覚者方と呼ばれ、進化の旅路をわれわれよりも先に歩まれた方々である。めったに公に世界に姿を現すことはなく、通常、弟子たち――科学、教育、芸術、宗教、政治など人生のあらゆる部門で活躍し社会に影響力を及ぼす男女――を通して働く。

英国の画家ベンジャミン・クレームはある覚者の弟子であり、テレパシーによって密接に連絡を取り合っている。クレームの師である覚者は、クレームが編集長を務める『シェア・インターナショナル』誌に、その創刊号（1982年）以来、人々を奮起させるような記事を毎号寄稿してこられた。その記事は、理性と直観、新しい文明、健康と治療、生きる技、統合の必要、正義は神聖なり、人の子、人権、再生誕の法則、飢餓の終わり、平和のための分かち合い、民衆のパワーの盛り上がり、最も輝かしい未来、協力など、幅広い主題に及んでいる。

これらの記事の主要な目的は、現在および間近な将来の必要について人々の注目を引くこと、さらにすべての覚者方の長であるマイトレーヤの教えについての情報を提供することである。本書には『シェア・インターナショナル』誌の創刊以来22年間にわたる223の記事すべてが収録されている。

初版2004年、B6判／640頁

『光の勢力は集合する ——UFOと彼らの霊的使命——』

ベンジャミン・クレーム著／石川道子訳

第一部で、宇宙の兄弟であるUFOの乗組員と共に仕事をし、彼らのことを内部から知っているベンジャミン・クレームは、UFOの存在は計画されたもので、惑星地球にとって、とてつもない価値のあるものだと論じる。彼らは人類の災難を緩和し、この惑星をさらなる、急速な破壊から守るという霊的使命を遂行しているのである。

第二部では、事実が間もなく明らかになると人類は自己の神性と地球の霊的法に目覚め、分かち合い、正義、自由が基調の協力の時代が始まるだろうことが生き生きと示されている。

初版2010年（初版）B６判／352頁

心の扉シリーズ ①

『不安感　一挙に乗り越え、自在心』

ベンジャミン・クレーム著／石川道子訳

本書は、人間の感情の中で最も深く破壊的な抑圧的な感情である恐怖心をいかにして克服するか、それを一挙に乗り越える方法があるのか、恐怖や不安から解放されて自在に生きることが可能なのかなどについて、非常に分かりやすく説いている。

『マイトレーヤの使命 第Ⅱ巻』に収録。

初版2000年、B6判／142頁

心の扉シリーズ ②

『私は誰か　不朽（ふきゅう）の智恵に学ぶ』

ベンジャミン・クレーム著／石川道子訳

人類の霊的遺産についての概観を示し、不朽の智恵の教えを明快で理解しやすく紹介した本である。ベンジャミン・クレームとのインタビュー形式で秘教の基本的な概念を説明する——教えの源、世界大師（教師）の出現、再生誕と輪廻転生、原因と結果の法則、進化の大計画、人間の起源、瞑想と奉仕などを含む。

『マイトレーヤの使命 第Ⅲ巻』に収録。

初版2000年、B6判／162頁

国際月刊誌『シェア・インターナショナル』

ハイアラキーの覚者から
毎月寄稿いただくユニークな月刊誌

ベンジャミン・クレームが編集長を務める、国際月刊誌『シェア・インターナショナル』は、新しい時代の思考の二つの主要な流れ、すなわち政治的思考と霊的思考を統合し、現在、世界的規模で起きている政治的、経済的、社会的、霊的変化の底に横たわる統合を示し、この世界をより正しい、慈悲深い線に沿って再建するための実際的な行動を刺激することを意図しています。

シェア・インターナショナル誌は1982年英国で創刊、英語版は世界70数カ国に読者を持ち、全訳版の日本語版、フランス語、スロベニア語版の他、ドイツ語、オランダ語、スペイン語で抄訳版が翻訳・発行されています。

日本語版は英語版と同様に広告は一切掲載せず、印刷を除くすべての仕事、すなわち執筆、寄稿、翻訳、編集から事務、発送に至るまで、各国同様全国のボランティアが無報酬で行っています。日本語版監修責任者：石川道子

シェア・ジャパン刊
年間購読料 ￥7,000
（送料・税込）

購読料は税の改正等で変わることがあります、ご確認ください。

『シェア・インターナショナル』誌の問い合わせ／購読申し込み先

シェア・ジャパン

問い合わせ先：tel：042−799−2915
購読申し込先：tel / fax：0575−23−5724
郵便振替口座：00880−2−75597
口　座　名：シェア・インターナショナル

http://www.sharejapan.org
http://www.share-international.org